U0452856

本书获得浙江海洋学院出版基金资助

社会治理创新：
基于浙江舟山群岛新区的研究

全永波　陈莉莉
高　猛　姚会彦　著

中国社会科学出版社

图书在版编目（CIP）数据

社会治理创新：基于浙江舟山群岛新区的研究／全永波等著．—北京：中国社会科学出版社，2014.10
ISBN 978-7-5161-4963-8

Ⅰ.①社… Ⅱ.①全… Ⅲ.①社会管理—创新管理—研究—舟山市 Ⅳ.①D675.53

中国版本图书馆 CIP 数据核字（2014）第 241805 号

出 版 人	赵剑英
责任编辑	喻　苗
责任校对	任晓晓
责任印制	王炳图

出　　版	中国社会科学出版社
社　　址	北京鼓楼西大街甲 158 号（邮编 100720）
网　　址	http://www.csspw.cn
	中文域名：中国社科网　010-64070619
发 行 部	010-84083685
门 市 部	010-84029450
经　　销	新华书店及其他书店
印　　刷	北京君升印刷有限公司
装　　订	廊坊市广阳区广增装订厂
版　　次	2014 年 10 月第 1 版
印　　次	2014 年 10 月第 1 次印刷
开　　本	710×1000　1/16
印　　张	13.75
插　　页	2
字　　数	230 千字
定　　价	45.00 元

凡购买中国社会科学出版社图书，如有质量问题请与本社联系调换
电话：010-64009791
版权所有　侵权必究

目 录

引言 …………………………………………………………………（1）

第一章　舟山群岛新区养老服务社会化研究 ………………………（3）
 一　问题的提出 ……………………………………………………（3）
 二　养老社会化的相关概念 ………………………………………（4）
 三　舟山群岛新区养老服务的现状 ………………………………（6）
 四　养老社会化的国外经验与借鉴 ………………………………（17）
 五　推进舟山群岛新区养老服务社会化的具体对策 ……………（25）

第二章　舟山群岛新区社会救助社会化管理创新研究 ……………（31）
 一　舟山群岛新区社会救助社会化管理的必要性 ………………（32）
 二　舟山群岛新区社会救助现状 …………………………………（33）
 三　社会救助的国外经验与借鉴 …………………………………（44）
 四　基于"多元主体责任"的社会救助社会化管理的宏观设计 ……（49）

第三章　舟山群岛新区社会组织管理体制改革与创新研究 ………（56）
 一　研究背景与意义 ………………………………………………（56）
 二　舟山群岛新区社会组织的发展概况及其经济社会功能 ……（58）
 三　舟山群岛新区社会组织存在的主要问题与症结分析 ………（72）
 四　舟山群岛新区社会组织发展的体制、机制与法制障碍 ……（83）
 五　社会组织管理体制创新的经验借鉴 …………………………（91）
 六　舟山群岛新区社会组织管理体制创新思路与建议
  ——构建以"分—合"为主线的社会组织管理体制 …………（101）

第四章 舟山群岛新区农村社区管理体制改革与创新研究 (120)
    一 舟山群岛新区农村社区管理体制的现状分析 (120)
    二 舟山群岛新区农村社区管理体制存在的问题与原因 (124)
    三 国内外社区管理模式及启示 (136)
    四 舟山群岛新区农村社区管理体制创新的路径 (140)

第五章 舟山群岛新区农村社区治理中的利益衡量机制构建研究 (152)
    一 农村社区治理与利益衡量机制 (152)
    二 农村社区治理中的利益冲突:基于舟山农村的调查 (154)
    三 农村社区治理的利益机制构建 (158)

第六章 舟山群岛新区创新有效预防和化解社会矛盾研究 (163)
    一 当前社会矛盾分类与发展趋势 (163)
    二 社会矛盾存在的原因分析 (169)
    三 国内地方政府在预防和化解社会矛盾中的创新经验 (172)
    四 舟山群岛新区创新有效预防和化解社会矛盾的路径探索 (174)

第七章 舟山群岛新区海洋经济与社会管理立法研究 (183)
    一 现有海洋经济法律法规制度体系 (184)
    二 现有海洋经济立法特征分析 (193)
    三 舟山群岛新区海洋经济与社会管理的立法支撑分析 (199)
    四 舟山群岛新区海洋经济与社会管理的立法完善路径 (205)

后记 (214)

引 言

改革开放30多年来，现代化（工业化、城市化、信息化）、市场化、全球化的进程推动着中国社会发生深刻的变革。中国社会的发展已经进入了工业化社会、城镇化社会、法理社会、能动社会、原子化社会、多样化社会、丰裕社会、公民社会、信息社会、风险社会的新阶段。新阶段产生了大量新的社会问题和社会需求，解决这些新的社会问题，满足新的社会需求，保障人们的生存权和发展权等基本社会权利，都对社会管理提出了新的挑战和新的要求。在这种背景下，我国的发展战略逐渐由原来的以经济建设为中心调整为经济建设与社会建设并重，并将社会管理提升到"社会治理"的高度。十八届三中全会中提出要"创新社会治理体制、改进社会治理方式"，因此，加强社会建设，创新社会治理已经成为现阶段我们党和政府执政的重要理念和制定方针政策的重要依据。它对于缓解当前社会的各种矛盾，更好地落实科学发展观，促进经济社会协调发展，最终达到构建和谐社会的目标具有重大的现实意义。

就舟山市而言，近几年来，市委、市政府按照落实科学发展观的要求和省委、省政府的工作部署，在社会治理的关键环节和重点领域进行了积极探索和创新实践，特别是开展的"网格化管理、组团式服务"工作，在全省乃至全国都产生了重要影响。2011年6月30日，国务院正式批准设立浙江舟山群岛新区。在新的历史时期，加强和创新社会治理体制、改进社会治理方式，是实现舟山新区科学发展的必然要求，是建设新区的迫切需要。只有牢牢把握建设浙江舟山群岛新区的新特点、新要求、新任务，全面分析当前社会治理领域所面临的新形势，深入总结近几年来舟山新区在社会治理创新方面的主要工作、取得的成效和面临的问题，研究探讨在新区建设的大背景下社会治理创新的思路和举措，才能最大限度激发社会活力、增加和谐因素，以维护人民群众权益，促进社会公平正义，保持社会良好秩序，有效应对社会风险，为加快推进浙江舟山群岛新区建设营造良好的社会环境。

2012年8月以来，浙江海洋学院与中共舟山市委政法委、舟山市民政局共同合作开展课题研究，在研究中我们发现需要将社会治理机制创新视为一项综合性、系统性的工程，因此政府间、政府与社会之间的合作治理成为一种创新思路，我们把这些研究进行归纳并命名为"社会治理创新"，其中将相关内容划分为7个子系统：（1）舟山群岛新区养老服务社会化研究；（2）舟山群岛新区社会救助社会化管理创新研究；（3）舟山群岛新区社会组织管理体制改革与创新研究；（4）舟山群岛新区城乡社区管理体制改革与创新研究；（5）舟山群岛新区农村社区治理中的利益衡量机制构建研究；（6）舟山群岛新区创新有效预防和化解社会矛盾研究；（7）舟山群岛新区海洋经济与社会管理立法研究。课题组在研究过程中结合舟山市实际情况，对上述7个子系统中的关键性问题着重从政策和实施层面进行研究，从而为舟山群岛新区加强社会建设、创新社会治理提供智力支持和政策参考。

第 一 章

舟山群岛新区养老服务社会化研究

一　问题的提出

近年来，随着经济发展和社会变革，单位办福利、办社会的功能逐渐向社会剥离，人们的生活方式开始由"单位人"向"社区人"转变。同时家庭的小型化和核心化，空巢家庭的增多已成为一种必然发展趋势，家庭保障和照料功能逐渐向社会转移，加之人口老龄化加剧，带来庞大的养老服务需求，人们的生活水平提高，也需要高层次、更多类型的福利服务，这些都迫切需要推动养老服务社会化进程。学者认为"养老服务"是一种特殊商品，需要排除"市场失效"的影响，通过制度安排和政府导向实现供求间的平衡。但养老机构若单纯由政府提供一方面受财力的限制，满足不了社会的需求，另一方面，效率也不尽如人意。因此，养老服务只有社会化，才能有取之不尽、用之不竭的动力。实行养老服务社会化，提高老年人生活质量，成为推动养老事业发展的必然趋势，也将对社会福利事业由"补缺型"向"适度普惠型"的转变起到很大的作用。

对舟山群岛新区的各级政府来讲，推进养老服务社会化更为迫切。截至2013年年底，全市60周岁及以上老年人口超过20万人，占总人口的21%左右，比2012年度同期增9187人，增长4.85%，高于全国平均水平6%；65周岁及以上的老年人口13.09万，占总人口的13.42%，比2012年度同期净增4955人，增长3.93%；70周岁及以上老年人口8.69万人，占总人口的8.91%，比2012年同期净增1373人，增长1.61%；80周岁及以上高龄老年人口30276人，占老年人口总数的15.25%，比2012年同期净增2158人，增长7.67%；90周岁及以上高龄老人2633人，占老年人总数的1.33%，比2012年同期净增216人。其中空巢老人高达9万人，城镇空巢老人所占比例达60%。①

养老服务社会化，就是以政府为主导，政府、民间组织、企事业单位、社区、个人共同参与，以居家养老为基础，以社区服务为依托，以机构养老为补充，为老年人提供专业化生活照料、医疗护理和精神慰藉等方面服务的养老服务模式。其本质是通过政府扶持、社会参与、市场运作，充分整合社会资源为老年人的养老提供全方位的支持，使原来由政府提供的福利性质的养老服务过渡为面向全社会、面向所有老年人，能提供多种养老服务项目的现代社会服务事业。因此，面对新区人口高速老龄化的现实，如何动员不同的社会力量参与养老服务，这涉及养老服务资源的整合、各养老服务主体关系的处理及养老服务社会化模式的选择。大力推进养老服务社会化，也是新区政府探索多种养老形式，满足老年人养老需求，解决老年群体的各种困难和问题的需要。

二 养老社会化的相关概念

本项研究的主要内容是对舟山市养老服务社会化的现状和需求作一个基本的了解，了解目前本市老年人口的基本信息和老龄化发展趋势，以及老人得到福利的现状，以期对现行的养老社会化服务政策做一个简单的评估，并在此基础上提出进一步完善养老服务社会化的有益建议。因此，舟山市老年人口生存的基本状况和养老需求是调研的主要内容之一，此外，现行养老服务社会化政策以及政策的效果的评估亦是本研究的主要内容。本研究的主要目的是期望能够在现行政策评估的基础上，探索一种新型的舟山群岛新区养老社会化服务模式。以下几个概念需要首先明确。

（一）家庭养老与社会养老

家庭养老与社会养老是两个不同的概念，这两个概念区分的普遍观点是从支撑养老的经济来源上来看的。社会养老的经济来源主要是离退休金

---

① 数据来源：《舟山市2013年国民经济和社会发展统计公报》。

和相关养老补贴,如城镇中离退休金、农村地区新型农村养老保险待遇、五保津贴等;家庭养老是指老年人晚年生活的经济来源和支撑由自己或家庭其他成员来承担,而不是由社会承担。养老涉及经济供养、生活照料和精神慰藉三个方面,家庭养老和社会养老不应简单将经济因素作为划分的依据。① 虽然涉及的维度有所扩展,二者主要还是在于承担主体的区分上。

(二) 居家养老与家庭养老

内涵上看,二者的侧重点有所不同。居家养老是相对于机构养老(如养老院、托老所、老年公寓、敬老院等)而言的,是指老年人在家居住,由社区和社会帮助家庭为居家老人提供生活照料、医疗护理和精神慰藉等方面服务的一种社会化养老模式,② 侧重点在于养老居住方式上。而家庭养老侧重的是承担主体的问题,即谁提供养老资源的问题。居家养老和机构养老既可以是家庭养老,也可以是社会养老。

(三) 机构养老与社会养老

同样也需要厘清机构养老和社会养老的关系,机构养老是指老年人集中居住在敬老院、福利院、托老所、疗养院等机构中养老,而不是分散居住在各个家庭养老。机构养老的养老费用可以来自子女亲属,也可以由老年人从社会领取(退休金或其他津贴)。所以,与居家养老的实质一致的是,机构养老也是就养老居住的方式而言的,与社会养老及家庭养老涉及的养老承担主体这一内涵是不同的。

本研究主要采用问卷调查的方式进行资料的收集。本研究数据主要来自 2012 年浙江省舟山市老龄事业发展统计调查。考虑到我们的调查目标以及调查的可行性,本次调查通过民政局系统,对舟山市区辖区内的区县进行了调查和数据采集工作。问卷调查表采用统一的调查统计表。

---

① 穆光宗、姚远:《探索中国特色的综合解决老龄问题的未来之路——全国家庭养老与社会化养老服务研讨会纪要》,《人口与经济》1999 年第 2 期。

② 杨宗传:《居家养老与中国养老模式》,《经济评论》2000 年第 3 期。

三 舟山群岛新区养老服务的现状

（一）舟山群岛新区老年人口基本情况及养老服务的需求

1. 老年人口基本情况

（1）老龄化持续快速增长，并呈现高龄化发展趋势

统计数据显示，近六年来舟山市老年人口比例在持续快速增长，年均增长4.36%（见表1—1），2012年为六年来增长最多的一年，尤其是80岁及以上的老年人口呈激增趋势，2011—2012年，两年净增4639人。与2006年年底相比，2012年年底60岁及以上老年人口净增44821人，年均净增7470人，其中80岁及以上高龄老人净增10706人，年均净增1784人。人口老龄系数呈现高龄化的发展趋势。

表1—1　　　　舟山市2006—2012年老年人口增长趋势

年份	60岁及以上老年人口数				65岁及以上老年人口数	70岁及以上老年人口数	80岁及以上老年人口数	
	总计	占总人口比例（%）	比上年净增	增长比例（%）			总数	比上年净增人数
2012	198599	20.36	9187	4.85	130902	86913	30276	2158
2011	189412	19.43	5891	3.21	125947	85540	28118	2481
2010	183521	18.87	7956	4.53	119831	82450	25637	773
2009	175565	18.05	7014	4.16	118311	81168	24864	1898
2008	168551	17.43	7778	4.84	112628	79513	22966	2347
2007	160773	16.56	6995	4.55	112693	76563	20619	1049
2006	153778	15.92	2897	1.92	111558	73104	19570	2665

（2）空巢老人增多，城镇空巢老人比例高

截至2013年年底，舟山市空巢老年人家庭人口为9万余人，占老年人口总数的45.07%。比2012年同期净增1966人。其中：城镇32086人，渔农村57423人，分别占城镇、渔农村老年人口总数的60.20%和39.55%（见表1—2）。①

---

① 数据来源：《舟山市2013年国民经济和社会发展统计公报》。

表 1—2　　　　　　2012 年舟山市空巢老人家庭人口数

地区	纯老年人家庭人口数		
	合计	城镇	渔农村
定海区	24414	8487	15927
普陀区	29563	16743	12820
岱山县	20906	3654	17252
嵊泗县	9376	2587	6789
市本级	5250	615	4635
总计	89509	32086	57423

（3）失能、半失能老年人口比例高，区域分布差异大

截至 2012 年年底，舟山市失能、半失能老年人口数为 16918 人，占老年人口总数的 8.52%，其中失能老年人 5560 人，半失能老年人 11358 人，分别占老年人口总数的 2.80% 和 5.72%。岱山县失能、半失能老人 5739 人，占全市之首，普陀区 5407 人，名列第二（见表 1—3）。

表 1—3　　　　　　舟山市 2012 年失能和半失能老年人状况

地区	失能老年人人数			半失能老年人人数		
	合计	城镇	渔农村	合计	城镇	渔农村
总计	5560	1231	4329	11358	2067	9291
定海区	1341	171	1170	2954	447	2507
普陀区	2024	548	1476	3383	585	2798
岱山县	1743	438	1305	3996	850	3146
嵊泗县	209	34	175	562	93	469
市本级	243	40	203	463	92	371

2. 不同老年群体养老服务需求

作为一个群体，老年人具有共性。但老年群体又可划分为不同的子群体，每个子群体会因职业、性别、文化与经历等方面的不同，而表现出养老服务需求上侧重点的不同。因此，为了更好地推进养老服务社会化，我们有必要全面了解和掌握不同老年群体的需求特征，从而提高养老服务的

针对性与有效性，提高家庭、社区与社会资源的利用率。

老年子群体的划分可以有多种标准。本项研究将收入、生活自理能力作为舟山市老年子群体的划分主要标准。研究调查中，根据老年人收入、生活自理能力因素来确定调查样本，对全市本级、二区二县189412名老年人进行了抽样问卷调查。希望通过将舟山老年群体划分为不同的子群体，来比较他们在养老服务方式和项目需求上的共性与差异性，并通过访谈个案的形式来揭示舟山市不同老年群体在现阶段的最大需求。

（1）养老服务方式需求

第一，以收入为标准，把老年群体分为低保家庭、低保边缘户家庭、低收入家庭和其他收入正常家庭。在调查中，这四个群体中被评估的180997名老人养老服务形式需求上的差异不大，无论是低保家庭、低保边缘户家庭、低收入还是收入正常家庭的老人都把居家养老服务作为首选社会化的养老模式，其中低保家庭、低保边缘户、低收入家庭、其他收入正常家庭选择居家养老的老人比例分别为74.17%、88.86%、91.3%、94.63%（见表1—4）。

表1—4 按照收入分类的养老服务形式需求评估调查情况

县（区）	当地老年人数	已评估老年人数	低保家庭		低保边缘家庭		低收入家庭		其他	
			居家	机构	居家	机构	居家	机构	居家	机构
定海区	65482	59064	73	68	213	25	5233	238	51329	1885
普陀区	61311	58922	795	151	253	27	3999	204	51722	1771
岱山县	40342	40846	212	129	100	7	3884	469	32066	3979
嵊泗县	14316	14000	92	85	51	26	1397	777	10948	624
市本级	7961	8165	195	43	101	5	6100	274	1340	107
合计	189412	180997	1367	476	718	90	20613	1962	147405	8366

第二，按老人生活自理能力可以分成正常老人，半失能、半失智老人，失能、失智老人，在本次调查中，这三个群体中被评估的181843名老人养老服务形式需求上的差异也不大，三类老人的养老需求在选择居家养老模式上还是有一定差异，其中正常老人（有完全的自理能力的），半失能、半失智老人（不完全具有自理能力的），失能、失智老人（完全不具有自理能力的）选择居家养老意愿的比例分别为96%、78%、73%，

定海地区的不具有完全自理能力的老人更倾向于选择机构养老,其中半失能、半失智老人(不完全具有自理能力的),失能、失智老人(完全不具有自理能力的)选择机构养老的比例分别为82%、92%(见表1—5)。

表1—5 按照生活自理能力分类的养老服务形式需求评估调查情况

县(区)	当地老年人数	已评估老年人数	正常老人		半失能、半失智老人		失能、失智老人	
			居家	机构	居家	机构	居家	机构
定海区	65482	59910	57318	75	330	1590	46	554
普陀区	61311	58922	51934	1875	4051	222	784	56
岱山县	40342	40846	26836	2685	6405	1079	3021	820
嵊泗县	14316	14000	12228	1307	209	156	51	49
市本级	7961	8165	7259	395	331	20	146	14
合计	189412	181843	155575	6337	11326	3067	4048	1493

(2)养老服务项目需求

第一,以收入为标准,被调查的老人中经济困难的老人(低保户、低保边缘户、低收入户)比例为15%左右。由此可见,目前在舟山多数老年人的经济状况还是可以的,但是仍有一定比例的老人,他们的经济状况较差。这四种收入的老年群体在养老服务内容需求上的主要差异是对服务收费的要求不一样。

对经济困难的老年群体(低保、低保边缘户、低收入)而言,由于经济上的拮据,他们更希望社区能够提供费用较低或完全免费的养老服务。一般他们的要求在物质层次,主要集中为医疗服务、日常生活照料服务。对低收入群体而言,他们在经济上尚能维持,但是不能完全满足需求。社区可对他们提供低费、廉价的养老服务,采取有偿的形式提供服务,服务费用不足部分可由政府补贴。同时社区可借助社会力量,通过募捐、献爱心等形式为他们送温暖、送服务。对经济上的收入还可以的其他老年群体而言,他们在经济上无后顾之忧,除了基本社区养老服务外,他们更向往个性化的服务项目。

●个案1—1:

陈某(69岁,经济状况较好):现在生活条件好了,自己苦了大半辈子也有一定的积蓄,在经济上没有什么问题。陈某向项目组陈述说,他现在身体不太好,在家里没事可做。两个儿子都有自己的事业和家庭,他们经常在外面忙应酬,很少有时间陪他。他这个人最大的爱好就是下象棋,想找个护理员,除了能够照顾他日常起居生活外还能陪他下象棋、聊天,费用不是问题,主要是能让他开心。不过他所在社区还没有能陪人下象棋的护理员,两个儿子正准备从外面找,希望能尽快找到合适的。由此可见,兴办特色的个性化服务项目可以更好地提高老年人的生活质量,创造老年人的快乐生活。随着我国人均收入水平的提高及收入差别化的累积,老年人也会提出高层次、个性化的养老服务要求,这就要求社区进行相应服务项目的设计和养护人员的培训,其个性化服务项目的费用完全由需求者承担。

第二,以老年人是否能够完全自理为标准,需要照料的失能、失智及半失能、半失智老年群体对养老服务需求最大、最广。如表1—6所示,在本次调查的具体服务项目上,需要照料的老年群体对各项居家养老服务项目的需求都较高,而且除了医疗服务外,各种服务项目之间的差异不大。

表1—6　　舟山市生活不能完全自理老人对养老服务项目的需求百分比(%)

服务项目	医疗服务	托老服务	家政服务类	护理、保健类	其他
现在有必要	87.6	49.5	47.4	56.7	59.2
以后有必要	4.5	14.1	32.6	14.4	15.3
没必要	7.9	36.4	20.0	28.9	25.5

为了进一步了解需要照料老年群体尤其是需要长期照料的老人对具体照料内容的需求,笔者随机走访了一部分需要照料的老人。在调查问卷中所设"生活无人照料"、"身体不好、行动不便"、"孤独"和"家务活重"等问题中,除了经济困难外,绝大多数需要照料的老年人都把"身体不好、行动不便"列为迫切希望解决的首选问题,而且在70岁以上的老年人中认同率很高。

●个案1—2:

黄大妈(81岁,行动不便):她坐轮椅已经有好几年了,除了行动不便外,还患有高血压、糖尿病,每天的医疗开支都要好几十元,这给自己的子女造成了很大的经济压力。子女们都有自己的家庭和事业要忙,没时间经常在她身边。她现在除了经济困难外,还希望有人能经常推她出去走走,能陪她去医院检查身体、看病拿药。

由上文分析可见,需要照料的老年群体对养老服务的需求最大、最广。随着全市人口老龄化的发展,这类群体将成为舟山市老年人口的重要组成部分。解决他们的需求不仅需要因人而异,而且还要付出很大的精力和时间,对他们的照料强度和难度都很大。

(二) 舟山群岛新区养老服务社会化发展现状

为有效应对人口老龄化,舟山市委、市政府积极发展社会养老服务。近年来,舟山市养老服务机构建设不断完善、养老保障水平持续提高、养老服务体系逐步健全,养老服务社会化工作取得了明显成效。目前舟山市已初步建立起政府主导、民政牵头、社会参与、市场运作,以居家养老为基础、社区服务为依托、机构养老为补充的养老服务社会化体系。

1. 养老社会保障体系逐步完善

一是城镇职工基本养老保险参保覆盖面不断扩大。企业退休人员基本养老金月人均逐年提高,在制度上基本覆盖了城镇各类企业职工及个体劳动者。二是在渔农村积极推行新型渔农村社会养老保险工作。三是医疗保险普惠老年人的力度不断加大。全市全部建立城镇职工基本医疗保险制度。参保人数逐年增多,基本建立和完善了县(区)、乡镇(街道)、村(社区)三级医疗预防保健网,老年人医疗卫生条件不断改善。四是城乡居民最低生活保障制度逐步规范和完善。目前,舟山市领取低保老人数3662人,其中渔农村老年人有3211人纳入低保范围,城镇老年人有451人纳入低保。低保制度逐步完善。五是社会救助能力不断提高。对纳入城乡低保范围的老人实施生活和医疗救助,对百岁老人给予定期生活补助等措施全面铺开。

表1—7　　舟山市2012年经济困难老人社会救助情况

地区	得到救助老人(人)			救助金额(万元)		
	总计	城镇	农村	总计	城镇	农村
舟山市	9539	1337	8202	2017.78	362.52	1655.26
定海区	3233	419	2814	605.52	83.7	521.82

续表

	得到救助老人（人）			救助金额（万元）		
普陀区	2369	406	1963	884	168	716
岱山县	1524	198	1326	270	80	190
嵊泗县	2052	287	1765	165.86	24.32	141.54
市本级	361	27	334	92.4	6.5	85.9

2. 各类养老服务机构协调发展

据有关部门统计，截至2013年年底，舟山市共有养老机构61家，总床位4908张（见表1—8）。其中，公办42家，拥有床位3898张，民办19家，床位1010张，每千名老人拥有机构床位26.8张。① 一是兴办公立养老机构。二是新建乡镇敬老院。"十一五"以来，新（改、扩）建乡镇敬老院14家，2012年年底新增床位124张。三是扶持民办养老机构发展。市政府列专项资金，为民办养老机构按每张入住老人床位发放床位补贴，对新建的民办养老机构，在规划立项、土地划拨、税费减免等方面给予政策扶持，对已经投入使用的民办养老机构，在水、电、燃气、采暖、物业、有线电视安装等方面给予优惠。目前全市民办养老机构在养老服务中起到了重要的补充作用。在发展建设养老机构的同时，政府也先后出台制定了"社会福利养老机构管理办法"、"社会福利养老机构'星级'评定标准"等相关政策，有力推进了机构养老服务的法制化、规范化。

表1—8　　　　　舟山市养老服务机构建设情况

地区	公办养老机构				民办养老机构			
	总数	床位总数（张）	其中：护理床位总数（张）	现入住老人总数（人）	总数	床位总数（张）	其中：护理床位总数（张）	现入住老人总数（人）
定海区	14	1937	89	688	2	140	0	16
普陀区	10	1017	143	549	7	272	10	225
岱山县	9	565	95	329	7	363	65	277
嵊泗县	6	264	68	99	2	85	0	44

---

① 数据来源：《舟山市第六届人民代表大会第四次会议文件汇编》。

续表

地区	公办养老机构				民办养老机构			
	总数	床位总数（张）	其中：护理床位总数（张）	现入住老人总数（人）	总数	床位总数（张）	其中：护理床位总数（张）	现入住老人总数（人）
市本级	3	115	201	38	1	150	105	49
合计	42	3898	610	1866	19	1010	180	611

注：边远小岛托老所为集体兴办的非营利性养老服务机构，享受民办养老服务机构的优惠政策。

3. 居家养老服务深入开展

2008 年，舟山市制定出台了《关于全面推进居家养老社会化服务工作的实施意见》，2009 年，市政府制定了《舟山市人民政府关于加快推进养老服务体系建设意见》，并确定了以居家养老为基础、社区服务为依托、机构养老为补充的社会化养老服务体系。一是城乡居家服务网络逐渐完善。截至 2013 年年底，全市已建立居家养老服务照料中心（指导中心）13 个；居家养老服务站 474 个；日间照料机构 330 个（含边远小岛托老所 15 个）；日间照料及托老所床位 1327 张。建有老年人食堂（配送餐中心）38 家，为 902 名老年人提供便捷的就餐服务。① 二是居家养老服务队伍日益规范。有专职护理人员 271 名，建立居家养老志愿者服务队伍 487 支，志愿者 7842 人。三是互帮互助居家养老服务蓬勃发展。全市各县（区）均开展渔农村"银龄互助"活动，累计 217 个老年人协会开展了低龄老人与高龄老人、健康老人与空巢、病残老人的互帮互助活动，占协会总数的 50.58%。建立互助组织 542 个，参加活动的老年志愿者 6626 人，被帮扶对象 3674 人，开展帮扶活动 73921 人次。累计投入资金 364.41 万元，140 个协会建立了"时间银行"、"劳务储蓄"制度。同时政府还完善养老服务政府补贴制度，全市各级政府下拨养老补贴经费 290.51 万元，新增享受政府补贴老人 77 人，1857 名老龄、孤寡、空巢（独居）、失智失能老人得到政府补贴的居家养老服务，享受其他服务的老年人 33455 人，全市城乡居家养老覆盖的老年人数达到 8 万余人（见表 1—9、1—10）。

---

① 数据来源：《舟山市第六届人民代表大会第四次会议文件汇编》。

表1—9　　　　　　　社区（村）居家养老服务建设情况

地区	社区（村）数	养老服务站	护理人员	志愿者队伍	志愿者人数	照料机构数	托老床位	老年人食堂	就餐配送人数
总计	434	300	271	487	7842	330	1327	49	902
定海区	128	99	63	238	3504	100	249	5	129
普陀区	129	129	172	168	2323	154	587	40	515
岱山县	66	24	14	24	560	27	280	3	120
嵊泗县	46	33	14	41	575	34	148	1	138
市本级	35	15	8	16	880	15	63	0	0

表1—10　　　　　　　渔农村"银龄互助"活动情况

地区	开展"银龄互助"活动老年人协会个数（个）	占老年人协会总数比例（％）	建立互助组织个数（个）	参与活动的老年志愿者人数（人）	帮助对象人数（人）	开展帮扶活动总人次（人次）	设立"时间银行""劳务储蓄"制度的协会个数（个）	投入经费总额（万元）
总计	217	50.58	542	6626	3674	73921	140	364.41
定海区	119	100	206	1853	1256	17381	104	141.11
普陀区	39	25.5	154	2441	625	9405	15	87.9
岱山县	20	23.5	20	510	336	31400	0	64
嵊泗县	24	57	132	941	1146	7405	21	55.4
市本级	15	50	30	881	311	8330	0	16

4. 社区养老服务民间组织得到一定发展

截至2012年年底，城市社区建立老年人协会86个，渔农村社区（村）建立老年人协会424个，全市城乡基层老年人协会依法登记和备案管理率占协会总数的100％。经各级老龄办评定，全市达到规范化标准的基层老年人协会433个，占已建老年人协会总数的84.90％。截至2012年底，全市有老年电大分校5所，教学点270个，在校学员13820人，历年累计毕（结）业学员65622人（次）；全市有老年大学5所，在校学员2430人，历年累计毕（结）业学员21574人（次）；老年学校30所，在校学员1759人，历年累计毕（结）业学员21267人（次）。合计在校学员 18009 人，入学率为 9%。全市有老年文艺团体 676 个，参加活动的老年人 17185 人；有老年体协 467 个，参加人数 39448 人；有老年体育团队 609 个，参加人数 30360 人。

（三）存在的问题及不足

1. 机构养老服务供需矛盾突出

一是养老机构总数不能满足全市老年人供养需求。目前，舟山市在机构里养老的老年人仅占老年群体的 1% 左右，99% 的老年人采用居家养老的模式。舟山市养老机构和专业护理人员严重不足，按照国际标准"平均每千名老人占有养老床位 50 张"测算，舟山市老年人共需养老床位近 1 万张，而目前仅有 2513 张，床位缺口达近 8000 张，远远不能适应机构养老的发展需要。二是养老机构处于高需求低入住的状况。虽然缺口很大，但养老机构并不都满座，有一些养老机构只是达到入住率的五六成，有的才二三成。社会福利机构在舟山市的发展，出现了一方面是供不应求，一方面是住不起、住不满，养老机构的这一对矛盾主要原因是服务供给与服务需求存在失衡，服务需求的满足不是量上的简单对齐，而是服务量、服务结构的合理匹配，老人更看重的是情感赡养和疾病护理。目前舟山市养老机构只能提供一般的生活照料服务，而能提供护理服务的养老服务机构不到 40%，无法满足社会需求。特别是一些民办养老服务机构标准不高、规模较小、环境较差、功能不够齐全，远不能适应老年人养老需求。同时老年人支付能力不足，对传统家庭养老方式的偏爱，对养老机构服务质量的担心等原因也进一步加剧了养老机构资源的有效利用率并不高，造成了资源的浪费。真正有需求的老人很多不能入住到理想的养老机构，住不起、住不进、住哪里，成为很多老年人的"养老之忧"。

2. 居家养老基础地位尚未确立

一是社区老年活动设施建设不足。基础设施建设是顺利推进居家养老服务的前提，从目前情况看，截至 2012 年年底，全市建成的各类各级老年活动中心（室）740 个，只有 1 个达到四星级，32 个达到三星级，由于财政投入不足，城乡大多数社区无力拿出足够的场地开展养老服务，特别是老的社区因原来未列入规划，其公益用房十分紧张，挤不出足够空间办居家养老服务中心或托老所；且社区场所开放程度低、活动项目少，不能满足老年人需求。二是服务功能不全面、内容单一。舟山市居家养服务目前由政府埋单的主要对象是生活困难、需要照顾的老人,而面向全社会老人的服务尚未打开;服务内容比较单一,不能满足广大老年人多方位、多层次、个性化的服务需求。三是居家养老资源配置不够均衡。具体表现为城乡养老资源配置不够均衡和地域养老资源配置不够均衡,从而导致同样居住在一个地区,甚至一个社区的老人享受不同的养老资源的情况。

3. 社区养老服务队伍有待进一步培育

一是专业的社会工作人才严重短缺。养老服务应在充分了解老年人身心特点的基础上不断努力使服务趋于科学化、专业化、多样化和规范化。高龄者需求既有生理性,又有社会性;既有物质性,又有精神性。在社区及机构养老模式中,高龄者的情绪辅导、日常照顾,甚至是对高龄老人照顾者的支持,都需要专业人士的介入。而在舟山市因为社会工作人才的短缺,恰恰是最少介入的层面。二是现有的福利服务工作人员配备有限且专业化水平低。目前,舟山市从事养老服务工作的专职人员271人,从岗位职责和专业技能来看,舟山市现有的养老服务队伍还远远不能适应养老事业发展的客观要求。最突出的问题是专门技术人员严重缺乏。按国家行业标准规定,城镇和农村有条件的地区民办养老机构的主要领导应具备相关专业或大学以上学历,应有一名大专以上学历的专职工作人员和专职康复人员,舟山市目前还达不到这一标准。在人员素质上,目前的社会养老机构的管理及服务人员大多是聘用的下岗人员或家庭中的闲置人员,特别是民办养老机构工作人员多数是社会上随意招收的,文化水平和服务素质参差不齐,没有经过有关部门的专业培训,基本不具备专业管理、护理知识,而且从业人员偏少、待遇也不高。三是志愿服务队伍缺少组织化、规范化。虽然以义工形式存在的志愿服务队伍达到487支,志愿者7842人,形成了一定规模,但是,由于缺乏一个系统的组织管理平台,志愿服务队伍带有很大的随意性,缺乏组织化和规范化。首先,相对于庞大的老年群体,义工的数量极为有限,且主要以青年学生为主,缺乏社会人士的积极参与;其次,服务内容仅限于为老年人打扫卫生、读报,陪老年人聊天或慈善捐赠等简单服务,缺乏专业性、系统性的服务;再次,只提供临时性、一次性服务,通常是在假期或相关公益日集体行动,平时缺乏和老年人进行信息沟通和互动,没有深入了解老年人的需求。

四 养老社会化的国外经验与借鉴

（一）国外发达国家养老服务的基本经验

1. 英国

英国65岁及以上老年人口已超过1000万，约占全国总人口的18%。在2010—2030年间，英国65岁及以上年龄段人口将增长50%，而85岁及以上年龄段人口则将翻番。对于英国政治、经济和文化心脏伦敦来说，同期65岁及以上人口将增长83.3%。① 75岁及以上人口超过了460万。社区照顾开始于20世纪50年代，是针对"住院式照顾"提出的。至20世纪70年代，社区照顾在英国各地已相当普及。社区照顾是指为那些年长的、有精神疾病的、智力残障的人们提供服务与支持，使他们尽可能独立地生活在他们的家庭或家庭所在的社区。② 社区照顾有两层含义：一是社区内照顾。亦即不使被照顾者离开他（她）所熟悉的社区，而是在本社区内对其提供生活服务。二是由社区来照顾。也就是动员本社区的人力资源，运用社区支持体系开展照顾服务。

英国的社区照顾内容基本分为三个方面：日常生活照料、社交及康乐服务、定期保健服务。其特点是：①官办民助。英国的社区照顾从财政支出到工作人员的组成都显示了以政府为主的特点，或者说英国的社区照顾基本上是官办的，实行管理员—关键工作人员—照顾员工作的官民构架格局。③ ②依靠社区。英国的社区照顾主要是立足社区、依靠社区，以社区为依托，各种服务设施都建立在社区中，且社区照顾的方式尽量与老年人的生活相融合。③体系完整。各种社区照顾的机构既有政府出资社区举办的非营利性的机构，也有私营的、商业性的服务机构。提供服务的人员既有政府雇员，又有民间的专业工作人员和志愿服务人员，形成了多主体、多层次的服务体系，以满足不同情况的老年人的需求。④ ④以人为本。大多为老年人服务的福利服务设施地方狭小，但是都能做到就近就便，方便

---

① 柯文浩：《瑞典人如何养老》，《外滩画报》2013年第10期。
② 秦桂娟：《构建依托社区服务的新型养老模式》，《南京人口管理干部学院学报》2001年第12期。
③ 周德民：《中国养老问题展望与对策分析》，《北方经贸》2002年第9期。
④ 罗元文：《社区服务与养老保障体系》，《市场与人口分析》2003年第4期。

实用，功能齐全，周到细致，适用于所有老年人。而且所有为老年人的服务，都充分征求老年人自己的意愿，不强迫老年人接受既定服务和安排。他们还进行详细的老年人生理和心理的检查，建立所有入住老年人的健康档案，针对不同情况的老年人设计不同的服务康复计划，如对脑中风的病人，采取声、光、电复合刺激的方法帮助老年人恢复记忆；对肢体活动障碍的老年人，也有循序渐进的康复训练。

2. 瑞典

瑞典是人口老龄化程度较高的国家，瑞典国内60岁以上老年人口为219万，占总人口数的24%；瑞典950万居民中，65周岁（瑞典法定退休年龄）以上（含）人口比重已达18%。到2030年，这个数字预计将上升至30%。在养老方面，除了有健全的养老社会保障制度之外，还包括：①强大的社区养老服务网络。瑞典政府养老服务的基本出发点是"最大限度地让老年人住在自己家里养老"，主张开展社区服务、远程服务、定点、定期上门等为老服务，切实解决居家老年人的各种生活困难和问题。瑞典政府规定，由市级政府提供社会服务保障，在各市建立政府服务网，服务内容包括入户服务、住房维修、短期照料、日常活动、社区医保等。老年人可以在社区享受到全天候的各种照料服务。②完善的社区养老服务体系。主要内容包括：老年公寓。退休后的老年人经过个人申请，均可以到老年公寓居住生活。居住在老年公寓的老人既可以自己烧饭，也可以申请送餐上门。有病的老人，护理人员将按时到公寓为老人服药、打针和理疗，且有详细的治疗方案和治疗记录。公寓的老人有集体活动和个人活动的周到安排，使老年人既有自己独立的活动空间，又使他们普遍不感到孤独。老年护理。瑞典每年投入老年护理方面的开支为600亿克朗，老年人只要自己提出申请得到核实批准，就有护理人员到家中进行医疗、家政等项服务。对有需要的老人配有专门的警报器，对需要住院治疗的老年人有专门的规定。临终关怀。当老人处于病危状态，将启动妥善的临终关怀制度，除了通知有关亲朋临床慰藉告别之外，有专人24小时守护，使老人在弥留之际享受体面和尊严。社区医疗保健。在居住相对集中的由5000至50000名居民组成的社区内，设一个医疗保健服务点，几个社区构成一个医疗保健中心，并由其负责转送至医疗保健中心继续医治。③一定数量的商业化经营的老年护理机构。瑞典已建立起270个私营老年护理机构，占全国老年护理机构的1/3，71个地方政府和6个省政府与私营老年护理机构签订协议。一些大城市还建立了"城市医疗保健服务有限公司"。私营老年服务机构为老人特别是收入较高的老人提供了更为个性化的服务。另外，瑞典鼓励慈善团体、非营利机构大力兴办公益事业，这些社会团体和机构对瑞典老年社会保障起到了十分重要的作用。

3. **美国**

美国是发达国家中生育率最高和人口增长最快的国家之一。据统计，美国妇女总和生育率为2.1，2013年人口总量已达到3.16亿，居世界人口第三大国的地位。早在20世纪40年代，美国就开始进入了人口老龄化社会，现65岁以上老龄人口占总人口的17.4%，[1]是典型的老龄化社会。

与中国人口老龄化进程相比，美国人口老龄化具有以下特点：一是进入老年社会的时间长，美国步入老年国家之列已持续了70年。二是人口老龄化发展较慢，在西方发达国家中处于中等水平。一方面是由于较高的生育率，2005年美国总和生育率为2.0，另一方面是因为美国吸纳了大量的青壮年移民，一定程度上缓解了美国人口老龄化的进程。三是高龄老年人口比重大。随着人口预期寿命的延长，美国老年人口比重还将不断提高。在人口老龄化程度不断加重的过程中，美国在应对人口老龄化方面积累了丰富的经验。

美国的养老服务颇具规模。①完善的社区养老服务设施。美国的社区老年服务设施非常完善，有提供综合长期服务的养老院、托老所、荣誉公民社区中心，有提供饮食服务的食品供应所、荣誉公民营养室、上门送饭服务所，有为贫苦老人服务的收容所、暂住处、公营住所，有为体弱多病的老年人设立的服务性公寓、一般护理公寓、护士护理公寓，等等。由于美国非政府组织非常庞大，在开拓社区服务过程中，带来了许多服务业的就业岗位。据统计，目前美国大约有800万人在社区从事各类服务工作，占全国就业人数的10%。此外每年还有9000万人次的志愿者从事社区服务工作。美国社区服务每年约有5000亿美元收入，其中70%左右是政府财政投入，30%左右是通过服务和社会捐赠取得。②健全的老龄工作机构。在联邦政府内设立联邦老龄署，专门负责全国的老龄事务。其职责

---

[1] 付军辉、付国浩：《美国应对人口老龄化的措施与面临挑战》，《中国信息报》2011年第11卷第28期。

是：保证老年人在老年期拥有尊严；使老人在把握自己的生活中有足够的选择；使老人在自己的社区保持积极性和独立性；负责计划、管理和监督对老年人的社会服务，有效地执行老人法的有关规定。该机构向地方政府拨款资助社区计划与服务项目，开展有关科研、从事示范性项目以及老龄领域的培训工作。各州成立州和地方行政组织即地方老龄局。目前全美各地相继成立了地方老龄机构，形成了自上而下的工作网络，还有数千名志愿人员。③鼓励社会力量参与发展老年事业。美国老年人对养老机构的需求很大，政府采取措施鼓励社会力量兴办养老机构，其管理和服务的形式主要有：一是个人或团体投资，由政府雇人管理提供服务；二是由政府和个人、团体共同投资，由个人或团体管理提供服务；三是完全由政府投资，个人或团体管理。无论哪一种形式的机构，政府均提供资金、技术帮助和给予政策优惠，如免征地税、营业税等。这些养老机构都要接受政府的考核、监督。对营利性的养老机构，政府利用价格杠杆控制它的利润水平不超过15%。目前，美国建设有不同性质、不同服务项目的养老机构2万多家。其中有养老院、老年公寓、护理院、老年服务中心、托老所等。由此形成一个覆盖面大、内容丰富的养老服务体系，使每一个有需要的老年人都能够在不同的机构中找到合适的服务和帮助。

（二）西方福利多元化的启示

福利多元的概念起源于英国1978年《沃尔芬德的志愿组织的未来报告》，该报告主张将志愿组织也纳入福利的提供者行列中。Johnson（1999）曾用"过度负荷理论"（overload theory）来诠释新右派批判政府介入经济和服务之无效率和无效能的失灵现象，并视政府的茁壮是一种十足的灾难。[①] Hatch & Mocroft（1983）对福利多元主义作出如下定义："福利多元主义是指社会与健康照顾的输送，可由下列四个部分组成：政府部门、志愿部门、商业部门以及非正式部门。在一般用法上，福利多元主义指政府较少支配角色，且不再是福利服务集体供给的唯一媒介。"Rao（1996）则将福利多元主义描述为："福利多元主义意味着福利服务的供给，将由一个深受供给者影响的中央或地方政府独占的统一组织，逐

---

① Johnson, N., *Mixed Economies of Welfare: A Comparative Perspective.*, London: Prentice Hall, 1999, p.5.

渐地趋于多样化，并且导入竞争因子，且在某些方案决定时，能更接近最终使用者和消费者。"前者蕴含着欲发展福利供给的多元性，即福利服务的分权化，而后者更进一步导入竞争和消费者取向机制，即福利服务的民营化（privatization）。因而，分权化和民营化是福利多元主义理念的核心内涵。本课题采用黄源协（2001）对福利多元主义的定义，即在福利供给上，志愿部门、商业部门以及非政府组织扮演更多的角色，且要能借由竞争与监督机制，以增进资源的使用效率，回应民众需求，并提高志愿部门的责信。亦即，它并非意味着政府角色的完全撤退，而是强调政府宜由服务直接供给转向着重于扮演财务、规制及监督评估的角色。[①]

1. 建立多渠道的经费来源与责任分担机制

国外社会养老服务经费的来源大致可以分为几种情况：一是由政府拨款。也就是社区养老的公共设施的日常经费由政府提供，在少数国家很多社区养老服务都是政府资助经费，老年人无偿获得服务。二是来源于个人和组织捐款。现代社会中，国外政府对社区养老事务，主要通过契约方式向社区组织购买服务；通过低息贷款和税收减免政策鼓励民间组织参与社区养老服务；通过拨款数额的增减，体现政府关注的重点，达到控制社团行为的目的。政府除对社区养老服务进行必要的资金资助外，还主要进行广泛的动员，吸收更多的社会资本为社区老年人提供服务。因此，社区养老服务资金筹集的基本原则是政府引导、社区动员、社会资本支持。在国外社区养老服务的各种经验和模式中，养老的责任由原来政府单独直接负责提供，转为政府、社区、社会其他组织共同负责。不过，责任分担并不表明政府减轻了对供给社区公共服务的责任，更不意味着政府可以放弃责任。这要求政府必须以监察者和指导者身份，通过制定公共政策和公共服务的目标、标准、原则去监督社区内各个市场主体的承诺与运行状况，审视社区养老服务的质量和效益，促进社区老年人权益和福利的扩大，并致力于发动一切力量，为社区提供有效的、经济的、高质量的公共服务，给飞速发展变化的社区增添新的生机和活力。

2. 构建多元化的参与机制与非营利组织的发展

多元化包括了除政府外的其他非政府的、志愿的和私有的部分的共同参与。这意味着社会服务有更多的参与者，强调其分散化和非官办等特

---

① 黄源协：《台湾社区照顾的实施与冲击》，《台大社工学刊》2001年第5期，第59页。

质。国家提倡社会服务的多元化是为了解决资金的问题，还更多地体现了志愿者的参与。"福利的多元化"和"竞争的福利国家"的可取之处在于因为国家的资源有限，而把社会服务堪称全社会的责任，调动社会资源投入社会福利事业，无疑对社会福利事业是一个有力的推动。在福利多元化的思想指导下，西方各国在社区养老中都非常重视非营利组织和社区志愿者的参与。美国的社区志愿者数量众多，一般由两部分构成：一部分是社会志愿者；另一部分是在校学生。美国的社区志愿者来源面广，一般来自各行各业和不同的阶层，其组织形式多种多样，主要分为两大类：一类是由社会工作者、社区委员会、学校、教区、居民等自发组织起来的综合性非营利服务组织，它所提供的服务项目广泛，既包括各种文化体育娱乐服务活动、各种义务教育活动，也包括老年人所需的各种生活服务；另一类是由具有专业知识与技能的志愿者组成的专业性老年服务组织，他们大多是由各种专业老年服务机构的志愿者组成，是依社区需要产生的老年服务团体，服务范围几乎涉及老年人生活需求的方方面面，服务形式灵活多样，如利用节假日和休息时间帮助志愿者服务中心工作，为老年人提供义务服务等。由具有非营利组织性质的社会服务组织和志愿者来承担部分社区养老服务工作，有利于降低成本，提高公共物品的供给效率；有利于最大限度地满足社区老年居民的多元化需求，为老年人提供快捷、方便、优质、高效的服务；有利于社区养老服务的资金来源多样化，运作方式的灵活机动，使社区养老服务充满活力；有利于扩大社区的自我管理，提高社区的自治化程度，提高社会的运行质量；有利于扩大公民的社会参与，提高公民的民主意识，增强公民的社会责任心；有利于限制政府的权力，缓解政府的管理压力。

3. 推行普惠型的居家养老模式与社区优势的发挥

普惠型是一些西方福利国家的重要特色。这种福利制度不是只满足一定条件的群体，而是无论人们的特定条件如何都可享受。特别是北欧国家遵循普遍服务的原则，其享受社区养老服务的老人的比例也比较高。不仅居住在福利院的老人比例高，所提供的综合服务质量也好，原因是政府投入大，此外，社区内接受家庭照顾帮助的老人的比例也普遍高于其他西欧国家。北欧国家给我们展示了一个非常好的社区养老服务的榜样。由于他们坚持普遍主义的理念，所以表现在社区养老服务事业上的特点是为全体老年人公民提供服务，老年人在社区内接受服务的比例很高，而且涵括不同的服务类型，种类很健全，专业化水平很高。无疑，西方国家的社区养老服务相对来讲是一个普遍化、规范化、现代化的服务。社区养老是一种最经济的公共消费，一种善用社会有限资源的办法。20世纪50年代，面对日益衰退的经济环境和日益严峻的财政支付压力，英国政府倡导社区照顾，鼓励基层社区发挥功能，运用社区人际关系资源开展服务，对社区内老人施以援手，予以照顾。社区养老服务除了减轻政府负担之外，还能使老人尽可能地留在社区使他们有归属感。在当下，西方各国在解决老年人的养老过程中，把社区放在中心位置，十分注重立足社区、依靠社区，将各种福利设施建立在社区内，专业人员定期进社区入户提供服务，发挥社区养老组织的作用。这种以社区为依托的照顾方式与传统的家庭养老和集中院舍相比，更符合人道的原则，更经济便利。

（三）基于福利多元化的舟山群岛新区养老服务社会化的宏观设计

根据各地养老服务多元化的经验及启示，结合舟山新区老年人的基本需求，养老服务供给内容主要包括物质供给、精神慰藉、生活照料和医疗服务。由于养老服务涉及的内容广泛，如果只靠单一主体的供给很难满足。根据福利多元主义理论，应该引入多元主体的供给，通过明确各主体的供给职责，让各主体通过相互协调合作，从而形成一种互补的多元供给主体模式。

1. 发挥政府在养老服务社会化中的主导与协调作用

养老服务社会化是一项公益性和福利性事业，在市场经济条件下，如果没有政府的政策、资金支持，单纯按照市场经济规律本身去运作，是不可能吸引社会各个方面资金和人力、物力的主动投入的。同时，养老服务社会化是一个广泛而复杂的社会工作过程，仅靠民政部门一家是难以运筹的，它要解决诸多具体问题，需要各部门的支持与参与，因此，要做好政府各有关部门的协调工作，共同推进养老服务社会化。比如，协调税务部门，在税收减免上给予优惠政策；协调财政部门，给予民办福利机构必要资助，如提供小额担保信贷等；协调卫生部门，支持社区卫生服务机构开展老年医疗、预防、保健康复、健康教育等工作；此外，协调一些非政府性质的经营管理部门，如水电、煤气等部门，给予社区养老服务机构和设施相应的减免扶持。社区养老工作的推进是一项社会系统工程，需要政府有关部门协调各方，及时研究和解决推进过程中出现的问题。因此，我们认为只有政府为养老服务社会化承担起主要责任，才能最终建立一种能够切实保障老人权益的福利机制。

2. 实现社区在养老服务社会化中的管理和服务功能

社区是指各街道、居民委员会以及其设立的机构、组织和场所等。一个成熟的社区应具有政治、经济、文化、教育、服务等多方面的功能，并以满足社区成员多种需求为目标。目前，重点发展的社区功能有管理功能、服务功能、保障功能、教育功能和安全稳定功能。管理功能，即管理社区内人群的社会生活事务；服务功能，即为社区内居民提供社会化服务；保障功能，即救助、保护社区内弱势群体；教育功能，即提升社区内居民的文化素养；安全稳定功能，即化解社区内各种社会矛盾，保证人民生命财产安全，维护社区秩序。社区是为老年人提供社会养老的一个重要平台，除自身提供养老服务外，它还是连接老年人与社会各组织关系的桥梁和纽带。在养老服务社会化系统中，社区作为正式支持系统中的重要一员，在为老服务中其主要作用有：组织、管理辖区内为老服务活动有序、持续发展；协调辖区内相关单位做好为老服务工作，满足社区老年人养老需求，解决老年人各方面的困难；监督、维护社区秩序，保证社区居民的生活质量和居住环境。

3. 发挥市场、志愿组织、家庭等社会力量的补充功能

当然，虽然政府在养老服务社会化过程中必须处于主导地位，但在市场经济的条件下，政府、市场、志愿组织和家庭必须形成相互制衡和相互协作的关系才能实现经济和社会协同发展的目的。这四个主体都有各自的不足，市场强调效率，有时难以兼顾社会公平；政府注重公平，不能对个性化的需求面面俱到；而志愿组织和家庭往往是作为对市场和政府的补充。因此，必须在明确政府主导作用的前提下，协调其他三个主体共同发展，才能满足老年人的需求。

对于老年福利供给来说，信息不对称所带来的市场失灵，会对公平甚至效率产生很大影响。由于老年福利供给关系到老人的基本权益，因此，市场不可能完全代替政府在养老福利方面的供给，而政府也应当更多地发挥其主导作用。同时，由于市场是给有需要的人群提供的一种可以选择的福利，因此，它必须建立在政府已经提供基本福利的基础上，才能更好地发挥其补充作用。

志愿组织在福利供给领域主要以进行慈善活动为其主要任务。慈善活

动是人类社会最原始也是最基本的社会互助形式。宗教慈善活动曾在中世纪的欧洲为当时的福利济贫事业做出了重大的贡献。19世纪末20世纪初西方各国逐渐建立起较完备的社会福利制度以后，政府承担了福利供给的主要责任，慈善组织的志愿服务由主要变为了次要。我国正处于由传统社会向现代社会转型的过程中，现代社会福利制度建设与志愿组织的慈善事业发展几乎同时起步，在相当长的历史时期内，慈善事业在中国社会生活中将扮演举足轻重的角色，发挥社会中介、拾遗补阙和重要助手的作用。

但是志愿组织在慈善事业中的重要角色并不是要抹杀政府的主导地位。目前也有很多志愿组织为老人服务。这些志愿组织无论在数量上还是自身能力建构方面，都还不足以承担起政府所释放出来的福利责任。因此，政府仍然要承担起为患特殊病种贫困群体提供医疗救助的主要福利责任。

另外，建立在家庭成员共同承担责任与义务、共享利益和福利、互相照顾、维系情感的基础上的家庭养老只能解决应急的、个体的困难和小范围的问题，只能作为政府供给的补充。

五 推进舟山群岛新区养老服务社会化的具体对策

（一）坚持政府主导，科学建设养老服务机构

养老机构作为推进社会化养老的重要载体，要以需求为导向，科学建设养老服务机构。

1. 统筹规划发展养老服务设施

根据舟山市人民政府《关于深化完善社会养老服务体系建设的意见》中提出的"将养老服务机构建设列入城市建设总体规划，按照到2015年全市养老床位占老年人口总数5%以上的要求，合理规划布局养老服务机构，确保满足养老服务机构建设用地需求"和"将居家养老服务用房列入城市社区配套用房，按每百户15—20平方米建筑面积落实"的要求，抓紧编制《舟山市2013—2030年养老服务设施布点规划》，落实用地指标，实现社区养老服务设施规范化、科学化建设。

2. 办好公办保障性养老机构

公办养老机构要充分发挥托底作用，重点为"三无"（无劳动能力，无生活来源，无赡养人和扶养人，或者其赡养人和扶养人确无赡养和扶养

能力）老人、低收入老人、经济困难的失能、半失能老人提供无偿或低收费的供养、护理服务。今后为失能、半失能老人提供专业服务的老年护理院建设应为政府公办养老机构建设的重点。

3. 鼓励支持社会力量举办养老机构

一是出台更为优惠的民办养老机构扶持政策。二是通过各种金融、税收手段，鼓励和吸纳民营资本进入养老服务行业，新建非营利性或营利性的民办养老服务机构，做大做强民办养老机构；对非营利性民办养老机构，在开办初期，政府应给予一定的运营经费补助，允许他们进行利润分红。三是支持和鼓励宗教组织举办养老机构。四是鼓励民间资本对企业厂房、商业设施及其他可利用的社会资源进行整合和改造，用于养老服务。五是鼓励个人举办家庭化、小型化的养老机构。

4. 开展公办养老机构改制试点

引入市场运行和管理机制，政府投资兴办的养老床位应逐步通过公建民营等方式管理运营，投资和经营方式可采取公建民营方式，积极鼓励民间资本通过委托管理等方式，运营公有产权的养老服务设施。有条件的地方可以积极稳妥地把专门面向社会提供经营性服务的公办养老机构转制成为企业，完善法人治理结构。要开展服务项目和设施安全标准化建设，不断提高服务水平。

5. 改革边远小岛养老模式

针对舟山市小岛迁、大岛建所带来的边远小岛孤寡、空巢老人增多的现状，最近几年，边远小岛的渔农村社区已经创办了十几所托老所，"十二五"末，将达到或超过20所，加强对托老所的管理，建立长效的运行机制是托老所保持旺盛生命力的关键所在。第一要明确托老机构性质，可以将托老机构定性为集体兴办的非营利性养老服务机构，主要为边远小岛的困难、空巢老人提供机构养老。乡镇人民政府（街道办事处）为行政主管部门，社区（村）为具体管理部门。第二是对托老所进行行政许可和民非登记，确立其法人地位。第三是落实运行经费，应将日常运行经费列入市、县、乡三级财政预算。第四是加强内部管理，建立健全各项规章制度，可参照乡镇敬老院的办法和标准进行管理。

6. 医养融合推动老年护理机构建设

一是鼓励、引导各类养老服务机构和康复医疗机构，为特殊人群提供服务，政府从资金上给予补助。到2015年，50%的养老服务机构具备吸纳特殊人群老人条件。二是对现有的普通床位进行改造，县级以上养老服务机构要扩大护理型床位的比例，乡镇敬老院可通过设施设备的改造，创造条件设立护理型床位。三是卫生部门对现有的老年康复医疗机构进行内部挖潜，增设针对老年人的康复科室、增加现有的康复床位、拓展康复服务项目、强化服务功能、扩大收治老年患者的床位，为更多的特殊群体老人提供医疗、康复、护理服务。四是积极借鉴上海、苏州等地的经验，鼓励医疗机构和民营资本举办养医结合的老年护理院，为失智、失能老人提供专业的机构养老及护理。

（二）依托社区资源，全力推进居家养老服务

1. 整合社区资源，落实城乡社区居家养老服务用房

根据城市社区按每百户15—20平方米建筑面积的规定，建议：规模在3000户以上的社区，以社区为单位规划建设社区居家养老服务照料中心；规模在3000户以下的社区，2—3个社区建设1家社区居家养老服务照料中心，每家照料中心建筑面积不少于600平方米。农村社区标准可结合实际参照城市社区的标准。要求城市社区凡新建城区和新建居住（小）区，要按标准要求配套建设养老服务设施，并与住宅同步规划、同步建设、同步验收、同步交付使用；凡老城区和已建成居住（小）区无养老服务设施或现有设施没有达到规划和建设指标要求的，要限期通过购置、置换、租赁等方式开辟养老服务设施，不得挪作他用。要求渔农村社区可通过腾空、改建等方法落实居家养老服务用房。

2. 以城乡社区居家养老服务照料中心，扩大居家养老服务覆盖面

要有计划、因地制宜地建设社区居家养老服务照料中心，把现有的居家养老服务站和"星光老年之家"进行升级改造，使其具有居家养老服务照料功能。城乡社区居家养老服务照料中心以社区照顾为重点，为在社区生活的所有老年人提供社会交往、文化娱乐、生活照料、康复医疗、体育健身等多方面的服务，提高老年人的生活质量。

3. 发展居家网络信息服务平台，实施居家养老"点单服务"

借鉴上海浦东、江苏苏州等地经验，建立科技助老信息服务平台和虚拟养老院，整合现有家政服务公司和"1890"便民服务平台等资源，为社区居家老人提供紧急呼叫、家政预约、健康咨询、物品代购、服务缴费等适合老年人的服务项目。

4. 大力培育和发展社区民间养老组织，实现养老服务多样化

一是按照分类指导、整体实施的原则，注重区分不同社区和不同类型社区养老服务需求，做好社区民间养老服务组织的培育和发展。二是规范、引导和扶持社区民间养老服务组织。进一步加强社区民间养老服务组织活动载体建设，制定民间组织活动规范，同时整合和利用驻区企业和单位活动场地和设施，解决社区民间养老服务组织活动行为规范缺失、社区民间养老服务组织活动的资源紧张等问题。三是依托民间组织提供多样化的服务内容。社区民间养老服务组织是社区老年人群多元化社会生活的需要，也是社区老龄人口工作和管理的内在需求。从社区养老服务的具体内容来看，民间组织在提供生活照料服务、精神慰藉服务、医疗卫生服务、文化娱乐服务、体育旅游服务等凡是涉及老年人生活的各个方面都大有可为。

5. 借鉴美国经验，探索建立新型退休社区

在美国，主要存在两类老年人退休社区：一类是以"提供医疗服务为目的"的退休社区，在那里有较为完善的医疗服务系统和护理机构，这类社区主要适合那些高龄老人和身体状况不好的老人；另一类是以"提供休闲生活为目的"的退休社区，在那里老年人可以享受到丰富多彩的晚年生活。老年人可以根据自己的身体状况、经济水平有选择地挑选自己后半生的生活环境。我们可以借鉴这种做法，尝试在舟山新区建立新型老年人社区。

（三）发挥高校及志愿者的优势，不断提升养老队伍水平

1. 构建校社合作人才培养机制

养老护理员在舟山市属紧缺人才，应加大培养和培训的力度。一是人力社保部门应将养老护理人员列入职业教育培训计划。二是教育部门应在职业技术学校建立养老护理员培训基地，条件成熟时开设养老护理专业班。三是民政部门可通过订单式培训，与有老年服务与管理专业的大专院校合作，进行定向培养，毕业后分配到舟山市各养老机构工作。四是出台入职奖补政策，认真贯彻落实《浙江省老年服务与管理类专业毕业学生入职奖补办法》（浙民福〔2013〕113号），市、县（区）也应出台相关配套政策，吸纳老年服务与管理专业的大中专毕业生从事养老服务工作，推进从业人员专业化、职业化进程，改变目前60岁护理70岁的现状。

2. 构建志愿者、义工养老服务回馈激励机制

志愿者、义工是舟山市养老服务队伍的重要补充，针对志愿者、义工的爱心服务，舟山市可以出台《舟山群岛新区志愿者、义工优待办法》，探索采取"时间储蓄卡"志愿服务回报机制，让年轻人、准老年人以及身体健康的老人利用闲暇时间，为有困难的人群提供力所能及的志愿服务，今后，志愿者在需要帮助时，可以使用自己积累的志愿服务时间，换取相应时间的服务。同时根据储蓄值卡，志愿者、义工可以享受不同程度的优待。如可免费参观区旅游局所辖的景区，在政府主办的图书馆、博物馆等文化和教育场所，享受优先或免费的待遇；每年可在街道下属的社区医疗服务站免费体检一次；有参加培训、外出考察的机会等。同时还可以通过年度的表扬大会、聚餐、茶话会、真诚地感谢、征求志愿者的意见，倾听、信任志愿者，生日时寄张贺卡，体谅志愿者的时间安排，提供较佳的工作设备、响亮的头衔等都是奖励的形式与方法，还可以让优秀者充当培训师，组织指导宣传团及志愿事迹宣传报告等，甚至可以建立志愿者的求职、求学方面的优待政策，这些方式不仅代表了组织对志愿者的重视程度，更重要的是提高了志愿者队伍的积极性，同时也应对志愿者的工作进行适当的评估。

参考文献

1. 周沛、管向梅：《普惠型福利视角下的城市高龄者养老社会化服务体系研究》，《东北大学学报（社会科学版）》，2011 年第 4 期。

2. 张卫、张春龙：《当前我国养老服务社会化面临的问题及对策——基于地方养老服务工作的思考》，《现代经济探讨》2010 年第 5 期。

3. 穆光宗：《我国机构养老发展的困境与对策》，《华中师范大学学报（人文社科版）》，2012 年第 2 期。

4. 王凤：《结构功能主义视角下的城市养老社会化的相关因素浅析》，《中共乐山市委党校学报》，2007 年第 4 期。

5. 韩越、白静、张云钢：《云南省社会化养老模式对策研究——构建云南省社区居家产业化养老新模式》，《新西部》，2007 年第 4 期。

6. 王家峰：《福利国家改革：福利多元主义及其反思》，《经济社会体制比较》，2009 年第 5 期。

7. 董春晓：《福利多元视角下的中国居家养老服务》，《中共中央党校学报》，2011 年第 4 期。

8. 高丽莎、张伟：《居家养老的海曙模式》，《浙江人大》，2008年第4期。

9. Romesh Mishra：《资本主义社会的福利国家》，法律出版社2004年版。

10. 谢妮亚、舍尔—阿德龙：《建立社会保障私有化的挑战》，中国劳动社会保障出版社2004年版。

11. 吕津：《中国城市老年人口养老服务管理体系》，吉林大学博士学位论文，2010年。

12. 牛长华：《老龄化背景下我国社区养老服务问题研究》，山东财经大学硕士学位论文，2012年。

13. 陈建兰：《中国城市养老模式研究》，南京大学硕士学位论文，2012年。

14. 张美丽：《上海机构养老服务供给与需求的现状与发展研究》，上海工程技术大学硕士学位论文，2012年。

15. 陈娄妍㼆：《城市社区养老服务的社会化探索》，上海交通大学硕士学位论文，2008年。

16. 陈功：《我国养老方式研究》，北京大学出版社2003年版。

17. 陈雪萍：《以社区为基础的老年人长期照护体系构建：基于杭州市的实证分析》，浙江大学出版社2011年版。

18. 田北海：《香港与内地老年社会福利模式比较》，北京大学出版社2008年版。

19. 麻凤利：《中国老龄产业发展的机遇与挑战》，中国社会出版社2010年版。

20. 郑杭生：《弱势群体与社会支持》，中国人民大学出版社2013年版。

21. ［英］苏珊·特斯特：《老年人社区照顾的跨国比较》，周向红、张小明译，中国社会出版社2002年版。

第 二 章

舟山群岛新区社会救助社会化管理创新研究[①]

随着舟山群岛新区建设的推进，一些社会问题将与经济的快速稳定增长同时产生，困难群体问题便是其中之一。对政府而言，解决困难群体问题是新区政府民政工作的重要组成部分，也是着力改善民生、保障民生的重要举措。

社会救助是指在社会成员因个人原因、自然原因或者社会原因致使基本生活难以维持时，由政府和社会对其提供基本物质保障的救助制度。[②] 社会救助（medical assistance）作为一种支持和帮助贫困人群获得基本生活保障的社会政策安排或实体资源输送，它为困难群体解决基本生活问题起到了"托底"作用，促进了社会资源分配在机会和结果上的公平，也对劳动力市场的供给和消费产生重要影响。近年来，舟山市的社会救助管理工作逐渐走向成熟、规范化，并形成了一定的模式；但是也面临着救助资金短缺、救助机制不完善、救助力量不强、救助效率低等诸多困境。如何破解困境是舟山群岛新区面临的重要课题。

《舟山市民政事业十二五规划》中明确提出要"坚持政府主导与社会参与并重。在民政公共服务领域动员社会力量提供公共服务，充分发挥各类市场主体和社会组织的作用，满足广大群众多样化、多层次和不断变化的服务需求"的基本原则，确定了民政"工作力量将由行政力量为主向行政力量、专业力量、社会力量三位一体扩充"的基本思路。无疑，社会救助工作作为舟山群岛新区民政工作的重要组成部分，也需要广泛调配

---

① 浙江省民政政策理论研究规划课题"社会力量参与政府社会求助机制研究"（ZMZD201410）的研究成果。

② 全国社会工作者职业水平考试教材编写组：《社会工作实务》，中国社会出版社2010年版。

社会资源参与，形成政府主导、部门协作、社会组织和民众参与的救助体系。特别是在舟山群岛新区"先行先试"的大背景下，如何发挥社会力量参与社会救助社会化管理创新显得很有必要。

一 舟山群岛新区社会救助社会化管理的必要性

（一）实现舟山群岛新区社会公平发展的需要

无疑，公平是人类社会发展的永恒目标。舟山群岛新区在追求海洋经济发展的同时，必须兼顾社会公平发展。弱势群体的收入低、生活贫困使他们产生不公正感、被社会抛弃感和社会剥夺感。建立有效的社会公平机制可以把"社会贫富差距调整到合理的范围之内，缓解贫困，使社会成员在社会发展中的结果不公平在程度上得以缩小"。[①] 社会力量参与社会救助可以促进社会公平，主要表现在：首先，社会救助可以促进机会的公平。完善的社会救助制度是面向全体社会成员的，任何社会成员只要符合法律统一规定的条件，不论其地位、职业、民族、性别、信仰、年龄等均被纳入社会保障范围。而社会参与可以促进社会救助制度的完善和发展，使社会成员的生存权利得到更好的保障，促进机会公平。其次，社会参与社会救助可以在一定程度上促进过程的公平。社会救助为社会成员提供基本的生活保障，免除了他们的后顾之忧，不至于因先天不足或某些社会风险的侵害而陷入生存困境，导致发展起点和过程的不公平。而社会参与通过其救助补偿功能，恢复社会成员的基本生存能力，重新投入社会生活之中。最后，社会参与社会救助可以一定程度上促进结果的公平。社会参与对社会弱势群体的救助不仅在一定程度上调节了高收入者和低收入者的收入再分配，而且能解决好社会善款的去向和来源。

（二）适应舟山群岛新区"先行先试"政府机构改革的需要

21世纪的今天，新一轮的政府改革正在如火如荼地进行。在全社会高呼"小政府、大社会"的形势下，政府下放、转移部分职能已不可避免。舟山群岛新区"先行先试"政策导向也势必包含此意。那么，转移出来的职能由谁来承担呢？一个重要的去处是社会组织。由社会组织参与

---

① http://www.china.com.cn/zhuanti2005/txt/2003-01/21/content_5264615.htm.

来承担"无限政府"所不应承担的职能，有利于把"直接政府"变成"间接政府"。而"间接政府"的形成，有利于发挥广大社会成员的积极性和创造性，有助于政府集中精力抓好自己的本职工作。在社会救助中，政府由于其能力和精力有限，不能满足社会庞大而复杂的救助需求。这时，能力有限的小政府把社会救助具体服务的提供职能转移出来，不能下放给以营利为目的的企业，只能下放给以公益服务为目标和宗旨的社会组织来承担。从治理国家来讲，政府是主导；从管理社会来讲，社会组织是主力。这样，政府和社会组织间形成优势互补、良性互动的关系，共同做好社会救助的工作。

（三）实现舟山群岛新区社会救助工作可持续发展的需要

舟山市现有的救助资源主要来自六个方面：财政投入（如扶贫资金、社会保障基金、社会保险基金、灾害救济款、五保供养转移支付、城市失业救济金等），福利彩票公益金，慈善募捐资金，政府各部门、群众团体和企业在住房、教育、医疗等方面采取的政策性优惠减免，临时性的社会捐助，志愿者提供的社会服务。其中，"政府有限的财政投入是救助资源的主体，却又分散在各政府部门。这些零散的救助资源如果得不到集中利用，往往发挥不了其应有的救助效益"[①]。社会力量的参与，特别是社会组织，第三部门的参与能够建立起一种有机的统分结合模式，整合救助资源，最大限度地发挥有限资源的救助效益，保证每项救助的性质、发放条件和发放数量与其筹资来源相适应。[②] 同时，社会参与也能广泛吸纳闲散资金用于公益事业，弥补政府在社会救助中的资金不足，扩充社会救助资金的来源，提供多样化的社会救助服务，提高社会救助的供给效率，实现社会救助的可持续发展。

二　舟山群岛新区社会救助现状

为解决城乡困难群体基本物质保障问题，近年来，舟山市不断健全城

---

① 徐祖荣：《非政府社会救助：社会救助主体多元化的必然选择》，《山东省青年管理干部学院学报》2007年第5期。

② 唐均：《中国城市贫困与反贫困报告》，华夏出版社2003年版。

乡社会救助体系，完善社会救助制度，探索创新救助方式，加大救助力度，在一定程度上缓解了困难群体的生活、就医、就学、就业等基本物质保障问题。但是，虽然政府部门逐年加大社会救助力度，不断完善救助保障体系，但现阶段尚不能彻底解决困难群体面临的贫困、失业等困难，随着残疾人、老年人、妇女、儿童、城乡失业者、农民工、生活没有保障的失地农民、失海渔民及因病致贫、因病返贫等困难群体的增多，如何应对各种困境已成为当前困扰他们的主要问题，同时也是广大困难群体最关心、最现实、最迫切、最希望解决的社会问题。

（一）困难群体的制度诉求

社会救助的对象大多是社会的困难弱势群体，没有权力，缺少资源，作为单一的社会个体，在自身困境面前显得软弱无力，无法应对各种风险，更不要说分享经济、社会发展的成果，因此在社会救助方面存在着强烈的制度诉求。

1. 贫困失业的社会风险

困难群体往往是老、弱、残、孤、病的群体以及家庭，首先由于缺少技能和资源，在经济上陷入困境，进而在社会生活的各个方面会陷入困境，面临彻底沦入贫困和失业的社会风险。而对抗这种社会风险，首要的问题就是要解决各种生活基本费用和工作问题。如果不能解决这个问题，一方面会导致家庭失去收入来源，而另一方面，可能会导致整个家庭陷入被社会排斥的境地。同时，这些贫困群体在社会交往、人际关系、子女教育、政治参与等方面都会面临着诸多的不足和存在着诸多的问题，从而遭遇诸如失业、技能缺乏、收入低下、住房困难、犯罪案高发的环境、丧失健康以及家庭破裂等交织在一起的综合性问题，存在着被边缘化和社会隔离的社会风险，甚至会影响下一代的发展，导致贫困的代际传递，陷入恶性循环之中。例如以恶性肿瘤患者等特殊病种贫困群体为例，由于医疗费用很高，不少家庭一旦经济上难以维系，绝大多数会选择放弃或中断治疗。这些医疗费用对一个个单一的社会个体家庭而言相当高昂，"因病致贫"的现象出现。这些家庭首先在经济上陷入困境，进而在社会生活的各个方面会陷入困境，面临彻底沦入贫困的社会风险。

2. 风险的进一步扩散

中国社会中家庭在帮助个体抵御社会风险方面发挥了巨大的作用。尽管政府采取了最低生活保障、廉租住房、助医、助学、救灾等社会救助措施，失业、医疗、养老、住房等保险制度也在不断完善过程中，但众多下岗、失业、失地、失海、投资、经营失败、低收入、病残者仍主要依赖家庭其他成员的扶持而减少了生活风险和生存压力。尽管社会转型期家庭的经济保障功能增强，家庭已成抵御各种风险的救生筏，但由于社会保险尚未全覆盖，相关政策尚不到位，家庭的承受能力仍十分有限。一些困难家庭可能因为失业、疾病、子女教育、灾害等原因造成经济上无力承担，那么这种个体家庭中的社会风险会由一个家庭扩展到另外一个家庭，社会风险产生扩散，影响整个社会的稳定。近年来舟山受滥捕滥捞、资源枯竭以及近海无序开发、沿海工业快速推进等因素影响，大量海域被占用，渔民作业空间越来越狭小，失海失业渔民或亏本经营的"隐性失海"渔民越来越多，渔民陷入"要地没地、要海没海"的境地，"失海"渔民的基本生活、医疗、养老等社会保障制度缺失，没有及时建立适合渔区标准的最低生活保障制度，导致部分渔区的渔民贫富差距拉大。

3. 社会不和谐的社会预期

这里主要是指其中可能会导致社会的不稳定因素增加。比如许多家庭因病致（返）贫，成为新的贫困群体，他们在基本生活得不到保障的情况下，势必通过各种方式、各种渠道向政府部门和社会各界反映困难，要求援助。随着这部分弱势群体的壮大，社会不安定因素增加，安全风险隐患不可低估，政府部门构建和谐社会的压力也随之增大。不难看到，近年来舟山群体性事件多以弱势群体要求解决生活工作问题而引发。

（二）困难群体社会救助制度安排

在上述社会背景下，浙江省舟山市针对困难群体，依托国家和省市的相关政策，出台了一系列相应的社会救助制度。浙江省舟山市针对困难群体的社会救助制度安排实际上是一个复合体。这些政策主要包括：

1. 最低生活保障制度

主要是解决贫困个人与家庭的温饱等基本生存问题的。

舟山市从1997年全面实施城乡居民最低生活保障制度以来基本形成了城乡联动、救助结合、政策配套、运转正常、管理规范的社会救助制度，实现了"应保尽保、应退尽退"。现行的低保标准为：从2014年1月1日起，实行城镇525元/人·月（普陀山镇300元/人·月），农村

473元/人·月，城乡低保统筹比例从原来的80%提高到90%，城乡差距进一步缩小。据不完全统计，此次提高将惠及全市6145户农村低保家庭和1721户农村低保边缘户，预计全市全年将增发低保金350余万元、低保边缘生活救助金45万元。至此，舟山市成为省内除宁波市外城乡低保标准差距最小的地市。同时低保标准自然增长机制、低保对象分类管理机制、低保金最低补差机制、物价补贴机制、春节慰问机制等配套制度相继建立，并出台了各项款项减免优惠政策。根据2007年重新修订出台的《舟山市最低生活保障实施办法》规定，"差额发放的低保金不低于当地低保标准的40%"；各县（区）除低保家庭中的农村五保对象、城镇"三无"人员及生活不能自理的重度残疾救助对象，全额发放低保金外，还对集中供养农村五保对象按城镇低保标准全额发放低保金。同时，根据当地物价是否上涨，对低保家庭视情实行基本生活物价补贴，除了每月领取低保外，舟山市每年春节期间还增发1个月低保金，并在物价上涨比较快的年份里实行物价补贴；还规定了免缴各种提留、统筹款，免收义务教育阶段学杂费，月水、燃气、供电费优惠等共计16项扶助政策。[①]

2. 专项社会救助

主要是对生活起到补充的作用，只是针对生活中的某一方面进行救助，专项救助包括医疗救助、教育救助、住房救助等。

（1）医疗救助

从2005年起，舟山市三次修订出台《舟山市贫困群体医疗救助实施办法》，目前形成了零起点、不限病种、城乡一体化的，与城镇职工（居民）医疗保险、农村合作医疗保险无缝对接的医疗救助制度。救助病种从单一的大病救助扩展到全部基本医疗救助，救助对象从低保对象扩大到低保、低保边缘等八种对象，救助标准从20%—40%，最高额度8000元，提高到30%—70%，最高额度30000元（见表2—1）。

---

① 数据来源：舟山民政信息网；舟山市第六届人民代表大会第四次会议《政府工作报告》。

表 2—1　　　　　舟山市医疗救助对象及救助标准具体规定

救助对象	门诊		住院	
	救助标准	最高救助额度	救助标准	最高救助额度
城镇"三无"、农村五保对象	70%	1000元	50%—70%	30000元
低保对象，特困职工，特困残疾人，享受国家定期定量补助的精减职工，新中国成立前入党的农村老党员、老游击队员、老交通员	60%	1000元	40%—60%	30000元
重点优抚对象	按有关优抚政策办理		40%—60%	30000元
低保边缘对象	40%	1000元	30%—45%	10000元
患五种大病救助对象	门诊按住院标准和最高额度进行救助		低保对象20000元 低保边缘30000元	

2006年起，舟山市人民政府又下发《关于舟山市惠民医院医疗救助实施办法的通知》，各级卫生部门也出台了惠民医院制度，建立惠民医院，对低保、低保边缘对象看病实行"十免"、"十减半"优惠政策。可以说，只要是符合救助条件的困难群众，其医药费支出在救助额度以内，通过惠民医院优惠、渔农村合作医疗、城镇医保报销和民政医疗救助以后，自负医疗费用已在50%以下。

(2) 教育救助

2005年，舟山市政府出台了《关于积极推动经济困难家庭学生就学资助体系建设的意见》和《关于对考入大学的低保家庭子女进行补助的若干意见》，规定对考入大学的低保家庭和低保边缘家庭子女每人一次性救助5000元和2500元。对接受中、小学教育的低保家庭子女在九年制义务教育阶段免收杂费、代管费、住宿费、借读费，高中阶段免收学费、代管费。舟山市还创办了全省第一家贫困家庭子弟学校——舟山千荷实验学校，对全市就读小学4—6年级及初中的低保家庭子女经申请批准可就读千荷实验学校，免除吃、穿、住、学等一切费用，政府每年为千荷实验学校支出办学资金300余万元。除了教育部门对高中阶段困难家庭子女减免学杂费外，对考上大学的低保、低保边缘家庭子女提供5000元和3000元的一次性救助。

（3）住房救助

为改善渔农村困难家庭的住房条件，舟山市对低保家庭、下岗失业困难家庭、特困职工家庭、特困残疾人家庭、重点优抚对象、大病困难家庭及低保边缘家庭七种贫困群众家庭的危房进行改造。2008年，舟山市出台《城镇廉租住房管理办法》，对人均住房建筑面积16平方米以下和年人均收入低于当地上年度人均收入60%的城镇常住困难家庭，实行廉租房制度。对困难群众或采取租金补贴，或低价租住房管处提供的实物配租房，或租住其他公房时提供租金减免。

（4）流浪乞讨人员救助

2012年舟山市政府出台《关于进一步加强城市流浪乞讨人员救助管理工作的通知》，明确规定民政部门是该救助管理协调小组的牵头部门。民政部门设立流浪乞讨人员救助举报电话，做好救助管理站内的服务管理及流浪乞讨人员管理工作。规定要加强市、县（区）流浪乞讨人员救助管理站的建设，各级救助管理站要按照民政部《救助管理机构等级评定》的工作要求，改善流浪乞讨人员救助管理机构设施，提高救助水平，健全救助管理网络。

3. 灾害救助

是指国家或者社会对遭受自然灾害而造成生活贫困的社会成员提供一定的物质帮助来维持其最低生活水平，恢复和提高灾民的生存能力。根据《浙江省民政厅转发民政部关于加强自然防灾减灾应急预案体系建设的指导意见的通知》（浙民救〔2009〕12号）精神，形成了市、县（区）、乡镇（街道）、社区（村）四级联动的自然灾害应急救助预案。同时，设立四级避灾安置场所，建立救灾物资储备系统，建设了四级报灾系统，市、县（区）政府财政按每年人均不低于3元的标准安排自然灾害救助资金，救灾资金全面实行社会化发放，并按照救灾款物发放"四公开一监督"规定，在救灾款物和救灾捐赠款物的分配、使用和发放等诸环节进行实时全程监督。此外市慈善总会、市红十字会、市残联等各级社会团体根据各自职责组织的各类救助，都是现行社会救助政策的有益补充。从现行制度的实施情况来看，浙江省舟山市针对困难群体的社会救助政策体现出以下特点：

第一，社会救助在制度设计上实现了城乡统筹。舟山市的经济发展迅速，为了坚持城乡社会救助工作的平衡发展的原则，使城乡贫困群众能够分享经济、社会发展的成果，在社会救助方面推行了城乡一体的社会救助制度。目前，城乡一体化的医疗救助制度已经形成；2013年，农村低保标准将达到城镇的90％。"十二五"末或"十三五"初，基本实现城乡低保标准一体化。

第二，逐步建立了分层分类的社会救助运作体系。舟山市救助政策已从原来的单纯的低保、临时救助逐步向助医、助学、助房、扶持就业、法律援助等方面拓展，呈现出从保障困难群众的基本生存权向促进困难群众获得平等发展权深化的趋势。除了继续保障农村五保、城镇"三无"对象和城乡低保对象的基本生活外，还把家庭人均收入在当地低保标准100％—150％之间的困难家庭和突发性事故造成困难家庭列入救助范围。根据困难程度、致贫原因、需救助状况的不同在助困、助医、助房、助学等方面采取分层分类救助。

第三，确立了与地方经济相适应的社会救助标准。对困难群体各类救助支付范围、救助标准等都有着详细的规定。特别是对一些特殊的贫困群体的医疗救助甚至实行了零起付救助制度，在财力有限的情况下尽可能地做到广覆盖。

（三）制度实施

1. 制度实施概况

（1）最低生活保障标准逐年提高，低保对象逐年小幅度减少，保障金支出逐渐增加，低保对象得到更多实惠（见图2—1）

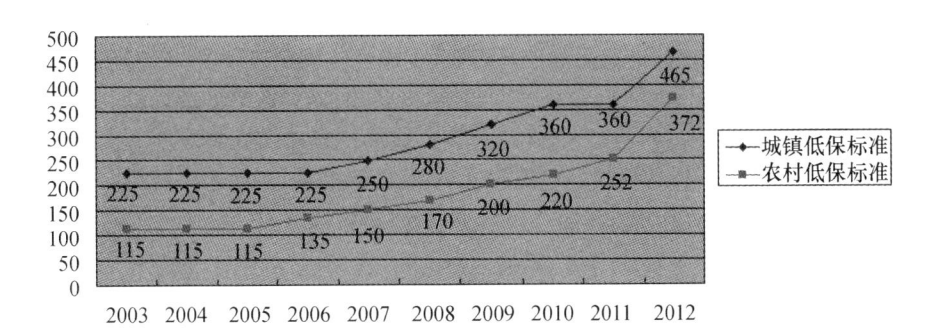

图2—1　舟山市2003—2012十年低保标准变化

(2) 医疗救助范围不断扩大,救助标准、人数不断提高,资金支出大幅度增加(见图2—2)

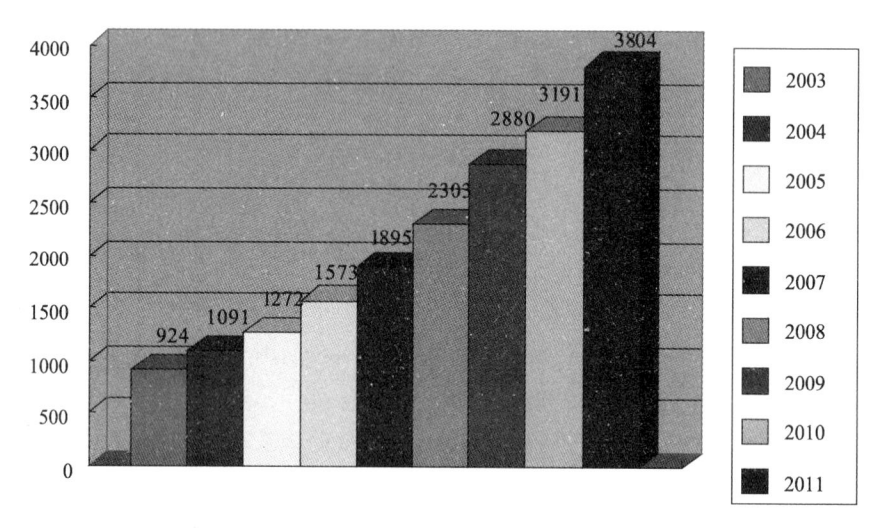

图2—2 舟山市2003—2012年低保金支出(单位:万元)

柱状图数据:2003年 924,2004年 1091,2005年 1272,2006年 1573,2007年 1895,2008年 2303,2009年 2880,2010年 3191,2011年 3804

救助病种从单一的大病救助扩展到全部基本医疗救助,救助对象从低保对象扩大到低保、低保边缘等八种对象,从原来的1.3万人次扩大到2.1万人次,占全市总人口的2.1%;救助标准从20%—40%,最高额度8000元,提高到30%—70%,最高额度30000元。2005—2012年,全市共救助5.96万人次,支出医疗救助金3737万元。2012年,舟山市各级财政按照人均不低于10元的标准,共安排医疗救助专项资金1095万元,医疗救助金支出已占财政安排的72.48%,民政医疗救助资金占贫困群体医疗经费总支出的28%,到2013年全年医疗救助首次超过万人次,医疗救助已经成为舟山市社会救助体系的重要组成部分。

(3)基本形成四级联动的自然灾害应急救助预案,避灾场所和救灾物资储备仓库建设完备

舟山全市43个乡镇(街道)、278个社区全部建立防灾减灾应急预案。截至2012年底,全市共建立市、县(区)、乡镇(街道)、社区(村)四级避灾安置场所216个,建筑面积达22.66万平方米,可转移安置灾民46000多人,累计投入建设资金9298万元,基本覆盖到每一个社区(村),可以满足在灾害发生时全市转移安置的需要。在抗击

2012年第九号台风"梅花"过程中，舟山市的避灾安置场所发挥了重要作用，全市共启用各级避灾安置场所109个，转移安置群众2.59万人次。

目前，全市共有规模较大的物资储备仓库5家，建筑面积达1500平方米，储有帐篷、衣被、草席、雨衣、应急照明灯、食品、饮用水等各类救灾物资30余个品种，同时结合舟山实际，在金塘、六横、衢山等较大岛屿设立救灾物资储备点，对一些不易长期储备的救灾物资，如方便食品、矿泉水等物资与有关商家签订供货协议，确保灾害发生初期灾民的基本生活。积极开展"全国综合减灾示范社区"创建活动。在防灾减灾活动开展比较好的社区开展"全国综合减灾示范社区"创建活动，已有定海区金塘镇和建社区、普陀区沈家门街道大蒲湾社区、东港街道临秀社区和岱山县岱东镇沙洋社区4个社区被评为"全国综合减灾示范社区"。2012年又申报了9个社区。多次编印制作各种防灾减灾宣传资料，统一编写制作了一套避灾场所规章制度和防灾减灾宣传挂图，配发到全市避灾点。民政部门共编印《防灾减灾宣传手册》1万余份分发到各个社区、学校。各县（区）都开展了防灾减灾教育进社区活动。

此外，在2010年，投入300余万元对市社会救助管理站进行了改造，改善了服务条件，提高了救助能力，主要做好流浪乞讨人员、无主精神病人的救助工作，共救助流浪乞讨人员4380名。由于工作出色，2010年，舟山市救助管理站被评为"全国救助管理机构规范化建设单位"。2013年全年全市新开工保障性住房、城市旧住宅区（危旧房、城中村）改造安置房7473套，其中公共租赁住房（含廉租住房）2880套，竣工2448套；危旧房改造11.63万平方米，受惠住户1112户；全市新增廉租住房租赁补贴217户。"三改一拆"行动全年拆除违法建筑240.43万平方米，完成"三改"413.59万平方米，其中旧住宅区改造159.87万平方米、旧厂区改造74.06万平方米、城中村改造179.66万平方米。[①] 2014年以来，相关工作仍在有力推进中。

2. 工作方式创新

（1）社会救助资金发放社会化

从2004年起，实现了低保资金以县（区）为单位实行社会化发放。

---

① 数据来源：《舟山市2013年国民经济和社会发展统计公报》。

由各县（区）民政局会同财政局出台社会化发放《实施办法》，财政部门负责低保资金的筹集，包括与乡镇（街道）低保资金负担比例的协调，民政部门负责全面建立电算化低保台账，每年所需低保资金由民政部门提出后，列入年度财政预算。在此基础上，县（区）民政局设立低保资金管理专户，每月按实际需要由县（区）财政核实后，直接足额汇入低保专户，然后分别汇到低保对象的储蓄卡上。低保对象直接持卡到信用社各营业网点领取保障金。舟山市在省内率先全面实现以县（区）为单位低保资金社会化发放。

（2）社会救助队伍专职化

从2005年起先在市本级临城街道进行试点，按照机构、编制、人员、经费、办公场所、功能"六到位"的要求在全市44个乡镇（街道）建立了社会救助管理服务站，259个社区（村）建立了社会救助服务工作室，每个救助站配备了2—3名工作人员，每个救助室配备了专（兼）职人员，所有站（室）均配备电脑、打印机等设备，作为专门窗口，统一负责包括低保工作在内的所有社会救助工作。同时，还对全市43个乡镇（街道）社会救助管理服务站负责同志每年进行一次低保等社会救助政策业务培训，从而提高工作人员的业务素质。

（3）社会医疗救助即时结报

从2010年7月1日起实施贫困群体医疗救助"一站式"即时结报制度。"一站式"即时结报，是在城镇职工基本医疗保险、城镇居民基本医疗保险、新型渔农村合作医疗信息平台的基础上，增设"民政医疗救助结算模块"，通过联网运行、资源共享、及时更新、同步结算、统一监管等方式，简化医疗救助程序，让贫困群体享受高效、便捷的医疗救助服务。特困职工、低保户等困难群体前往定点医疗机构就医，政府医疗救助将如同新农合医疗报销一样便捷，居民只需轻松刷卡，医疗结算系统会自动扣除新农合医疗报销、政府医疗救助、城镇职工基本医疗保险等费用，支付一目了然，免了以往政府医疗救助申请流程烦琐、救助资金下发周期长的麻烦。

（4）社会救助管理的信息化、规范化

建立"舟山市社会救助体系管理系统"，实现全市包括低保家庭在内的所有困难对象基本情况及救助信息化管理。实现低保申办程序化管理，即严格按照"四准确"、"四公开"和"一监督"开展工作，即家庭成员关系准确、家庭收入核算准确、开支情况核算准确、贫困原因调查准确；"四公开"即政策公开、低保对象公开、保障标准公开、救助金额公开；"一监督"即低保对象实行两次公示、公告。同时，为加强低保工作的监督规范化，市、县（区）民政和财政部门一起，每年对低保工作进行一次检查，并将检查结果进行通报。市、县（区）审计部门基本上做到了每两年对民政部门使用的低保资金进行专项审计。在每年9或10月份组织一次低保、医疗救助政策宣传活动。同时，普陀区还制定了有劳动能力的低保对象参加社区劳动制度，从2004年4月起，全市民政系统还设立了低保专门热线，并在新闻媒体和局网站公布相关事宜，接受社会监督。

（四）存在的问题与不足

在社会政策视角来看，对公民需要的满足是社会政策需要解决的核心问题。需要的重要性既在于其是社会福利和救助制度运作的理论与价值基础，又因其是社会福利与救助理论与政策中最基础、最常用和最具争议性的核心概念：每个人都具有基本需要，社会救助制度就是回应和满足基本需要的。社会救助政策就是如何提供最好的服务以满足基本需要的问题。[①] 社会救助制度的设计旨在回应人类的需要，其实质是满足需要的制度设计与制度安排。从现有的浙江省舟山市社会救助政策来看，取得了巨大的成绩，在一定程度上满足了困难群体的需要，但是在具体的制度实施过程中，还存在着诸多不足，这些不足将成为新区下一步制度调整的依据和基础。

1. 重事后救助，轻事前救助

随着城乡低保、低保边缘、灾民救助、农村五保和城镇"三无"供养、医疗救助、流浪乞讨救助管理、贫困大学生救助等制度的逐步建立和完善，舟山困难群众的基本生存权利已经得到了有效的保障，但是相对于较为完善的基本生活救助，教育救助、住房救助、司法援助等专项救助制度仍存在着不足。在制度实施中，注重以生存为目标的输血型救助，而忽视以人的发展为目标的造血型救助，在如何使救助对象通过全面的、综合的

---

① 刘继同：《人类需要理论与社会福利制度运行机制研究》，《中共福建省委党校学报》2004年第8期。

救助,从根本上来彻底摆脱贫困状况方面做得还不够。

2. 重资金救助,缺社会服务

实际上,困难群体诉求是多方面的,尽管资金救助是大部分受助者最直接、最迫切的需求,但是通常情况下受助者的需求都是多元的。譬如现行医疗救助制度规定的一些特殊病种,需要投入大量的人力来进行照顾。一般的家庭成员可能由于时间等各个方面的原因而无法提供照顾,这就需要政府出面,通过购买服务的形式给这些家庭提供社会照顾。对于某些流浪乞讨救助对象在救助过程中更需要心理疏导和情感抚慰;对于一些有劳动能力的救助者,可能更需要解决就业和安置,家庭还有住房、教育等的需求,因此,就目前来看,救助的方式、内容过于单一,无法满足救助对象的特定需求。

3. 重财政投入,轻社会资金投入

近年来,舟山社会救助存在资金不足的问题,一方面各级社会救助资金的来源主要是每年财政部门安排的救助金,但是由于受经济发展水平的制约,社会救助投入占各级政府公共财政支出的比例并不高,而且加上财政支出结构不尽合理,社会救助在地方财政列而少支、列而不支、拨付迟滞现象并不鲜见。另一方面由于慈善事业舆论宣传不够,社会慈善意识尚未形成,募捐手段较为落后,众多企业慈善意识不强,支持慈善事业力度不大,社会公众热心慈善事业的氛围没有形成,捐助资金不足,占社会救助总资金的比重偏低。以医疗救助资金为例,按浙江省政府要求,每年按户籍人口进行安排。在"十一五"期间,该专项资金筹资额虽然从户籍人口人均3元提高到人均8元,每年提高1元,但跟医疗救助工作实际需求还有不小的距离。以2010年为例,全年舟山市各级财政共安排医疗救助金890万元,而贫困群体医疗救助金支出1082万元,有近200万元的缺口。而社会帮扶资金进入医疗救助领域的渠道还不是很通畅。随着舟山市医疗救助"一卡通"的开展和医疗救助标准的不断提高,仅仅依靠市财政安排医疗救助专项金是无法满足救助需要的。

三 社会救助的国外经验与借鉴

20世纪70年代至今,社会救助制度进入了改革阶段,资本主义各国开始对本国的社会救助制度进行调整,开始强调国家、社会和个人共同负担,且更注重个人责任。由此,社会救助开始进入多元主体责任阶段。这一阶段更加重视个人、家庭、社会以及地方政府在社会救助中的作用。

(一) 英国将社会救助的具体工作实行"外包"

英国政府在第二次世界大战后在欧洲国家率先实行"福利国家"的社会政策,20世纪80年代初又率先进行社会福利制度改革。除了政府承担社会救助的主要和基础责任外,还将部分社会救助具体工作以"外包"的方式委托给社会工作部门。具体而言,英国的社会救助工作属于政府主要负责的事项是立法、财政预算和拨款、社会救助管理和监督等,主要由社会保障部负责。为更好地为公众服务,而对于那些政府部门难以达到的终端社会工作或者如果政府运行的话成本太高的具体社会救助服务工作,政府则以公开招标的方式选择能够向民众提供最优服务的"社会工作服务代理机构"完成此类任务。该代理机构是独立的法人,也是一个分工很细的机构。在社会职能上是地方政府社会工作部门的延伸,承担政府部门难以完成的具体工作,它与政府部门是代理合作关系。政府进行招标时只规定服务受益人数等"产出"指标,不规定工资、租金等投入指标。中标后,政府为代理机构提供50%—60%的经费,代理机构必须自筹另一半经费,一般从社会慈善机构、各类基金会、企业或者个人捐赠获得。[①] 政府合同资助期内,政府要对服务的产出进行检查,如果服务达不到合同规定标准,可以立即中止资助。这些社会服务代理机构所提供的服务非常具体和多样,能最大限度地满足公民的各项社会需求。

由此可知,英国的社会救助责任和工作机制由政府和社会工作部门共同承担,政府当然承担主要责任。政府实施救助,更强调以工作换福利,现金无偿救助一般只针对老年人、儿童和其他丧失劳动能力的人;非政府救济主要包括慈善组织的救济和各种互助性组织所提供的救济。各种其他的互助行为也一直在英国的社会救助中占有重要地位。

(二) 美国"非营利社区发展公司"发展壮大

20 世纪 70—80 年代,美国经济滞胀,里根政府上台,社会救助制度

---

① 张喧、谢芳等:《国外城市社区救助》,中国社会出版社 2005 年版。

从理念到实质内容都发生了重大变化。其中非营利性的社区发展公司成为美国社会救助与社区服务的最重要的参与者。联邦政府授权州和地方政府将社区里失业、失学的青年组织起来成立社区发展公司,为当地社区服务。这些社区服务组织的工作包括在社区协助警察、预防犯罪、维护社区治安、打扫街区卫生、种植花草苗木、收集垃圾、帮助贫困家庭、开展社区文化娱乐活动等。社区发展公司的经费有80%来源于联邦政府拨款。在整个60—70年代,社区发展公司在向穷人提供住房和社会服务方面起了重要的作用,因而也得到了社区居民的支持,社区出现了"自下而上"的社区参与热情。随着联邦政府削减预算之后,社区发展公司的资金来源主要从其他公共和私营部门寻求,包括州、地方政府和私人基金会的资金,也包括银行、企业和个人在内的其他基金。在西方发达国家,社区发展公司受到普遍好评。人们意识到,如果光靠联邦政府或者营利性的私营部门向低收入家庭提供帮助是一件不太行得通的事情。只有挖掘社区的资源和潜力,才是解决社会问题的根本途径。

20世纪90年代通过的《个人责任与就业机会调整法案》更是结束了联邦政府向低收入家庭无偿支付社会救助金的60多年的历史。[①] 法案一方面对福利救济金领取者采取了严格的受助时间和工作小时等限制;另一方面,大幅度减少用于直接资助贫困家庭的资金补助的比例,增加鼓励和帮助人们参加工作、自谋生路的资金比例。与此同时,美国政府还引入了"以工代赈"计划,该计划规定,人人都有义务工作,要求社会救助计划的受惠者在领取社会救助两年后必须工作,任何人在一生中最多享受5年的社会救助补助。要求50%领取救助金的单亲家庭必须每周工作30小时,要求75%的领取救助金的贫困非单亲家庭必须参加工作或者参加职业培训计划。

美国的相关法案与计划奠定了当今美国社会福利保障制度的多元化体制的特征:由联邦政府主导,州和地方政府分工、分享社会福利工作,发挥社团和非营利性社区发展公司的能动作用,共同承担起社会救助的责任。[②]

---

① 李余平:《导航纽约》,昆仑出版社2000年版。
② 张喧、谢芳等:《国外城市社区救助》,中国社会出版社2005年版。

(三) 瑞典"群众社会运动代表组织"分享社会救助责任

20世纪后半叶，瑞典人逐渐认识到失业是一种国家的社会困境，而不仅是由于个人懒惰所致，因此对于贫困救助问题有了新的认识。公民和社会需要共同承担一定的责任已逐渐成为一种社会共识和准则。只有个人承担起其应有的责任，诸如积极主动寻找工作，并接受技能训练，社会才能尽其责任去保护个体劳动者及其家庭的收入。这也是1974年《瑞典宪法》中明文规定的公民享有工作权利的本质所在。瑞典的社会救助分为两个层次，一是兜底性的贫困救助；二是鼓励性的社会资助。尽管早在20世纪50年代中期曾出现过从贫困救助到社会资助的概念转换，但在瑞典，直到20世纪80年代初，贫困救助与社会资助仍然作为两种社会援助方式并存。在长达一个世纪的时期里，这两种救助形式的并存不仅经历了一定的历史演变，同时也形成了共识：贫困救助一直都是由地方政府负责，过去由旧式的路德教教区，到后来由其后裔非教会自治区以及负责医疗机构和医院的郡议会来管理。但是由于地方当局主要是由选举出来的地方非专业人士——农村小地主、自由农民、城镇商人和手工业劳动者组成，它与社区的联系比与中央君主政府更加密切。[①] 第一次世界大战后随着选举权的扩大以及中央和地方议会民主的建立，社区的另一部分——群众社会运动分子开始掌控地方政治，尤其是农业党（后改名为中心党）和社会民主党共同负责有工作和无工作的穷人资源的合理分配问题以及穷人的教育问题，以使他们成为负责任的、值得尊敬的、有自制力的公民。尤其是第二次世界大战以后，福利国家制度得到进一步发展。由于中央、地方政府以及一系列自下而上的群众社会运动代表性组织开始涉入中央和地方福利机构的日常事务，除了零散的福利团体之外，劳工运动社会民主党、工会组织、住房与零售消费合作社、农村社会运动组织、农业生产合作社以及联合政党农业协会，在社会福利机构中都起着举足轻重的作用。[②] 第一次世界大战期间，由中央政府、国家工会和雇主协会三方联手负责的"激励劳动力市场政策"的建立，也是这种政府和社会共同负责

[①] Sunesson, S., Blomberg, S., Edebalk, P.G., Harrysson, L., Magnusson, J., Meeuwisse, A., Petersson, J. & Salonen, T., "The Flight from Universalism", *European Journal of Social Work*, Vol. 1, No. 1, 1998, pp. 19–29.

[②] 林万亿：《福利国家——历史比较的分析》，台北巨流图书公司1994年版，第108页。

办福利的体现。为了对"完全就业政策"进行补充制度设置，政府另外设立的"自愿式失业救助基金"，则交与了工会管理，旨在帮助那些有长期工作经验，但拒绝从事地方就业事务所提供的适当工作的劳动者。甚至连国家劳动力市场协会中的负责教育和培训的教育分支机构都走向了社会化趋势，即从该协会中独立出来，转型为国营公司，在教育领域与国家劳动力市场协会以及其他非国有分包单位共同参与市场竞争。而且，现代社会，社会救助部门内的专业社会工作者成功地将社会服务管理协会与其他社会组织进行"联盟"。[①] 20世纪80年代，顺应国际新自由主义私有化的潮流，瑞典社会民主党采取的"分散制"福利制度改革，确立了普救性社会救助原则，同时也重新分配了中央政府和地方政府在社会福利领域的职责安排，普遍性和基础性的社会救助均由中央政府提供，但由地方社会工作委员会监督，最终由专业的社会福利救济部门进行具体管理和操作。这种改革趋势也正是政府和社会共同承担社会救助工作发展趋势的一种印证。

（四）俄罗斯的"社会服务中心"分享社会救助责任

俄罗斯现有的社会救助体制深受我们曾经很熟悉的前苏联"大而全"福利体制的影响。社会救助中，地方政府财政拨款是其资金的主要渠道，鉴于各地方政府财力不同，补贴数额也不尽相同，但总的来说，覆盖面还是很大的。俄罗斯的社会救助机制仍然还是偏爱退伍老兵和残疾人，均对他们实施特别保护措施，如市政府有专项的"救助卫国战争退伍老兵计划"。除此以外，俄罗斯还特别关注对家庭和孩子的救助补贴，对于那些生育多子的家庭给予特别补助，而对于孩子的补贴则几乎是"全程式关照"。免费教育、免费医保、免费早餐（学龄儿童）、免费旅游，该资金全部由政府支付。俄罗斯的救助方式非常多样，除了货币、实物救助外，还继承了前苏联时期流传下来的"低价商店"，同时，政府还为低收入者开设了社会服务中心，其中包括理发店、修理店和洗衣店等。这其实也是社会救助国家功能的社区化或者向社会化转移的一种方式。

---

① 周弘：《国外社会福利制度》，中国社会出版社2002年版。

四 基于"多元主体责任"的社会救助社会化管理的宏观设计

(一) 应确立"政府责任为主、社会责任为辅"的社会救助社会化管理创新

尽管世界上大部分国家在社会救助责任承担方式上发生了向社会放权和转移的趋势,但是,这不能成为政府推卸责任的借口。我们要确立一个基本理念,那就是,国家在社会救助问题上应承担基础责任、基本责任和主要责任,这是一条绝对原则;社会责任只是国家基础责任之外的补充责任。而且在这种向社会放权的过程中,一般也只是具体事务的委托行使。而至于国家的立法责任、基本行政管理责任、财政责任、监督责任和司法责任都是国家必须尽职履行的。因此,我国贫困群体的社会救助社会化管理创新模式,政府的作用是不可替代且最为重要的。政府不仅是要承担财政支持,还要组织、规范其他社会主体之间的关系及活动。

1. 发挥政府的主导与协调作用

只有政府为贫困群体社会救助承担起主要责任,才能最终建立一种能够切实保障贫困群体及其家庭的福利机制。社会保障制度的一个本质特点是公平性,即所有公民都平等地享有国家提供的福利的权利。贫困群体作为社会中的平等主体,也应该有享受社会福利的权利。政府完全有理由也有能力为贫困群体提供完全的社会救助。如果政府不完全承担这一责任,那么至少应该投资该群体社会救助工作的绝大部分,保证其在社会资源各类多元主体中的主导地位。

2. 发挥社会各类资源的补充与辅助功能

当然,虽然由政府提供必要的保障在贫困群体的社会救助中必须处于主导地位,但在市场经济的条件下,政府、社会(包括企业、社区、家庭、志愿组织及其他组织)必须形成相互制衡和相互协作的关系才能实现经济和社会协同发展的目的。政府和社会都有各自的不足,企业强调效率,有时难以兼顾社会公平;政府注重公平,不能对个性化的需求面面俱到;而志愿组织和社区、家庭往往是作为对企业和政府的补充。因此,必须在明确政府的主导作用的前提下,协调社会各类资源共同发展,才能为贫困群体提供稳定的社会救助。

（二）具体对策

1. 政府向社区、志愿组织提供资助

政府向社区、志愿组织提供的资助既可以包括直接的资金资助，也可以包括间接的对慈善和社会捐助行为采取积极的税收激励政策。实际上，这是政府间接提供社会救助的一种重要方式。

目前我国社区、志愿组织在向贫困群体提供社会救助时遇到的一个最主要问题就是救助资金不足，政府对其几乎没有直接资助，间接资助也处于起步阶段。由于向贫困群体提供社会救助的社区、志愿组织多以自发的慈善性质为主，因此它们很少受到政府的直接资助。而我国政府在对社区、志愿组织的间接资助方面，也缺乏一定的规范。总之，社区志愿组织通过慈善救助的形式为贫困群体提供救助，不仅要依靠社会的捐助，政府的物质激励也是必不可少的。归根结底，政府重要的作用之一就是让人们既在当前有充足的收入，又能对自己和家人未来的生活有稳定的预期。如果人们能够将自己的资源用于未来的保障，政府没有理由不去支持。

2. 利用政策规制促使企业行使社会责任

政府还可以通过政策规制来促使企业行使社会责任，从而间接为贫困群体提供社会救助。我国新的社会保障制度是建立在减轻企业社会负担，由家庭承担主要社会责任的基础之上的。在改革的实践过程中，我国的企业得到很大的发展，企业为社会为人民群众提供了越来越多的产品和服务，为市场繁荣、经济增长和人民生活显著改善做出了贡献，但是与此同时，企业却基本丢掉了自己的社会责任，其中包括对职工家属的福利供给。

政府应制定和完善有关强化企业社会责任的政策法规，引导企业积极履行社会责任。强化企业的社会责任必须同时强化政府的引导责任。应该尽快制定强化企业社会责任的一系列政策法规，从政府政策机制上对企业形成鼓励和约束。对于积极履行社会责任的企业，政府要给予鼓励和优惠，逐步形成对企业社会责任的激励和保障制度。因此，在我国，企业如果能够较好地发挥其社会责任，对贫困群体的救助供给也可以起到相当程度的作用。

3. 增加对家庭的支持作用

政府还可以通过增加对家庭的政策支持来间接提供对贫困群体的社会救助。家庭对社会成员的工作和生活都有着直接影响，对经济和社会发展也起着一定的作用。因此，基于以下两点，西方发达国家的许多社会政策转向了对家庭的支持或投资——发展型家庭政策：其一是面对全球化的挑战，只有以人为本、保障和支持人的发展需要，一个国家的经济和社会发展才会具有强劲的动力和可持续性；其二是家庭对人们的生存质量和发展机遇都具有决定意义，政府用于增强家庭功能、保障患特殊病种贫困群体发展需要的投入实际上是对社会未来的投入。西方的这一实践证明，为家庭提供支持是满足贫困群体需要的最为有效的途径。也就是说，贫困群体的需要与家庭的需要是不可分割的，帮助家庭即是帮助贫困群体，不能帮助家庭就不能有效地帮助贫困群体。

可见，家庭对贫困群体来说尤为重要。因为家庭是社会成员最重要的福利资源，贫困群体获取福利的途径除了政府规定的正规的福利制度以外，只能由家庭作为中介来获得。目前我国贫困群体的发展主要依靠的是家庭的力量，可以说家庭不仅直接影响患特殊病种贫困群体的生活质量，也是决定中国未来经济和社会发展的重要因素。因此，支持家庭、投资贫困群体就是对中国社会未来的投资。实施积极的家庭政策，将社会资源用于对家庭和贫困群体的投资，是中国的社会政策从补救和应急型向积极的、社会投资型政策转变的一个有效的手段。因此，我们也可以借鉴西方的发展型家庭政策的理念，通过由政府向家庭提供有助于家庭福利改善的政策，来间接向贫困群体提供救助。

（三）舟山群岛新区社会救助社会化管理创新的可能性实践

1. 发挥社区功效，整合社区社会力量与资源，促进救助管理工作社会化

应该充分发挥新区基层社区的功效，把管理的重点放在更为直接与群众打交道的基层社区。整个救助工作网络的建立以街道社会救助事务所为依托。每个事务所配备专职人员同时领导社区居委会的社会救助协管员。市和区两级事业机构的任务主要是档案管理，并承担一些疑难个案的调查。救助工作都通过街道、镇一个口子上下，各相关部门的政策到街道、镇后，由"条条"管理变成"块块"管理，以使互相衔接，在基层社区

实现各类社会救助管理工作的整合。社区还可以通过建立社区组织（包括贫困者互助组织、社区志愿者组织等）、提供社区服务（福利性和公益性服务）等推动本社区各种社会力量（包括企业、事业、团体、机构等）参与社区内困难群体的就业、教育等救助工作。

2. 加大社会工作介入，协调好与社会救助关系，促进救助管理工作社会化

要把社会工作推进与新区社会救助制度完善在实践中有机结合起来，避免两者"各行其道"。在当前，特别是要加大社会工作介入社会救助工作的力度，发挥社会工作在社会救助工作特别是在贫困者救助与帮助中的特别功能和作用。运用专业社会工作的专业手法"修正"和"弥补"社会救助政策的"弹性缺陷"和"刚性缺陷"。例如对于最低生活保障制度自身不能克服的"弹性"和"刚性"缺陷，社会工作可以从其"助人自助"的基本理念及能力建设等专业手法出发，就贫困者社会救助过程中出现的多种问题进行调适和解决。从低保资格的认定到领取低保过程中出现的各种有争议性的问题（比如养宠物狗者、戴高档首饰者是否可以享受低保等）以及如何提升贫困者的自助能力、预防和解决懒汉等问题，专业社会工作能发挥出其重要的功能。①

3. 引入民间资金，实现投资主体多元化，促进救助管理工作社会化

社会救助社会化意味着社会救助的责任在政府、市场、社会、公民之间进行合理分配，其中最重要的一环就是救助资金来源的多渠道。不可否认，政府是社会救助事业的主要出资者，但是政府不应是唯一出资者。政府可以在社会救助经费建设中发挥主导作用，但是同时要调动社会多方力量参与社会救助事业的投资。一方面政府要通过优惠税收、加大对慈善组织运作的规范化管理和监督力度发展新区慈善事业；另一方面要充分整合家庭、社区、机构、市场等多种资源，构建"慈善一日捐"、"爱心超市"、"专项提取"② 等多元形式的投资服务体系。

---

① 陈小平、宁德斌：《理念、机制、方法——社会救助制度的转型与发展》，《湖南社会科学》2009 年第 5 期。

② 如从律师协会、公证员协会、法官协会、检察官协会等社团的会费中提取一定比例的资金，以体现专业协会对社会应承担的责任和应尽的义务。

4. 实施积极"劳动力市场政策",强调个人发展和社会责任,促进救助管理工作社会化

所谓积极"劳动力市场政策"是指一方面政府要求受益者接受工作机会,否则对其采取处罚措施;另一方面,政府为人们提供教育和培训的机会,提高他们进入市场的能力。积极的劳动力市场政策不但强调"无责任即无权利",同时更应该强调个人的发展和社会各种组织对受益者的培训,以提高他们进入劳动力市场的能力。因此,对于新区政府而言,其中一项重要的措施便是加强职业技能培训和创业培训援助,地方政府财政预算中,要增加弱势群体再就业培训支出,以加强免费培训就业弱势群体的工作。

例如参加公益性劳动可以在一定程度上预防低保对象投机取巧、不干活或从事隐性工作情况发生,也可以帮助他们承担社会义务,提升人格。可以采取更为积极的方法,把无偿的公益劳动转化为有偿的就业劳动。让他们劳有所得,调动其工作积极性,促进劳动就业。在实际操作上,可在原来发起公益性劳动的组织基础上(街道或社区),设立劳务派遣机构,专门承揽公益性岗位、社区服务岗位,按服务要求派遣具有劳动能力的低保对象到用人单位或服务需求方从事劳动。劳务派遣机构属于非营利性组织,建议在实施初期,通过政府购买服务的方式委托给街道职业介绍机构承办,由职业介绍机构在其内部单独设立低保对象劳务派遣部门,进行独立核算。经费来源由再就业服务机构按购买服务标准拨付。公益性岗位和机关事业单位内部社会化的后勤岗位优先委托给劳务派遣机构。凡是有劳动能力的低保对象必须到劳务派遣机构登记,参加职业培训、劳务派遣。派遣机构根据实际工作情况发放工资,同时把工资收入信息反馈给社区救助管理部门,救助管理部门根据工资收入情况调整低保金,实现了稳定再就业并且符合退保规定的办理退保。通过这种方式,使低保对象接近劳动力市场,持续保持劳动状态,同时也使其增加家庭收入,实现就业脱贫。

5. 培育志愿者组织,满足多样化的社会救助服务需求,促进救助管理工作社会化

随着社会救助事务发展的复杂化、救助对象的多样化以及救助需求的个性化,志愿者组织在社会救助领域的活动范围得到进一步拓展,志愿组织立足于社区,深入基层、贴近下层民众,通过一种平等、互动并且以参与者为中心的工作方式,使其能够与救助对象迅速建立起相互信赖的关系，进而了解困难群体多样化的救助需求，再由志愿者组织提供有针对性的、个案化的社会救助。通过以上这种方式，不仅可以为弱势群体提供多样化的救助，还有利于加强他们的集体意识和民主观念，提高社区的凝聚力，可以对政府救助顾及不到之处进行补充。因此新区政府应加强对志愿组织资助和培育。西方发达国家其志愿组织的资金主要来自于政府资助和社会捐赠，其中，政府的援助比例几乎高达私人捐助的两倍。志愿组织可以与政府签订合同，在政府的资助下，提供就业培训、保护受虐待妇女及受歧视人群等服务项目，也可以提供精神救助、安老救助以及为有特殊需要群体提供服务帮助等。

参考文献

1. 张浩淼：《非营利组织参与社会救助的问题与对策探析》，《黑龙江社会科学》，2010年第2期。

2. 陈小平、宁德斌：《理念、机制、方法——社会救助制度的转型与发展》，《湖南社会科学》，2009年第5期。

3. 黄晨熹：《社会救助的概念、类型和体制：不同视角的比较》，《华东师范大学学报》，2005年第3期。

4. 陈光辉、余秀珍：《试论我国救助管理的社会化》，《河北青年管理干部学院学报》，2009年第6期。

5. 何松青：《主动性救助和社会化管理》，《社会福利》，2009年第7期。

6. 肖小霞：《我国社会救助社会化之路——以"爱心超市"为研究样本》，《河南社会科学》，2011年第5期。

7. 张利平：《论社会保障中的政府责任》，《新视野》，2005年第3期。

8. 王锡源：《我国社会救助中政府与非政府组织协作机制研究》，硕士学位论文，上海交通大学，2008年。

9. 郑功成等：《中国社会保障制度变迁与评估》，中国人民大学出版社2002年版。

10. 郑元、王义龙：《非政府组织在社会救助中的作用》，《改革探索》，2009年第5期。

11. 刘岚源：《论中日非政府组织在社会救助中的角色定位》，《劳动保障世界》，2013年第3期。

12. 陈光辉、余秀珍：《试论我国社会救助的社会化》，《河北青年管理干部学院学报》，2009年第6期。

13. 江海燕：《城市贫困人口社会救助中政府与非政府组织的协作机制研究》，硕士学位论文，电子科技大学，2010年。

14. 尹艺霖：《我国非政府组织在社会救助中的角色完善策略研究》，硕士学位论文，东北师范大学，2012年。

15. 付锐平：《中国非政府组织参与农村社会救助作用与功能研究》，硕士学位论文，武汉科技大学，2012年。

16. 夏斐、梅盈盈：《第三部门社会救助的必要性及功能》，《安庆师范学院学报（社会科学版）》，2010年第1期。

17. 杨立雄：《通过社会救助实施社会保护——基于弱势群体的社会保障制度重构》，《中国软科学》，2004年第7期。

18. 徐祖荣：《非政府社会救助：社会救助主体多元化的必然选择》，《山东省青年管理干部学院学报》，2007年第5期。

第三章

舟山群岛新区社会组织管理体制改革与创新研究

一 研究背景与意义

社会组织作为社会协同的重要主体和公众参与的组织实体，是构建社会管理新格局的关键所在。社会管理创新的一个核心要义在于培育和发展各类社会组织，最大限度地释放其正面功能，构建政府与社会的新型合作关系，继而使社会管理从单一主体的"善政"转向多元合作的"善治"。这一战略思路在党的十八大报告中有着明确的体现。报告的第七章"在改善民生和创新社会管理中加强社会建设"中明确提出，要建立健全"党委领导、政府负责、社会协同、公众参与、法治保障"的社会管理新格局，并首次在党代会报告中将"现代社会组织体制"的建设作为社会体制改革的一个重要组成部分，提出"加快形成政社分开、权责明确、依法自治的现代社会组织体制"。这里的"政社分开"、"法治保障"和"依法自治"等提法是中央政府下决心改革社会组织"双重管理"体制的一个重要"信号"的释放；而"现代社会组织体制"则意味着今后社会组织要拥有完善的内部治理结构，高效运作、公开透明、充满活力，而不是像现在这样，社会组织与政府部门之间是依附关系，权责不明，难以"自治"。

2011年3月14日，"浙江舟山群岛新区"正式写入全国"十二五"规划。① 同年6月30日，国务院正式批准设立浙江舟山群岛新区（以下

---

① 在《国民经济和社会发展第十二个五年规划纲要》的第五篇"优化格局，促进区域协调发展和城镇化健康发展"第十八章"实施区域发展总体战略"（该篇第一章）的第四节"积极支持东部地区率先发展"中，有如下表述："推进京津冀、长江三角洲、珠江三角洲地区区域经济一体化发展，打造首都经济圈，重点推进河北沿海地区、江苏沿海地区、浙江舟山群岛新区、海峡西岸经济区、山东半岛蓝色经济区等区域发展，建设海南国际物流岛。"

简称"舟山群岛新区"),舟山成为我国继上海浦东新区、天津滨海新区、重庆两江新区后的又一个国家级新区,也是首个以海洋经济为主题的国家级新区。2013年1月17日,国务院正式批复《浙江舟山群岛新区发展规划》。该规划提出"赋予先行先试的特殊政策,从更深层次、更广范围、更高水平推进舟山群岛新区体制机制创新,营造有利于改革发展的良好体制政策环境",并在第十一章"建设文明富裕的和谐海岛"中单列一节,提出了舟山群岛新区"加强和创新社会管理"的重要命题。在全面推进舟山群岛新区建设的大背景下,进一步支持和促进社会组织发展,加快形成政社分开、权责明确、依法自治的现代社会组织体制,有助于形成政府与社会合力推进舟山群岛新区社会建设的良好氛围;同时,社会组织的发展作为经济发展和政治变革的一个外生力量,既能够为新区的大开发、大开放、大发展,积累社会资本,打造一种新兴的"社会经济形态"(类似于西方的"社会企业"),也能够为舟山群岛新区行政管理体制改革和政府职能转变提供现实保障。

2012年11月23日,为贯彻落实《浙江舟山群岛新区发展规划》中关于"加强和创新社会管理"的目标要求和《中共中央、国务院关于加强和创新社会管理的意见》(中发〔2011〕11号)、《中共浙江省委关于加强和创新社会管理的决定》(浙委〔2011〕57号)、《中共舟山市委关于加强和创新社会管理,全力推进浙江舟山群岛新区建设的若干意见》(舟委〔2011〕6号)等文件精神,充分发挥社会组织在舟山群岛新区建设的积极作用,由中共舟山市委办公室、舟山市人民政府办公室下发了《关于加强和创新社会组织发展的意见》(舟委办〔2012〕77号),由此拉开了舟山群岛新区社会组织管理体制改革创新的大幕。新区社会组织管理体制改革紧紧抓住"推进政社分开"和"构建新型政社合作机制"这条一脉相承的主线,致力于使各类社会组织特别是行业协会商会、公益慈善类社会组织、民办非企业单位、基层社会组织在舟山群岛新区经济社会发展中发挥更为积极和显著的功能;通过创造条件使具有资质的社会组织承接政府转移的职能和购买的公共服务,构建一个能够配合和推进舟山群岛新区行政管理体制改革的外部社会环境,推动舟山群岛新区形成"小政府、大社会"的现代社会治理格局。

为了实现"政社分开"和"加快形成现代社会组织体制"的改革目标,政府和社会组织理应在建构逻辑上首先明确"三个需要"并达成

"三个共识"：一是政府及其相关部门需要转换战略思维，着力改革以"双重管理"（"双轨制"）为主要特征的现有社会组织管理体制，达成推进政社分开、管办分离的基本共识，通过中央和地方政府着力推动的制度创新，逐步构建自主型社会组织工作体系。二是政府和社会组织需要在"政社分开"的导向和前提下合力建构"新型政社合作机制"，变"依附"关系为平等的"伙伴"关系，进一步释放和发挥社会组织在"五位一体"建设格局（经济、政治、文化、社会和生态文明建设）中的积极功能。三是社会组织应加强自身建设、规范组织行为，通过公平竞争，努力承接好政府转移的职能和购买的服务。综观最近几年中央和地方旨在促进社会组织发展的创新实践，可以看出，社会组织管理体制改革在社会管理创新的政治话语下已经迎来了新契机。现行《社会团体登记管理条例》等三部行政法规的修订进入国务院立法议程并已经过多轮论证，有望取得突破；在民政部设立的上海、广东、云南、新疆、青岛等创新观察点以及北京、浙江、河北、海南、安徽、宁夏等地，纷纷颁布了以促进社会组织发展为基调的综合性文件，并将各具特色的管理体制创新拓展至多类社会组织；与此同时，"政府向社会组织转移职能"、"政府购买社会组织服务"等新型政社合作机制也初步形成，开启了方兴未艾的地方政府创新实践。由此，"政社分开"和"政社合作"同时呈现于地方政府社会管理体制改革的制度文本上，成为我国转型时期各地社会组织管理体制改革与创新的一个主旨、一条主线，为舟山群岛新区进一步推进社会组织管理体制改革与创新提供了有益的启示和借鉴。

基于上述背景的考量，本课题在对舟山群岛新区社会组织发展现状和存在的主要问题进行调研分析的基础上，借鉴国内外社会组织管理体制改革创新的先进经验，并结合舟山群岛新区建设发展的实际需求和未来要求，针对社会组织管理体制改革创新这一重大问题提出基本思路和对策建议。

二 舟山群岛新区社会组织的发展概况及其经济社会功能

（一）舟山群岛新区社会组织发展概况

1. 总体规模

从绝对数值上看，截至 2013 年年底，舟山群岛新区在民政部门登记注册的社会组织共计 810 家，其中社会团体 643 家，民办非企业单位 159 家，基金会 8 家（见图 3—1）。根据舟山市第六次全国人口普查数据，按照舟山市常住人口为 112.13 万人来计算，舟山市常住人口中每万人拥有登记社会组织数达到 7.78 家。通过横向对比可见，舟山市在该指标上远高于全国平均水平和浙江省平均水平（全国均值约为 2.7 家/万人，浙江省均值约为 4.5 家/万人）。这在一定程度上说明，舟山群岛新区在民政部门登记注册的社会组织的相对规模较大。①

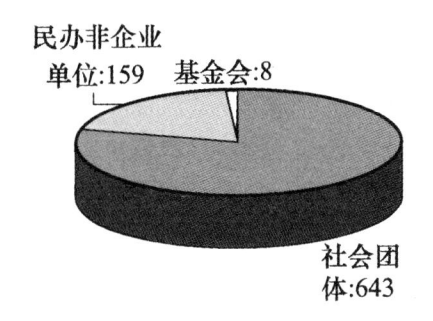

图 3—1　舟山群岛新区在民政部门登记注册的社会组织的总量规模（单位：家）

需要说明的是，目前的官方统计只针对三类正式登记注册的社会组织，对备案制社会组织的统计情况尚不完备，对在工商部门注册的社会组织类型，以及既不登记也不备案而实际运行的社会组织情况更是缺乏掌握，所以远不能体现出社会组织的实际发展情况。王名教授在 2006 年撰文指出，在中国范围内开展公益或互益的社会组织大概 300 万家，其中真正按现行法规登记注册的只有 1/10，也就是说，近九成的社会组织处于法律框架之外。② 依此规模进行估算，目前舟山群岛新区在民政部门登记注册的社会组织 810 家，而实际存在的社会组织可能在 8000 家左右，这其中包括大量沉淀于基层的"草根组织"。

---

① 数据来源：浙江省民间组织信息网。
② 王名：《非政府组织 90% 在法律框架之外》，《公益时报》2006 年第 6 卷第 22 期。

2. 分布结构

首先，从类型分布上看，目前在舟山群岛新区民政部门登记注册的社会组织中，社会团体占79.38%，民办非企业单位所占比重较小，为19.63%。

其次，从区域分布上看，市级社会组织占43.5%，县（区）级社会组织占56.5%。其中，在县（区）级的453家社会组织中，按区域分布的比重大小降序排列，分别为普陀区（34.88%）、定海区（33.33%）、岱山县（17.66%）、嵊泗县（14.13%）。

再者，从行业分布上看，目前，舟山市民政部门对社会组织的行业统计所使用的是2007年之前的分类标准，把"民办非企业单位"主要划分为教育、卫生、文化、科技、体育等类别；而对"社会团体"缺少行业类别的统计，主要按照其性质划分为学术性社团①、行业性社团②、专业性社团③和联合性社团④。按照这一分类标准，如图3—2所示，在舟山群岛新区的643家社会团体中，民政部门已明确统计了其社团性质的有626家，其中专业性社团231家（占36.9%），行业性社团156家（占24.9%），学术性社团135家（占21.6%），联合性社团104家（占16.6%）。（见图3—2）

此外，如图3—3所示，舟山群岛新区的159家民办非企业单位中，民政部门已明确统计了其行业类别的有97家，其中教育类民办非企业单

---

① 学术性社团主要是指专家、学者和科研工作者自愿加入，为促进哲学、社会科学和自然科学的繁荣和发展，促进科学的普及，促进人才的成长和进步，促进科学与经济社会发展相结合，维护自身合法权益而开展工作的社团组织。其主要功能是推动学科发展，促进原始性创新和科技成果的转化，造就专门人才和技术创新人才，开展咨询服务，推进科技产业和社会进步。

② 行业性社团主要是指法人组织自愿加入，为密切会员单位与政府的联系，加强行业自律，推动行业和会员单位的健康发展，配合政府部门规范市场行为而开展工作的社团组织。其主要功能是为会员单位提供服务、反映需求，维护会员单位的合法权益；制定行业标准，进行行业统计，开展行业培训，加强行业协调，促进行业自律；承接政府转移的职能，协助政府部门加强行业管理。

③ 专业性社团主要是指单位会员和个人会员自愿加入，围绕相关领域的专业知识，开展活动，发挥专业人员、专业组织的专长为经济、社会服务的社团组织。其主要功能是为单位会员提供专业化的服务，提高个人会员在科技、教育、文化、卫生、体育等方面的能力和技巧。

④ 联合性社团主要是指相同或不同领域的法人组织或个人为了横向交流而自愿组成的联合体。其主要功能是对内联合法人组织或个人，研究产业政策、协调行业关系，促进相关产业、行业或个人的交流和合作；对外代表他们与其他会员组织进行协商，以维护其利益和实现其诉求。

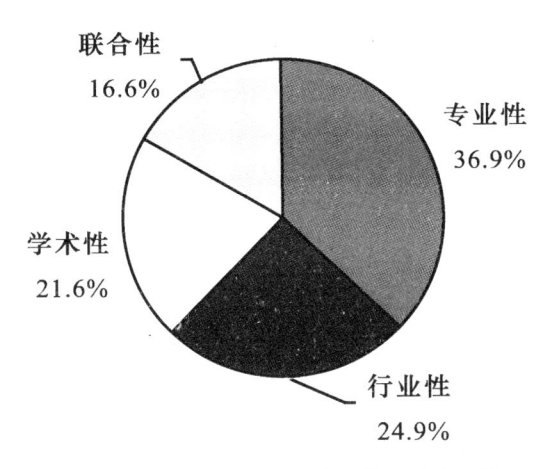

图3—2 舟山群岛新区社会团体的分类结构

位的比重超过一半（53.6%），其余类别的民办非企业单位按照比重大小依次为体育类（占15.5%）、科技类（13.4%）、文化类（12.4%）、卫生类（5.2%）。由此可见，与全国民办非企业单位的总体布局基本相似，舟山群岛新区民办非企业单位的行业分布表现为明显的"教育主导型"特征。

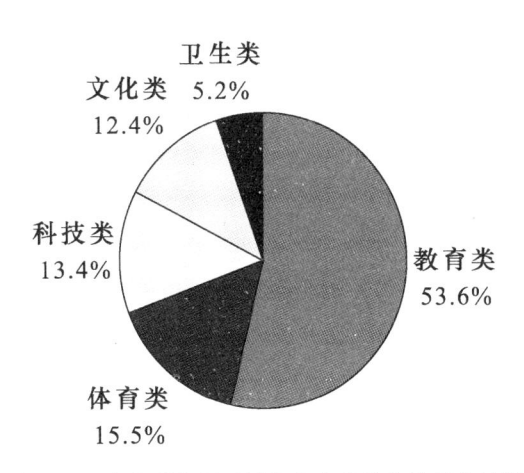

图3—3 舟山群岛新区民办非企业单位的行业结构

3. 发展趋势

通过对2000—2013年舟山市社会组织统计资料的进一步分析可知，

在总量发展趋势上，舟山市社会团体和民办非企业单位从2000年的269个大幅提升到2013年的871个（不包含基金会），增幅高达220%。图3—4的折线图更明显地反映出，在2002—2003年间，舟山市社会组织的发展呈现出某种"井喷"状态，特别是在2003年，舟山市社会组织总量增幅高达46.73%；之后的2004—2008年社会组织持续保持8%左右的高速增长；近5年来，尽管舟山市社会组织增幅略有下降，但仍呈现出相对稳定的增长态势。2009—2013年舟山市社会组织的年均增长率为6.2%，这与全国近年来社会组织总量的发展趋势基本上保持一致。①

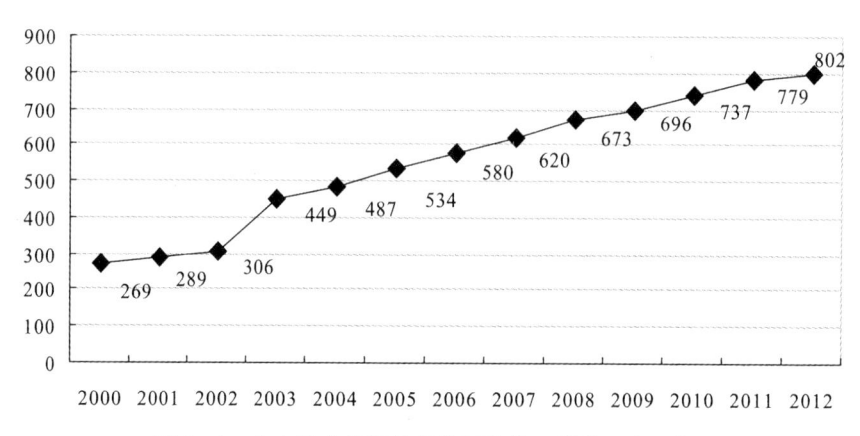

图3—4 舟山社会组织总量发展趋势（单位：个、年）

从结构发展趋势上看，近年来，在社会需求和政策推动的双重作用下，舟山的行业协会商会、公益慈善类社会组织和基层社会组织的发展势头强劲，但是，民办非企业单位的发展相对迟滞。与全国民办非企业单位比重较快增长甚至要超过社会团体比重的态势相比，舟山市民办非企业单位占社会组织的比重还很小，而且近年来没有明显的变动。因此，要推动舟山群岛新区社会组织结构的优化发展，还需要进一步通过体制变革和政策创新，打破制约发展的管理瓶颈、制度瓶颈，进一步加大对民办非企业单位的引导、培育和扶持的力度。

---

① 数据来源：舟山统计信息网；《舟山市第六届人民代表大会第四次会议文件汇编》。

(二) 舟山群岛新区社会组织的经济社会功能

在舟山群岛新区建设发展的大背景下，各类社会组织先行先试、创先争优，在新区经济、政治、文化、社会和生态文明"五位一体"建设中展开了卓有成效的工作，发挥了不可替代的功能。在这些社会组织中，行业协会商会、公益慈善类社会组织、民办非企业单位、基层社会组织在新区经济社会发展中发挥的作用更为积极和显著。这里着重对这四类社会组织服务新区经济发展和社会建设的功能进行分析。

1. 服务新区经济发展：以行业协会为例

近年来，在舟山市社会组织促进会的发动和组织下，水产、航运、港口、海员等涉海类协会先行先试、创先争优，围绕如何服务舟山群岛新区建设这一主题展开深入交流。舟山在沪企业联合会还组织了回乡投资论坛，计划在"十二五"期间，向港口工程、临港工业等八个领域，投资规模在 100—500 亿元。同时，促成了上海浙江商会与舟山市政府的 1000 亿元战略投资项目。舟山市海员管理协会则与香港船东会签订战略合作协议，努力促成香港船东会组织企业家赴舟山考察，洽谈投资项目。此外，舟山市出口水产行业协会、舟山市房地产行业协会、普陀区渔业行业协会等根据自身行业特点，在各自领域服务舟山群岛新区的经济发展。这些带有明显的"经济性质"的行业协会商会基本已涵盖了舟山市的各个经济领域，在开展行业规划、倡导行业互助、进行行业自律、维护市场秩序、反映企业诉求、推进技术进步、拓展产品市场、完善社会服务以及承接政府转移职能等方面做出了积极贡献。这里以舟山市出口水产行业协会、舟山市普陀区渔业行业协会为例进行说明。

● 个案1：舟山市出口水产行业协会

舟山市出口水产行业协会是在 2000 年 4 月经时任舟山检验检疫局局长周佳章提议、时任市委书记王辉忠批示建立起来的。当时面临的主要问题是，舟山出口欧盟的水产企业为了增加出口，进行低价销售、无序竞争，导致企业出口量增加一倍，而利润不增加；肥水外流。为了解决这一问题，协会应运而生。协会成立后，第一件事就是通过调研，寻找法律依据，召开输欧企业负责人会议，在统一思想认识的基础上，立即制定了输欧虾仁最低保护价措施。这一举措的实施，使舟山输欧虾仁价格同比增长了 198 美元/吨，当年就多赚外汇 2 亿元人民币，取得了明显的经济效益和社会效益，初显了协会的作用。目前，舟山市出口水产行业协会的会员企业数占全市水产出口企业的98%以上，几乎所有通过检验检疫机关卫生注册的出口水产企业都是协会会员。协会现有专职人员8名，并建立了门户网站。

多年来，舟山市出口水产行业协会紧紧以服务全市出口水产企业为宗旨，通过行业管理、协作、协调和服务，在协商制定输欧虾仁最低保护价和原料收购指导价、妥善处理对欧贸易中的氯霉素事件和输韩水产品铅块事件、积极应对美国对我国虾产品反倾销和行政复审、认真组织企业参加国际渔业博览会、研究制订行业自律公约、应对日本《肯定列表制度》、提高调味制作水产品出口退税率、配合有关部门搞好欧盟和韩国官方检查、抓好输欧水产品捕鱼船卫生质量改造、组织参加企业出口信用保险、建议调整拖虾休渔期、启动地理标志产品申报注册、配合企业创建中国名牌、为会员企业提供信息服务、搞好调研为政府当好参谋、全面走访企业反映企业诉求、狠抓出口水产品质量等方面做了大量卓有成效的工作，为舟山的水产出口事业做出了贡献，有力地促进了舟山市外向型经济的发展。舟山市出口水产行业协会多次被浙江省人事厅、民政厅评为"优秀社会团体"；获得国家民政部颁发的"全国先进民间组织"荣誉称号。

2007年，舟山的输欧虾仁因无序竞争、低价销售，不断出现质量问题。同年第四季度，舟山的输韩梭子蟹9000吨，占全年输韩梭子蟹总量的50%，2008年1月连续发生四次因所谓"二氧化硫超标"被韩国退货的事件。根据国家质量总局规定，同一进口国同一产品有5次被退货，将停止该产品出口。舟山检验检疫局、浙江检验检疫局对韩国退货梭子蟹进行了反复检测，确认不存在二氧化硫超标问题。经舟山检验检疫局和协会分析认为，其退货原因是供大于求，是韩国客商赚不到钱而故意制造的退货事件。为了解决这个问题，确保输韩梭子蟹、输欧虾仁继续顺利出口，协会和舟山检验检疫局领导进行了商议，提出了对出口虾蟹产品实行总量控制、有序出口的设想。2008年1月15日，协会召开会长办公会议，对输欧虾产品实行总量控制问题进行研究，并达成共识。2月18日，市政府领导主持召开舟山市水产加工企业座谈会，会议上作出了对输欧虾仁、输韩梭子蟹实行总量控制的决定。2月19日，协会输韩企业分会召开扩大会议，研究制定输韩梭子蟹实行总量控制的基本方案。2月27日，协会以文件形式发出关于对输韩梭子蟹实行总量控制、有序出口的通知，上报市领导,下发输韩蟹产品企业。3月11日,协会虾产品企业分会召开会议,研究输欧红虾仁实行总量控制问题,并达成一致意见,协会又以文件形式发出关于对输欧单冻虾仁实施总量控制、有序出口的意见,上报市领导,下发输欧虾仁企业。与此同时,协会设计制作了核销单发给企业,并与舟山检验检疫局共同研究了对虾蟹产品实行总量控制后的监管核销办法。为了使各企业出口量尽量合理,在执行过程中,协会除制定统一标准外,还根据企业要求,对分配给专业加工厂和新建厂的虾蟹出口量继续进行了及时、适当调整,较好地解决了企业出口指标的矛盾。这项由市政府领导决策、业务主管单位市外经贸局支持、舟山检验检疫局配合、协会具体操作的对输欧虾仁、输韩梭子蟹实行总量控制、有序出口、价格协调、企业自律的出口措施实施以后,取得了良好的效果,渔民得到了经济实惠,减少了水产品出口贸易的无序竞争和对外争端。

2014年第九届上海国际渔业博览会暨国际水产养殖展于2014年9月3—5日在上海新国际博览中心(龙阳路2345号N3馆)举办,同期举办的还有2014年中国食材和国际配餐展览会,应主办方上海市水产行业协会和歌华展览公司邀请,舟山市出口水产行业协会决定组舟山展团参展,在此次展览中,协会组织多家相关企业前往参展,极大地宣传了舟山海产品,取得了良好的效益。①

对两个水产品实行总量控制、有序出口措施,是协会的一项创新性工作。它的成功实践,得到企业的认可和支持,得到中国水产流加协会、省水产流加协会的肯定。国家商务部网站、《国际商报》、《中国渔业报》、《中国水产贸易》杂志对此进行了报道。同时,得到了省市主要领导的批示。时任中共浙江省委书记赵洪祝批示:"这是聪明的做法,要好好总结,探索出口贸易的规律,求得最佳效益。"时任浙江省副省长茅临生批示:"舟山市出口水产行业协会实施'输欧虾仁、输韩梭子蟹总量控制,有序出口'做法,值得全省涉农出口部门、行业协会学习借鉴,这其实也是国际上通行的惯例,这检验了地方政府的工作指导思想和经验,也是对农产品行业协会基本职能的检验,在浙江农产品占全国出口值较高的产品中,应积极主动地开展此项工作,请发农业、林业、渔业和各市分管领导,发省农产品行业协会秘书处。"时任舟山市人民政府市长周国辉批

---

① 数据来源:舟山市出口水产行业协会信息网。

示:"我们要根据赵书记的批示要求,通过转型升级,充分发挥政府主导、行业自律作用,进一步加强和做好这项工作,促进水产品出口的健康稳定发展,促进海洋资源环境的保护。"

●个案2:普陀区渔业行业协会

普陀区渔业行业协会是由具有法人资格的渔业企业、事业单位、渔业服务单位、渔船生产单位和渔业工作者组成的区级社会团体,是依法登记的社团法人。目前,协会已经是中国渔业协会理事单位,获得舟山市民政局颁发的4A等级证书。截至2012年年底,普陀区渔业行业协会已有6个分会,会员296个,其中会员单位285个,个人会员11个。在舟山群岛新区建设的背景下,普陀区渔业协会召开"融入新区建设座谈会",并以此为契机,在助力于新区建设的过程中做出了贡献。

协会积极向上反映会员诉求,主动维护渔民权益。2011年3月,农业部渔业局提出对2011年海洋捕捞禁渔休渔规定进行调整。普陀区渔民对于调整梭子蟹休渔制度有相反的看法,协会将会员的合理建议及时报告给相关领导共同商讨。协会会长邱安全亲自带领会员代表找东海区渔政局领导反映情况,提出相关建议。分会负责人亲自到浙江省海洋与渔业局汇报反映情况。通过各方面的支持,东海区渔政局、浙江省海洋与渔业局与舟山市政府达成协调意见,在舟山市进行试验,提前在7月15日允许单层流刺网流蟹作业。这个调整使得舟山市渔民合理利用了梭子蟹资源,丰富了市场供应,增加了渔民的收入。

资金是又好又快发展现代渔业的必备要素,如何缓解渔民融资难成为区渔业行业协会重要课题之一。在副会长杨方国的介绍下,秘书处和中国民生银行宁波方面取得联系,希望通过协会为会员提供资信证明,银行审核合格后,便为会员发放无抵押贷款。建立简便、快速、风险小的融资渠道。根据渔区实际,中国民生银行宁波解放南路支行决定为区渔业行业协会的远洋渔业、国内捕捞会员推出以信誉为担保的无抵押联保体贷款方案。民生银行宁波方面授信于普陀区渔业行业协会,贷款方必须是协会会员,同时协会也为银行把关,推荐信誉好、效益好的会员。会员自愿组成人数不少于4人,不多于10人的联保体,降低了贷款风险;协会提供相关的资信证明,审查合格后就可获得贷款。以信誉为担保,无须抵押,这样的方式使贷款更便捷,受到了渔民的热烈欢迎。普陀区远洋渔业8个单位以及国内捕捞14个单位已通过协会秘书处与民生银行进行了接洽。

协会各分会、有一定规模的会员单位积极配合普陀区海洋与渔业局在休渔期间开展渔民培训教育工作。例如,远洋渔业分会专门组织渔民出国前进行涉外安全知识培训,同时得到区渔业发展基金的资金支持。2011年5月30日,普陀区渔业行业协会志愿者服务队伍成立。41名船老大自愿成为首批志愿服务队伍成员,为服务渔业经济发展、保障渔业生产安全贡献力量。协会志愿者服务队伍承担起自愿为本村渔船无偿提供信息、为遇难遇险渔船提供紧急救助、为获救助渔民提供临时生活帮助及协助处理海上简单渔事纠纷等服务工作。

在区政府领导和区海洋与渔业局领导的授意支持下,2012年3月初开始,邱安全会长带领秘书处、部分理事、分会负责人下基层,去外地调查研究渔业劳动力管理问题,5月25日协会内部成立渔船劳动力管理中心,并且在东极、朱家尖、东港、蚂蚁岛4个乡镇街道建立了4个分中心和15个渔船劳动力管理服务窗口,有987艘渔船进入软件管理系统。试点项目取得一定的成绩,为渔船劳动力管理工作奠定了基础,同时也提升了渔民劳动合同意识,有助于减少纠纷、提高持证率。该项目得到了浙江省渔业互保协会、普陀区互保办事处的支持,在当地保险理赔政策上赋予增加理赔补贴的优惠,以共同推进渔业劳动力管理工作。

透过上述两个典型个案可见,舟山市出口水产行业协会、普陀区渔业行业协会在对内对外职能上都有着积极的作为,特别是在"提供服务、反映诉求、规范行为"上发挥了不可替代的作用,为舟山群岛新区的经济发展做出了突出贡献。那么,上述两个行业协会何以能够取得突出的成绩呢?首先,从两个协会自身而言,其工作找准了服务对象的"所需",并由此展开了卓有成效的工作,赢得了社会的信任和支持,从而使协会获得了一种真正被认可的"权威"。其次,上述行业协会切合并顺应了舟山群岛新区经济发展的时代要求,通过与政府的合作赢得了发展空间、承接了政府转移的职能。现在,国际上一些经济发达国家已实现了"小政府、大社会"的管理格局,政府只管宏观调控,许多具体的事务性工作都交给社会组织来承担,这也是我国政府体制改革的一个发展方向,并逐步成为各级党政领导的共识。在"舟山市出口水产行业协会"这一个案所涉及的国际贸易摩擦事件中,如果政府出面,往往陷于被动,这就如同美国为稀土问题把中国政府告上WTO那样;而如果由行业协会出面运作,则比较主动,这也正是国际通行的做法。因此,政府越来越希望并支持行业协会在这方面发挥更加积极的功能。在该个案中，省市领导的批示即明确透露了上述"信号"。基于上述两个方面的缘由，行业协会不仅获得了服务对象的认可，也得到了政府的合法性认可，并获得了某种程度上的内外兼备的"权威"。再次，行业协会的"一把手"效应。中国社会团体的发展与其领导者能力的相关度非常高。在上述案例中，行业协会的主要领导者思路清晰、视野宽阔、运作能力极强，在协会建设发展过程中扮演了重要的领航推动角色。目前，"服务新区经济发展"成为舟山市社会组织特别是行业协会在舟山群岛新区建设中先行先试、发挥作用和体现价值的一个重要着眼点和突破口，这也越来越成为这些协会领导者的一个基本共识和着力推动的方向。

2. 服务新区社会建设

（1）公益慈善类社会组织

2010年以来，省、市民政部门共安排了176万元福利彩票公益金，各级社会组织促进会及其成员单位争取到86万元资金用于15个社会组织在居家养老、新居民子弟就学、社区文化建设、渔农村服务等42个公益项目的建设，共有约2万人次受益。自2012年年底开始，舟山市和定海、普陀区两区促进会和舟山市慈善总会、普陀红十字会等社会组织积极投身"春风拂面"、"夏日清凉"、"金秋送爽"、"冬日暖阳"等公益项目，共有1500多人次因此而受益。舟山市装饰装修协会、舟山市银行业协会、定海区老年体协等还成立了志愿者队伍。

●个案3：舟山市"爱心认领·冬日暖阳"活动

根据舟山市市委两新工委《关于开展两新组织学习宣传贯彻党的十八大精神暨两新组织服务月活动的通知》（市两新〔2012〕13号）和舟山市民政局《关于印发"爱心认领·冬日暖阳"活动方案的通知》（舟民民管〔2012〕15号）的精神，2012年12月上旬至2013年1月底，舟山市社会组织服务中心组织开展了"爱心认领·冬日暖阳"活动。这次活动以空巢老人、就学困难家庭、残疾人、农民工子女等各类生活困难群体为主要对象。活动取得了一定的实效，引起了良好的社会反响，为舟山市社会组织参与社会管理、开创公益事业新模式进行了探索。

"爱心认领·冬日暖阳"活动由舟山市社会组织唱主角，以市慈善总会、普陀红十字会、舟山出口水产协会、舟山老年人学会、舟山市社会事务协会等为代表的市级社会组织，以舟山网络义工、舟山仁爱义工、舟山群岛新区军嫂义工团等为代表的基层社会组织，以市工商联、舟山海事局、普陀交警支队等为代表的政府单位和其他各匿名的单位和个人纷纷慷慨解囊，奉献爱心。

这次活动共收到有效心愿103个，按来源地划分：舟山长峙阳光学校13个，舟山新民学校55个，普陀21个，定海11个，舟山福利院2个，社会来电登记心愿1个。按类型划分：民工学校的学生心愿65个，老师的心愿3个；本地贫困家庭学生需求9个；老年人需求10个；困难家庭经济补助16个。这些心愿在社会各界及爱心人士的帮助下，均已实现。

2014年1月10日，继2013年年初第一季"冬日暖阳"活动之后，市委组织部、市委两新公会、市网格办、市民政局近日联合组织了第二季"点亮微心愿"系列之"冬日暖阳"活动，目前已经征集848个微心愿，计划征集1000个，其中474个已被认领，中心不断有社会爱心人士送来认领的衣服、玩具等爱心物资。

（2）基层社会组织

目前，定海区昌国街道和普陀区东港街道成为舟山市社会组织参与社会建设示范点，正在着力培育发展一批行为规范、诚信度高、适应当地群众服务需求的基层社会组织，使其承担社会公共服务职能。2012年，普陀区财政投入50万元支持基层社会组织建设，并以开展"公益创投"活动鼓励基层社会组织参与扶老、助残、救孤、济困等公益性服务项目，通过政府资金引导撬动民间公益资本，弥补政府公共服务行为不能覆盖的"盲点"。舟山市首届社会服务公益创投大赛也已经拉开帷幕，通过专家组审议，已有市义工联、岱山嘉禾社区社会组织培育服务中心等申报的15个涉及为老服务、救助帮困、助残服务、青少年服务、综合公益类项目入围。

●个案4：普陀区"公益创投"项目

2011年，普陀区开始试行公益创投，当年该区夕阳红艺术团成为首个受益的社会组织，随后该艺术团为6个海岛乡镇（街道）送去的12场演出，全部由政府埋单。此后两年间，相继又有23个社会组织提供的公众服务项目被政府购买。这些项目涵盖了基层社会管理和服务领域的方方面面，在改善管理、化解矛盾、协调利益、提供服务、促进和谐等方面发挥了明显功效。如沈家门泗湾社区的"和谐促进室"，通过团队倾听民情民意、调解纠纷的方式，走出了一条居民同创和谐小区的新路子；东港海鲜排档联谊会通过自治活动，改善了停车、卫生、环境等问题；香榭花园业主委员会则通过在小区内建立各类协会，探索小区事务"自我教育、自我管理、自我服务"办法，形成了"小区事，业主管；业主事，互相帮"的良好氛围。下一步该区将尝试通过政府资助公益创投项目，进一步激发社会组织参与公共管理和服务的积极性，实现公共服务效益最大化。

（3）民办非企业单位

舟山群岛新区的民办非企业单位涉及教育、科技、文化、卫生等多个领域，其一，满足了人民群众对社会服务的巨大需求，推动了社会事业和公益事业的协调发展。其二，民办非企业单位提供了新的工作岗位，扩大了就业和再就业渠道，对缓解就业压力和社会矛盾起到了一定作用。其三，民办非企业单位的发展，打破了社会公共服务以往只有国家独办的局面，引入了竞争机制，在很大程度上，激活了公办社会服务机构，促使公办社会服务机构在运作机制、内部管理、服务质量上进行一系列的改革，从而提高了社会化进程。其四，民办非企业单位还承担了一部分社会管理和服务职能，减轻了政府负担，为政府转变职能创造了条件。其五，民办非企业单位在政府指导下积极开展境外民间合作与交流，引进港澳台和国外资金、技术、管理经验，开展经济与文化交流，在港澳台事务和一些国际事务中发挥作用，推动了舟山群岛新区大开发大开放大发展的进程。

在舟山群岛新区的民办非企业单位中，民办教育机构占据"半壁江山"，而在民办教育机构中，民办幼儿园又占据主体。2009年，舟山市人民政府颁布了《关于加强学前教育改革与发展的若干意见》，其中提到要"鼓励社会力量办园"，"各级政府要积极鼓励和扶持社会团体、企事业单位、公民个人等社会力量依法举办学前教育机构，并对办园规范、教育质量达标的幼儿园实施专项经费补助"。2011年，《舟山市发展学前教育三年行动计划（2011—2013年）》颁布，并在全市展开舟山市幼儿园"手拉手"结对帮扶活动，形成了具有新区特色的"以名园带民园"的集团化办园模式。截至2013年年底，幼儿园118所，全年招生8133人，在园幼儿25880人。[①] 公正地说，尽管民办幼儿园在发展过程中还存在各种各

---

① 数据来源：《舟山市2013年国民经济和社会发展统计公报》。

样的问题，但这些民办园确实为缓解"学前幼儿入园难"问题做出了巨大贡献，名副其实地成为舟山群岛新区学前教育机构的重要组成部分。

●个案5：舟山市"以名园带民园"的集团化办园模式

随着"科学兴园"战略和科学普及措施的实施，家长们都希望自己的子女能接受优质的教育，导致名园供不应求。为了让舟山市名园优势发挥出最大的效能，2011年7月，以舟山幼儿园为核心的舟山幼儿园教育集团成立，肩负起时代赋予舟山市幼儿教育体制改革、创新的使命。以名园带民园的集团化办园模式，把东海、冬兰两所民办园引入现代化公办幼儿园的管理领域，以先进的办学思路，优质的教育资源，开展教育教学、师资培训、后勤保障等工作，为民办园注入新鲜血液与活力，并渐进有序地进入集团管理轨道。在一年半的集团化管理运作中，集团注重铸团队、重培养、重实践，在教职工队伍建设和硬件设施改造方面全力投入，提升文化内涵，努力塑造了舟山幼儿园教育集团化的管理品牌。

集团分层管理明确。根据需要，集团形成执行层、监管层和决策层三个管理层面，注重管理行为的标准化、规范化、系统化，有切实操作性。其中，执行管理层由分园执行园长或副园长组成，除了开展好分园的各项工作外，协调集团的园际活动。监管层由集团各职能部门负责，从专业的角度出发对各岗位的工作质量进行监管，提出改进意见，如基建维修、卫生保健等。任务完成后，该小组成员就各回原部门。决策层由集团领导班子组成，对所有分园的发展定位、重大事项的决策等负责。这种管理方式增加了管理力度，更好地实现了管理精细化。

集团人事管理灵活。随着集团化办园的开展，各园区在办园体制、硬件设施、保教条件、管理策略等方面都存在着差异。为了更好地发挥核心园的辐射作用，首先择优选拔，在教职工队伍中选取工作成绩突出、有管理才能的教师，担任分园的执行园长或副园长，委以重任。其次园际之间人员互相调剂，通过交流，取长补短，同时解决人员临时性缺口的问题。在分园成立了二级工会，起到教师与管理层互通信息的桥梁作用，从而使教职工理解、支持工作，服从工作需要及组织安排。

集团资源管理共享。一是现代化办公手段的运用，如加强幼儿园网站建设。幼儿园还设立了多层面的网络沟通平台：通过外网，向社会、家长宣传幼儿园的办学理念；通过内网，向教职员工传达内部管理的相关信息；通过文件传输平台（OA），教师上传各类资料。这三个层面的网络管理平台保障了全园上下交流和沟通，达成了管理架构的技术支持。二是为了达到人尽其才，人力资源共享，使人力资源得到充分开发和利用，总园通过合理安排和调配，在人力上给予分园扶持和帮助。此外，与专业的保安公司、装潢公司签订合同，对门卫、保安、食堂人员等统一培训，加强实践指导，促使三园后勤人员协同发展，在保教方面进行帮带指导，共享舟幼的优质资源。三是教育资源共享。总园丰富的资源成果体现在汇编成册的课题成果、电化资料、优质活动、精品教案、特色课程、专家报告等，这些对一线教师在教育教学和班级管理等方面有着很大的帮助。向分园教师开放阅览室、电脑室、资料室，开通了教师搜集和阅览资料的便捷通道；教学活动的设计可借鉴总园学科带头人的设计方法并为分园所用；总园完善的教育教学计划体系，给分园的教研组长、班组长以借鉴，使各分园的计划更具有可行性和可操作性；以园际教研的形式，给分园开展有效教研提供了样板；借助总园优秀班级进行观摩，总园携同分园外出学习观摩，让三园互利共赢、协同发展。资源共享在很大程度上帮助分园节省了人力、物力和时间，为教师的专业成长提供了有力的平台。

三　舟山群岛新区社会组织存在的主要问题与症结分析

如前文所述，近年来舟山市社会组织发展成效显著，在舟山群岛新区建设发展的过程中发挥了重要的经济和社会功能。但是，也要认识到，社会组织的发展过程是渐进的、非线性的，同时，社会组织的发展及其功能的释放程度也受到外部制度环境的制约。

从逻辑上分析，舟山群岛新区社会组织的发展状况和存在的问题必然呈现出与全国普遍情况相类似的特征，折射出全国自上而下的社会组织管理体制建构中的"共性"问题。截至2012年年底，我国在民政部门登记注册的社会组织近50万个，绝对数量较大，但相对于人口规模而言低于世界一般水平，与发达国家相比差距更大。发达国家每万人拥有社会组织一般超过50个，我国不到3个；世界22个国家社会组织支出占GDP的比重平均为4.6%，发达国家为7%，我国仅占0.55%；从社会组织就业人员的规模看，一些国家占全部就业人员的 3% 以上，而我国仅占 0.7%。① 在全国范围内，相当一部分社会组织的行政化倾向严重，存在着"官办、官管、官运作"的现象，管理和运行模式类似于政府机构，有的甚至成为"二政府"；一些领域的社会组织还存在垄断现象。

那么，目前舟山群岛新区社会组织在发展过程中是否也存在上述问题呢？答案是肯定的。这是因为，"中国改革开放以来的制度变迁主要是一种'强制性制度变迁'的过程"②，政府的制度安排在很大程度上主导了社会组织管理的变迁轨迹，而且这种自上而下的力量要远远大于社会组织自身发展对于制度变迁形成的影响。因此，"共性"问题的解决，相当程度上依赖于中央政府的战略转变和自上而下的制度变迁，而转型时期地方政府的"制度创新"必然与"路径依赖"共存，因而只能是"渐进性"的而非"激进性"的，只能是"改良性"的而非"革命性"的，换言之，只是在一定范围内和限度内的制度创新。另一方面，通过对调查资料的整理分析、横向对比，还可以发现舟山群岛新区社会组织及其管理体制中亟待改进的"个性"问题。与"共性"问题相比，"个性"问题更多地关联于地方的政策环境和经济社会环境，也相对容易通过地方政府的"主动作为"、经济社会环境的阶段性变迁和社会组织的自身发展而予以解决。

（一）"非政府性"薄弱：社会组织行政依赖性强

一般而言，社会组织应具有"非营利组织"或"非政府组织"的内涵特性。美国约翰·霍普金斯大学的萨拉蒙教授将具有以下五个特征的组织界定为非营利组织：①组织性；②非政府性；③非营利性；④自治性；⑤志愿性。在这一定义的 5 个特性中，"非政府性"和"非营利性"被公认为非营利组织的基本特征。国内的王名教授在上述界定的基础上，认为"社会组织"应该具有三个方面的特征：①非营利性，即不以营利为目的，不能进行剩余收入（利润）的分配（分红），不得将组织的资产以任何形式转变为私人财产；②非政府性，即非营利组织是

---

① 龚维斌：《在社会体制改革中发展社会组织》，《文汇报》2013 年第 8 卷第 5 期。
② 王名、孙伟林：《社会组织管理体制：内在逻辑与发展趋势》，《中国行政管理》2011 年第 7 期。

独立自主的自治组织、自下而上的民间组织、竞争性的公共部门；③志愿公益性或互益性。① 由此来看，目前舟山群岛新区的社会组织在发展过程中，在"独立自主"、"自上而下"和"竞争性"上还存在较为突出的问题，这也是我国社会组织发展的一个"通病"。

首先以新区的学术性社团为例。按照主管单位的不同，可以将目前新区的学术团体分为两大类：一是挂靠在党政机关部门的学术团体（如挂靠舟山市委组织部的"舟山市党的建设研究会"、挂靠舟山市经济和信息化委员会的"舟山市经贸发展战略研究会"、挂靠舟山市人口和计划生育委员会的"舟山市人口学会"等）；二是挂靠在舟高校和相关研究机构的学术团体（如挂靠浙江海洋学院的"舟山市科学社会主义学会"等）。在这两大类学术团体中，第一类学术团体具有明显的官方背景，有较为充足的经费及固定的工作和活动场所，但另一方面，其工作和活动的开展主要围绕主管单位，缺乏自主性和独立性，带有浓厚的行政化色彩。第二类学术团体的学术性较强，成员主要为高校学者及机构的研究人员，并以学术性的论坛、研讨会为主要活动形式。但这类学术团体由于缺乏稳定的资金来源，通常面临"三无"困境：无经费、无专职工作人员、无固定的办公场所。由此，如何通过创新社会组织管理体制以减少社会组织过度的行政依赖性、提高其自主运作的能力，成为当前新区社会组织发展中的重要议题。

再以行业协会为例。目前，舟山群岛新区的行业协会多为"官办"或"半官办"的，对政府的依赖程度较高，主要表现为协会的重要职位（如会长、秘书长）由退居二线的行政领导担任，而"民间性行业协会"较少；官办行业协会的活动主要围绕主管部门开展工作，或是依赖于相关政府部门的态度，因此在很大程度上仍然是政府部分行政职能的延伸，其管理观念和运作模式没有实现从"官办"向"民办"的根本性转变。这一点在前文的个案3—1、个案3—2中可看出端倪。舟山市出口水产行业协会是在2000年4月经时任舟山检验检疫局局长周佳章提议、时任市委书记王辉忠批示建立起来的，在实际运作中属于"行政性"行业协会。舟山市普陀区渔业行业协会也是如此。在该协会2012年工作总结中，如实总结协会存在的问题和困难：

---

① 王名：《非营利组织管理概论》，中国人民大学出版社2002年版。

协会包括分会的工作尚有很大的空间，没有开展全方位的工作。协会距离上级民间组织管理部门的要求还有很大的差距。分析主要原因：一是秘书长兼职，工作要两头兼顾，几位兼职副秘书长本职工作也比较忙，加上工作经费比较少，不能扩展大的活动。二是部分渔民会员单位会费收缴有困难，也牵制了分会活动的积极开展。三是5个专业委员会内部机构的作用还没有发挥好。外来渔工培训服务中心也因为各种原因，没有充分发挥作用。四是整个社会对于协会工作还没有形成良好气候。另外，上级管理部门希望我协会建设党组织，我们由于没有3名以上在职党员，一直没有能够实施建立党组织。[①]

从以上文本中可见，该协会事实上也存在着"半官办"特征和相对缺乏自主独立运作能力的问题，而协会自身对此也有着清楚的认识，但又似乎感到无从突破。对这一问题，国内学界已进行过深入探讨。例如，郁建兴教授曾撰文指出，"我国在从部门管理向行业管理转变的过程中，实现了政企分离、促进了行业协会发展，但没有赋予经济实体尤其是非国有经济行业管理权，也没有将行业协会的管理权落到实处，政府主导行业管理的特征依然突出"[②]。正因为此，这些自上而下成立的行业协会都被赋予了行政性职能，并由政府给编制、定职级、下拨经费，具有突出的官办色彩，因此又被称为"翻牌"行业协会、"体制内"或"行政性"行业协会。尽管目前在浙江、广东等民营经济发达的地方产生了一批主要由企业家发起创立的民间性行业协会，[③] 但是从总体上看，由于角色模糊、人事和福利等政策落后，民间性行业协会的发展仍然十分乏力，与行政性行业协会相比，其发挥的作用仍然有限。

上述问题出现的根源在于，尽管从全国发展趋势看，目前行业管理体制改革在沿着从部门管理到行业管理的轨道前进，但改革总体上仍落后于

---

① 资料来源：舟山市普陀区渔业行业协会网站（http://www.ptyyxh.com）。
② 周俊、郁建兴：《行业管理体制的变革与出路》，《思想战线》2012年第6期。
③ 民间性行业协会在发展初期仅以会员自律为目的，不参与行业管理。但随着部分协会作用突出，政府逐渐赋予了相应的行业管理实权，比如温州市鹿城区鞋业协会，该协会于1987年在杭州武林广场焚烧温州皮鞋事件发生后成立，在温州发展鞋业的大环境中，协会被赋予了对所有皮鞋企业进行产品质量抽检、开展合格证验收和换证工作等重要的行业管理职能。民间性行业协会的发展一度改善了行业协会的声誉，尤其是在温州烟具协会打赢我国加入WTO后第一个反倾销案后，行业协会名声大震，也因此获得了更多的政策支持。参见周俊、郁建兴《行业管理体制的变革与出路》，《思想战线》2012年第6期。

现实要求;若政府牢牢把握行业管理权力的现实不改变,经济实体参与行业管理的途径就十分有限,行业协会就只能是"有名无实",行业管理的部门管理特征仍然明显。课题组认为,舟山群岛新区经济和社会的发展迫切要求构建一种更具开放性、包容性的行业管理体制,使新兴的市场主体和社会主体发挥应有的作用,但当前的行业管理体制显然满足不了这种需求。

(二)结构性的失衡:民办非企业单位发展薄弱

首先,从"量"上来看,如前文所述,目前舟山群岛新区在民政部门登记注册的社会组织中,社会团体所占比重高达79.38%,而民办非企业单位所占比重仅为19.63%。一般而言,中国经济社会发展水平越高的地区,民办非企业单位所占的比重越大。通过对2004—2012年国家民政部发布的统计数据进行计算,可以看出,在全国平均水平上,社会团体约占社会组织总量的55%,民办非企业单位约占社会组织总量的45%。在经济社会发展水平较高的北京、上海、广东、浙江,民办非企业单位所占该省(直辖市)社会组织总量的比重分别为50.05%、60.65%、52.30%、46.38%,均高于全国平均水平(见表3—1),而且近年来这些省(直辖市)民办非企业单位所占比重还有进一步扩大的趋势。通过对上述数据的对比可见,舟山群岛新区民办非企业单位的比重不仅低于浙江省的平均水平,而且也低于全国平均水平,这显然与舟山群岛新区经济社会发展的现实和未来需求是不相符的,促进民办非企业发展势在必行。

表3—1　　舟山群岛新区社会组织的类型分布及横向对比　　(单位:%)

	舟山	全国	经济社会发展水平较高的省份情况				
			北京	上海	广东	浙江	江苏
社团比重	79.38	54.70	48.62	38.35	47.04	53.05	58.94
民非比重	19.63	44.95	50.05	60.65	52.30	46.38	40.55

其次,从"质"上来看,民办非企业单位的均衡性、覆盖面、服务力和公信度亟待提升。整体来看,新区较为成熟的民办非企业单位拥有相对稳定的资金来源、较为专业的工作人员以及获得社会认可的服务或产

品,步入了稳定的发展阶段;但相当一部分民办非企业单位自立能力较弱,出现资金紧张甚至"断粮"现象,专职的专业人员不多且流动性大,仍处于起步阶段。从覆盖面和服务力上看,目前,新区的卫生、文化、民政、社会服务类的民办非企业单位相对较少;与省内外一些发达地区相比,目前新区各级政府将原来自己包揽的社会服务功能通过各种形式外放给社会组织承担的力度还不够。不少民办非企业单位的公信度不高。走访中发现,群众需要社会服务时,首选的还是官办的服务机构,人们普遍认为民办非企业单位收费高、服务能力较差、诚信度较低。这一方面反映了社会组织自身建设和自律机制中存在的弊端,另一方面也反映出当前"重入口登记、轻日常监管"的社会组织管理体制需要改革和创新。

(三) 区域性的差异:社会组织区域分布不合理

根据社会组织登记注册所在的民政部门的层级,舟山群岛新区社会组织的区域分布情况如表3—2所示。

表3—2　　　　舟山群岛新区社会组织的区域分布　　　（单位:家）

	市级	定海区	普陀区	岱山县	嵊泗县
社会组织数(不包含基金会)	349	151	158	80	64
其中的社会团体数	305	107	107	69	55
其中的民办非企业单位数	44	44	51	11	9

从表3—2可以看出,市级社会组织占43.5%,县(区)级社会组织占56.5%。其中,在县(区)级的453家社会组织中,按区域分布的比重大小降序排列,分别为普陀区(34.88%)、定海区(33.33%)、岱山县(17.66%)、嵊泗县(14.13%)。但是,这一区域分布的排序仅仅反映的是绝对值意义上的比重关系。需要注意的是,由于不同县(区)的人口比重不同,要衡量社会组织的区域分布是否合理,更要看不同县(区)社会组织的"相对规模"的大小,即"每万人拥有登记社会组织数"。按照这一指标来衡量,如表3—3所示,各县(区)社会组织的相对规模大小可降序排列为:嵊泗县(8.41家/万人)、普陀区(4.17家/万人)、岱山县(3.96家/万人)、定海区(3.25家/万

人)。由此观之，出现了一个与绝对值意义上的比重排序不同的结论（见图3—5）。

表3—3　　　　舟山群岛新区各区（县）社会组织的相对规模

	定海区	普陀区	岱山县	嵊泗县
常住人口数（万人）	46.42	37.88	20.22	7.61
每万人拥有登记社会组织数（家/万人）	3.25	4.17	3.96	8.41

注：这里的"常住人口数"采用的是舟山市第六次全国人口普查数据，这里的绝对规模是指实际的社会组织数量（家），相对规模是指每万人拥有登记社会组织数量（家/万人）。

通过上述分析可见，舟山群岛新区社会组织的区域分布非常不均衡，各县（区）社会组织的总体规模、相对规模的差异都很大。一般而言，如果不考虑其他因素，一个地区的人口规模[①]、经济发展水平[②]和市场化程度[③]与所有类型社会组织的数量都存在显著的正向关联。也有研究表明，当控制了其他因素之后，经济发展水平是显著影响社会团体、民办非企业单位和基金会三类社会组织地域分布的共同因素，经济发展水平越高的地区，各类社会组织的数量就越多。[④] 这在很大程度上说明社会组织是

[①] 社会组织是人们结社行为和慈善活动的产物。人口数量越多，一方面意味着会有更多的社会人士愿意投身于志愿和慈善事业，从而增加了创立社会组织的可能性；另一方面也意味着对民间结社和非营利服务有更大的社会需求，而且这种需求的异质性和多样化程度更高。因此，一般来说，人口规模越大的地区，社会组织数量会越多。

[②] 经济发展水平可能是促进社会组织发展的重要因素。社会组织的发展需要从其所嵌入的社会空间获得慈善资源，特别是经济资源。经济发展水平越高的地区，人们的收入水平和财富拥有量越多，越有可能为公益慈善事业提供更多的经济资源。根据我国目前的管理规定，即使是基于会员制的社会团体也需要一定的注册资金才能获得登记，而这种注册门槛的抑制效应会随着地区经济发展水平的提高而下降。另外，经济发展水平越高的地区，也意味着更细化的社会分工和职业分化，这也增加了对结社活动的需求。因此，一般而言，经济发展水平越高的地区，社会组织的数量会越多。

[③] 市场化程度是我们所考虑的最后一个因素。我国是一个转型经济国家，但是各地区的市场化进程却并非步调一致。首先，从计划经济向市场经济的转型意味着政府对经济和社会活动的干预程度不断下降，从而为相对独立于政府的公共空间的出现和发育创造了制度前提。其次，市场化使个人和民营企业的财富急剧增加，为社会组织的产生创造了现实的经济条件。最后，市场经济的发展也带来贫富差距、环境污染等诸多公共问题，这些问题靠市场本身难以解决，政府干预也有限，从而引发了社会自组织和自我治理的需要。因此，一般而言，市场化程度越高的地区，社会组织的数量会越多。

[④] 李国武：《社会组织的省域分布研究》，《社团管理研究》2011年第8期。

经济发展水平的衍生物，经济发展一方面扩大了对社会组织的社会需求，另一方面也增加了社会组织所需的公益资源。

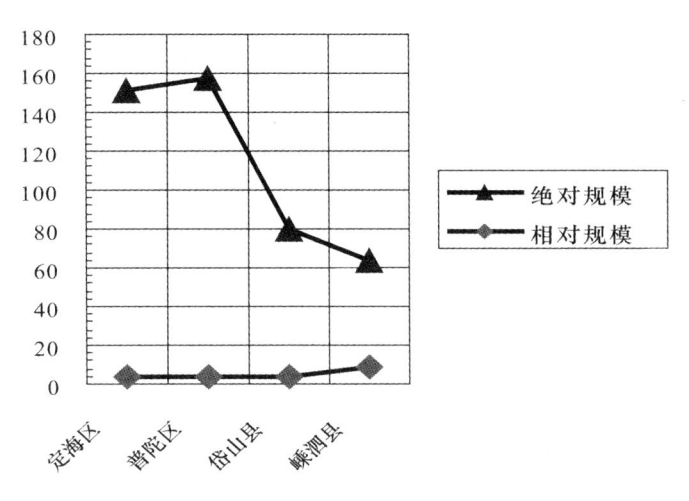

图3—5 舟山群岛新区各县（区）社会组织的绝对规模与相对规模

但是，为什么在舟山群岛新区的四个县（区）中，定海区作为人口规模较大、经济发展和城市化水平较高的地区，每万人拥有的登记社会组织数量却较少（这里并不能说实际存在和运行的社会组织数量少，只是说在民政部门登记注册的社会组织数量少）？这是不是与上述规律的一种"悖论"呢？对此，我们应该认识到，在我国，社会组织的发展状况与政府的财政能力、政府的制度安排紧密相关，其影响力甚至超过了人口规模、经济发展水平和市场化程度等因素，成为影响社会组织发展的第一位因素。例如，2012年定海区实现地方生产总值347.28亿元（在四个区县中位列第一），但公共财政预算收入只有11.51亿元；同年，普陀区实现地方生产总值虽然低于定海区，为273.98亿元，但公共财政预算收入为21.15亿元，位居四个区县的第一位。① 地方财政能力直接影响到地方政府对区域内社会组织的投入和扶持力度，也将影响地方政府购买社会组织服务的数量和程度。除此之外，人文历史、社会异质程度、开放程度以及

---

① 数据分别来自《定海区2012年国民经济和社会发展统计公报》和《普陀区2012年国民经济和社会发展统计公报》。

地方政府对社会组织发展的态度等因素也影响着不同地区社会组织的发展状况。正是因为这些综合因素的交织影响，舟山群岛新区社会组织在区域分布上呈现出高度的不均衡性和复杂性。

（四）功能性的障碍：社会组织服务力亟待释放

在舟山群岛新区建设发展的背景下，社会组织服务新区经济社会发展的功能亟待释放。但首当其冲的问题是，社会组织自身的发展和能力还存在不少问题，如组织内部的信任关系、组织与政府之间的信任关系亟待加强，社会组织的资源动员能力、整合能力、社会公信力和行动能力还存在诸多不足。

更为重要的是，社会组织服务新区经济社会发展的能力还需要借助外部体制机制的创新才能予以"释放"。就发展趋势而言，舟山群岛新区社区服务组织的发展潜力很大，涉及的服务范围十分宽广，可以提供温馨家庭、心理咨询、犯罪预防、提高教育程度和质量等各种服务，也可以由此拓宽社会就业的机会。当然，这种设想的前提是：服务的组织方式或者制度选择发生变化，比如社区公共服务的决策机构与执行机构分离，公共服务不再只由政府负责公共服务供给，而是由公共机构负责规划、组织、融资和管理监督，任何社会机构——企业、志愿组织、公共服务组织、社区都可以通过谈判和签约方式承担公共服务生产者的职能，从而能形成提供者与生产者各司其职的常规性、制度化的产业链。但是，与省内外一些发达地区相比，目前新区各级政府将原来自己包揽的社会服务功能通过各种形式外放给社会组织承担的力度还不够。在这方面，我们需要更多地借鉴发达地区的经验。例如，早在 2009 年，深圳民政部门就积极开发社工岗位，有计划地培养和配备社工人才，其专攻项目分别是"照顾孤寡老人"、"学龄儿童托管"、"青年劳务工的性与生殖健康"、"境外家长培训"和"边缘青少年帮教"5 项服务。根据《深圳市推进向社会组织购买服务工作的实施方案》，政府转变职能，进行事业单位改革。对于政府分离出的或新增的社会管理和公共服务事项，通过政府采购等法定方式，向符合条件的社会组织购买，在工商经济类、社会福利类、公益慈善类和社区社会组织等重点发展领域的优先扶持项目进行试点，逐步建立健全政府购买服务的组织架构、程序、监督机制等，以差额、全额和部分补助三种方式，向社会提供资助。再如，上海普陀区民政局每年都要向民办的

"民欣乐为老服务中心"出资约80万元购买居家养老的服务成果；街道、镇每年出资400万元左右购买就业成果；真如镇采取了每解决一位失业下岗人员就业，财政给予每人每年100—130元不等的奖励，调动社会组织及其工作人员开发岗位、提供服务。由此可见，舟山群岛新区社会组织服务功能的释放，除了加强自身建设外，还迫切需要政府自身深化职能改革并提供积极的政策引导，其关键在于政府在多大程度上进行职能的转移和购买社会组织提供的公共服务。

（五）公益就业乏力：社会组织就业容量小

课题组之所以将"就业规模"作为测量舟山群岛新区社会组织发展状况的一个指标，主要是出于两个方面的考虑：一方面，从全球发展来看，社会组织已成为一支重要的经济力量和显著的就业渠道。国外社会组织就业的平均规模大约是：占非农就业人口的5%，占所有服务业就业人口的10%，占所有公共部门就业人口的27%，相当于各国最大私营企业就业总和的6倍多。若将志愿者计算在内，这些国家社会组织的就业人口平均占非农就业人口的7%，甚至占所有公共部门就业人口的41%。在动态发展上，从1990年到1995年，在有时间系列数据的8个国家中，社会组织就业的平均增速为24%，而这些国家的同期总就业增速仅为8%。[①] 在经济社会转型发展时期，社会组织的就业表现出一定程度的持续性和"反经济周期性"。在传统的工业、农业甚至服务业提供的就业岗位不断下降的情况下，社会组织提供的就业岗位却不断提高，越来越多的人进入"社会公益的就业领域"。[②] 例如，有研究表明，在美国2001年之后经济衰退和"9·11"恐怖袭击对经济形成严重冲击的背景下，大部分企业减少了就业岗位，但许多社会组织却创造了比平时更多的就业岗位。

另一方面，就舟山群岛新区而言，随着当前金融危机向实体经济的蔓延，舟山群岛新区所要应对的是经济周期和结构转型的双重冲击。当前，舟山经济运行中存在的结构性矛盾和周期性因素等深层次问题尚难在短期内根本缓解，船舶修造业等舟山传统的支柱行业经营较为困难，经济效益

---

① 温艳萍：《民间非营利组织的社会与经济效能研究》，上海人民出版社2008年版。
② ［美］里夫金：《工作的终结》，王寅通等译，上海译文出版社1998年版。

不佳，其他传统行业吸纳就业的空间也在萎缩，企业员工的失业风险增大。尽管舟山的"新区"效应正在发酵，经济结构转型升级速度逐渐加快，招商引资和高层次人才引进工作不断强化，但新区的政策红利要在一段时间后才能真正体现，经济转型升级和高端人才进驻的过程本身对原有的就业群体也将形成一种巨大的"排挤"效应，正因为此，就业问题将成为未来舟山群岛新区首当其冲的大问题。就业是民生之本，促进就业是安国之策，新区必须高度重视就业促进工作。借鉴全球发展经验和对未来社会变革的预期，社会组织能够弥补就业系统中市场和政府的功能有限性，极有可能发展成为促进社会充分就业、均衡就业和公平就业的一个重要渠道。新区通过制度变革释放社会组织吸纳和促进就业的潜能，推动形成政府、企业和社会组织共同促进就业的新格局，应该是一条符合时代发展和社会需求的创新思路。

课题组考虑到，由于舟山群岛新区的人口规模和社会组织的总量规模较小，因此，采取社会组织的"单位平均就业规模"来测度舟山群岛新区社会组织的就业容量将更为合理，也便于与全国平均水平进行横向对比。由于目前舟山群岛新区社会组织就业人员的统计资料并不完整，这里主要以统计相对完备的市本级社会组织的单位就业人数进行说明。

根据舟山市民政局提供相关资料，目前已经统计了专职人员数的市级社会组织有247个（拥有专职人员统计数据的社会团体223个，民办非企业单位24个）。进一步计算得知，这些市本级社会组织的单位专职人员数约为2.57人，其中市本级社会团体的单位专职人员数约为2.09人，市本级民办非企业单位的平均专职人员数约为7.04人。如果把兼职人员也算上，那么上述市本级社会组织的单位就业规模为11.28人。课题组进一步以上述计算数据和全国的平均水平进行对比。截至2012年年底，全国依法登记社会组织49.2万个，其中社会团体26.8万个、民办非企业单位22.1万个、基金会2961个。同时，在各级民政部门备案的城乡社区社会组织和农村专业经济协会有30万个。我国社会组织提供的就业岗位达1200多万个，形成的固定资产有1885亿元。社会组织遍布科技、教育、文化、卫生、劳动、民政、体育、环保、法律服务、社会中介服务、工商服务等众多领域。[①] 其中社会团体的平均就业规模还要略高于这个数据。

---

① 数据来源：中国社会组织网。

另外，课题组曾在 2009 年根据民政部公布的统计数据，测算了截至 2007 年年底的全国社会组织的单位平均就业规模为 11.81 人，其中社会团体的单位平均就业规模约为 13.63 人。[①] 从数据的连贯性上看，从 2007 年到 2011 年，全国社会组织的单位平均就业量呈向上变动的趋势。通过这一对比可知，目前舟山群岛新区社会组织的平均就业规模低于全国均值，基本上等于全国 2007 年的水平。如果与全球平均水平相比，更不能同日而语。

上述现状表明，舟山群岛新区社会组织自身的发展规模较小，吸纳和促进就业的功能还没有得到有效激发；另一方面也表明，从整个社会的就业人群分布上，企业、政府（或传统的事业单位）仍然是人们倾向于选择的主要就业领域，以民办非企业单位为代表的"新兴社会经济形态"发展迟滞，"社会公益的就业领域"仍然非常薄弱。

四 舟山群岛新区社会组织发展的体制、机制与法制障碍

在我国，社会组织的发展轨迹与社会组织管理体制的关系密不可分，因此，舟山群岛新区社会组织存在的问题在很大程度上归因于国家与社会关系的建构及其具体表现形式——社会组织管理体制。所谓"社会组织管理体制"，是国家关于社会组织管理的行政机构设置、权限划分、权力运行机制等方面的体系和制度的总称。作为国家与社会关系的具体表现形式，社会组织管理体制体现为党和政府关于社会组织发展与管理的一系列制度规范、机构设置和政策措施，体现为贯彻在各级党政部门具体的社会组织管理实践中的战略思路及相应的制度安排，也体现为党和政府对待社会组织的基本态度和指导思想。

舟山群岛新区社会组织管理制度的变迁置身于整个国家和社会关系的嬗变大格局之中，它伴随经济社会发展及社会组织的发展而建构起来，并随着改革开放的进程，随着社会组织的进一步发展和整个社会转型而经历相应的发展变迁。改革开放 30 多年来，与整个国家社会管理体制变迁的路径一样，舟山市社会组织管理体制基本上沿着从分散管理到归口管理、

---

① 高猛等：《走向社会建构的公共行政》，浙江大学出版社 2013 年版。

再从归口管理和双重管理到分类管理的路线演进,大体经历了三个主要阶段,其中每一阶段都代表着党和政府对待社会组织发展与管理的基本思路和相应的策略选择。而这一变迁过程本身,就是渐进地突破现实瓶颈、适时地降低路径依赖、审慎地进行路径创新的过程体现。课题组将从"体制"、"机制"和"法制"三个角度对舟山群岛新区社会组织管理的瓶颈进行分析。

(一) 舟山社会组织管理体制的变迁历程

1. 分散管理阶段

这是改革开放以来舟山社会组织管理体制正式建构的最初的一个历史时期,大致从改革开放初期至1989年为止。当时我国虽然没有颁布成文的法律法规和建立统一的管理体制,但党和政府一直在大力推动社会组织的复兴发展,一些部门也尝试建立起相应的体制和规范。但由于社会组织发展过快过猛,在制度和体制上没能形成统一、明确的制度框架和管理机构,关于社会组织运作及管理也没能提供统一的模式和范本,形成万马奔腾、各行其是的乱象,有学者称之为"放任发展"[①]。改革开放初到1986年的舟山地区和1987撤地建市后的舟山市,其社会组织的发展在这个阶段也正是处在"放任发展"的历史景象之中。

2. 归口管理阶段

在这一阶段,舟山社会组织管理体制完全是按照"强制性制度变迁"(从中央到地方自上而下的路径) 建构起来的,地方政府层面上基本不存在制度创新的动力,因此当时舟山市社会组织管理体制与国内其他地方不存在什么区别,呈现出"高度同化"的景象。1988—1989年,国务院先后颁布了3个涉及社会组织的重要法规。以此为起点,舟山市社会组织管理很快结束了以放任发展为特征的分散管理阶段,一个以限制发展为特征的"归口管理"的新体制取而代之。这种管理体制将社会组织的管理权限统一归口到特定的管理机关,通过赋予其相应的法定权力及行政职能,形成在法律上和行政上统一管理的体制。制定并颁布相关法规、清理整顿是实现归口管理的主要步骤。在限制发展和归口管理的基础上,以"双

---

① 王名:《民间组织的发展及通向公民社会的道路》,载王名主编《中国民间组织30年——走向公民社会1978—2008》,社会科学文献出版社2008年版,第41—43页。

重管理"为主要特征的管理体制在全国各地逐渐成形并成为舟山市社会组织管理的基本制度。"双重管理体制"强调的是社会组织在登记审批和日常管理上有两个以上的政府职能部门负责、多重审批、共同把关，同时各负其责，其目的是一方面保留已有行政归口部门的部分权限，同时达成统一登记管理的目标。在这一阶段，舟山市主要依托市级、县（区）两级民政系统并以民政局为核心的社会组织登记管理体系也逐渐设立起来。

3. 分类管理阶段

近10年来，随着社会组织进入新的发展高潮，管理体制上的改革创新趋势越来越显著。一种被称为以规范发展为特征的"分类管理"新体制，正在逐渐形成和发展之中。分类管理是指根据社会组织的性质、功能、结构等特点进行类别划分，分门别类地将其纳入不同的系列进行登记管理，并相应地采取不同的政策和制度形式加以规范及引导。分类管理的核心是依照不同的标准对社会组织进行分类，而分类标准则是依据社会组织日益多元化的客观发展情况、管理部门的相互协调、政治社会结构的变化等多种因素来确立的。近年来，舟山市在社会团体、民办非企业单位和基金会三大分类的基础上，其社会组织的管理体制在基于不同类别、按组织特性及功能分类管理并建构相应的制度框架的创新实践正在积极探索之中。这是伴随社会组织规范发展而逐渐形成的社会组织管理体制上的又一次重大的体制演变，现行管理体制的许多方面都在这一过程中经历重大的调整，一系列新的制度形式和手段逐渐探索成熟，成为管理体制的新的组成部分。

（二）舟山群岛新区社会组织发展的体制障碍

依据《社会团体登记管理条例》和《民办非企业单位登记管理暂行条例》，我国现行的社会组织登记管理体制的核心是"双重管理体制"，即由登记管理机关和业务主管单位分别行使对社会组织的监督管理职能，对社会组织通过登记注册合法化进行双重把关。制度设计的初衷是实行双重管理和双重负责的"双保险"机制，通过不同政府部门或政府授权的单位和登记管理机关分别负责的双重体制，分散那些因社会组织活动可能带来的政治风险和政治责任。

双重管理体制产生于20世纪80年代，是在计划经济体制下国家在对社会组织归口管理的一种制度安排，在特定的历史时期起到了特定的历史作用。但随着我国经济社会的发展，双重管理体制的弊端逐步显现。

1. 职能重叠的弊端

登记管理机关和业务主管单位容易扯皮和推卸责任，有的主管部门往往抱着"多一事不如少一事"的态度，往往使双重管理变成难以管理。这是因为，相关条例虽然对登记管理机关和业务主管单位的管理职责进行了分工，但在社会组织的筹备、申请登记和审查、年度检查和审查、违反有关条例规定的查处等职责方面都有重复之处。此外，管理部门的责权不统一。登记管理机关对社会组织具有监督、检查、查处违法行为、给予警告、责令改正、撤销登记或取缔等权力，但实际上却缺乏有效的管理手段和足够的管理力量。业务主管单位虽然有很大的管理权力，也有相应的管理手段，但却没有相应的责任要求。这种责权不一致的现象削弱了社会组织的独立性，也加大了"政社分开"的难度。

2. 限制发展的弊端

通过双重的准入门槛限制社会组织获得合法身份，在一定程度上制约了部分需要鼓励的社会组织的发展。按照《社会团体登记管理条例》的规定，社会组织的登记需要具备一定数量的注册资金和最低限度的人数要求，申请成立须经其业务主管单位审查同意等。但《条例》导致两类不"合法"社会组织的存在：一类是未达到《条例》规定的"非法"的社会组织；另一类是以营利性组织形式存在的社会组织，即因业务主管单位不清转而寻求工商部门登记的社会组织。这种状况说明采取"一刀切"式的登记管理制度是不合理的，势必造成大量"合法律性"，但却不具有"正当性"或"合理性"的社会组织存在；而把大量具有"合理性"或"正当性"的社会组织视为"非法"，并排斥在管理范围之外，也将导致社会组织管理的覆盖面过窄。

3. 日常监管的弊端

相关条例都强调政府监管、社会组织自律和社会监督有机结合的重要性，但实际上社会组织只由政府监管，并且效果很不理想。登记管理机关的主要问题是力量不足，没有能力进行监督。业务主管单位受部门利益的驱使，也没有履行监督职责，具体表现为与政府职能转移相关的社会组织大多是由业务主管单位直接创办，甚至与相应的政府职能部门合署办公，"两块牌子，一个实体"，由职能部门直接控制；与政府职能转移无关但有收入（包括捐赠收入和营业收入）的社会组织，业务主管单位往往积极监管并提供"保护";与政府职能转移无关又无收入或收入勉强维持自身存活的社会组织,业务主管单位往往尽可能地回避政治风险。这种局面使其业务主管单位与登记管理机关之间的协同管理事实上无法实现,"重登记、轻监管"的现象屡见不鲜。

(三) 舟山群岛新区社会组织发展的机制障碍

1. 动力机制的问题

如果不将社会组织发展与地方政府的政绩考核挂钩,仅凭民政部门的力量根本无法实现宏观有效管理,管理的基本要求就变成了只要不给地方政府带来"麻烦"即可。在社会组织发展不被纳入地方政府政绩考核指标的情况下,业务主管单位的动力也不足。因为政府职能转移没有明确的"时间表",业务主管单位出于部门利益的本能考虑不可能主动把权力让渡给社会组织,也没有积极性培育社会组织,对那些"无利可图"的社会组织不可避免地采取消极的态度,社会组织"外形化"现象也由此产生。

2. 实现机制的问题

在登记管理机关方面,地方民政部门受自身权力(同级职能部门下的二级部门)、工作人员数量等客观因素的限制,没有足够的力量考核评价数量庞大、性质各异的社会组织;在业务主管单位方面,由于缺乏约束与考核的具体措施,业务主管单位并未按社会组织管理体制的相关要求培育和监管社会组织。在具体管理过程中,偏重行政干预,不重视社会组织的自主性和独立性,甚至忽视社会组织存在的社会价值。也就是说,如果缺乏相应的法规对业务主管单位承担何种责任、如何承担责任以及如何考核业务主管单位的社会组织管理绩效等方面做出规定,那么培育和扶持社会组织的目的就不再是为了培养政府转移职能的承担者和和谐社会建设的参与者,而是异化为"政绩工程"。

(四) 舟山群岛新区社会组织发展的法制障碍

由于舟山市没有独立的地方立法权,因此也很难有完全适合舟山群岛新区发展的社会组织管理法律制度,因此在谈及舟山群岛新区社会组织法律制度的现状和问题时,只能从国家宏观角度对其进行说明。

纵观我国有关社会组织的立法,其体系比较零散,散见于一般性和特别性的法律规范之中。一是宪法。宪法第5条第四款："一切国家机关和武装力量、各政党和各社会团体、各企业事业组织都必须遵守宪法和法律"；第35条："中华人民共和国公民有言论、出版、集会、结社、游行、示威的自由"；第36条第一款："任何国家机关、社会团体和个人不得强制公民信仰宗教或者不信仰宗教，不得歧视信仰宗教的公民和不信仰宗教的公民"，以及第111条关于居民委员会、村民委员会的规定等。二是专门性法律。如《红十字会法》、《中华人民共和国城市居民委员会组织法》、《中华人民共和国村委员会组织法》、《中华人民共和国工会法》、《中华人民共和国公益事业捐赠法》等。三是各部门法中的规定。如《民法通则》中有关法人的规定，《刑法》有关单位犯罪的规定以及《消费者权益保护法》、《妇女权益保障法》、《残疾人保障法》、《体育法》、《注册会计师法》、《律师法》、《职业教育法》等针对社会组织的专章或专条规定。四是行政法规。主要包括《社会团体登记管理条例》、《基金会管理条例》、《事业单位登记管理暂行条例》、《民办非企业单位登记管理暂行条例》、《外国商会管理暂行规定》等。五是部门规章。主要有《民办非企业单位登记暂行办法》、《社会团体分支机构、代表机构登记办法》、《取缔民间非法组织暂行办法》、《民政部主管的社会团体管理暂行办法》等。六是地方性法规。如《天津市社会团体登记管理规定》、《深圳市社会团体组织通则若干规定》、《上海市促进行业协会发展规定》等。七是国际条约对社会组织的法律规定。我国已经加入的《世界人权宣言》（1948）第20条第一款规定：人人有权享有和平集会和结社的自由。我国加入的国际条约《公民权利和政治权利公约》（1966）第22条也规定人人有权享有和平集会和结社的自由，包括组织和参加工会以保护自身的利益的权利。由上可知，目前为止，我国对于社会组织所涉及的主要法律关系，从其设立、变更、注销到实体上的权利义务与责任，已经初步形成了一套规制体系。

虽然改革开放以来，我国社会组织立法取得了令人瞩目的发展，结束了从前无法可依的状况，并搭建起了基本的法律框架；但是总体来看，仍然相当滞后于非政府组织本身发展的客观需要，与真正实现公民的结社自由权利存在着较大差距。

1. 相关立法位阶过低、内容庞杂

从立法层次上来说，我国现行社会组织立法位阶太低。虽然我国宪法等法律对此也有相关规定，但基本都是概括式的原则性的条文，并没有一个专门的社会组织法律，其主要的法律渊源是国务院的几个行政法规，其中最重要的是《社会团体登记管理条例》，但是其内容太过简略，所以在实务操作中实际发挥作用的是作为社会团体登记管理机关的民政部发布的行政规章和其他规范性文件，作为社会团体业务主管机关的国务院各部委发布的行政规章和其他规范性文件，以及地方政府发布的地方性法规和其他规范性文件。它们数量庞大、内容庞杂，其中除了少数属于行政规章因而具有较严格的形式要求外，大量的规定是行政机关内部的文件、通知，是上级对下级机关的工作指示，并没有制度化的渠道，其内容，制定、发布的程序，是否公开以及何时公开都带有相当的随意性。

2. 法律规则内部存在矛盾冲突

由于我国社会组织法律规范体系庞杂，导致不少规定存在矛盾冲突。例如，政府机关认可的社会组织的类型与我国民事基本法根本衔接不上。《民法通则》将法人分成企业法人、机关法人、事业单位法人、社会团体法人四种，其中企业法人由于目的的营利性，机关法人和事业单位法人由于身份的官方性而被排除在社会组织之外，民事基本法规定的社会组织仅有社会团体法人一种。但是现实生活中的社会组织的类型却非常丰富，民政部下设的"民间组织管理局"管理的民间组织包括社会团体、民办非企业单位、基金会和境外基金会的分支机构四种。现实生活中的社会组织除了社会团体之外，另外三种社会组织根本无法包括在民事基本法的主体制度中。又如，《民办非企业单位登记管理暂行条例》第2条规定，民办非企业单位是"非营利性社会服务活动的社会组织"。按照目前学界关于"非营利"的一般理解，非营利法人可以从事一定的经营活动来赚取利润，只是不得将所获利润分配给出资人而只能作为维持事业运作的经费开支。这就是关于非营利法人的所谓"禁止分配"原则。[①] 但是，依《民办教育促进法》第51条的规定，民办学校在扣除办学成本、预留发展基金以及按照国家有关规定提取其他的必需的费用后，出资人可以从办学结余中取得合理回报。这一项规定在特定时期或许确有其合理性，但是不可否认的是，该规定与《民办非企业单位登记管理暂行条例》第2条的规定

---

① 金锦萍：《论非营利法人从事商事活动的现实及其特殊规则》，《法律科学》2007年第5期。

存在冲突，而且正因为如此，导致某些民办非企业单位实际上已经成了营利机构。

3. 现行法规对社团组织限制严苛

如前文所述，我国社会团体行政管理体制的最鲜明的特点是"双重管理"。有学者认为，"这可能是世界上除了朝鲜等少数国家以外最严厉的行政管理体制之一"。[①] 1998年颁布的《社会团体登记管理条例》，对社团会员人数、财产数额、发起人和拟任负责人等问题均作了比其他国家严格得多的限制。有些条件甚至可以说是相当苛刻的，在一些经济落后的地区，它几乎剥夺了普通人民自行组织社会团体的可能性。从结社自由角度看，这种剥夺是不合理的；从社会团体发展的角度来说，大规模、有代表性、组织和管理水平高的社会团体的充分发展，一定是建立在大量存在的、小规模和较为松散的社会团体的基础之上的。由于法律规定的严苛条件，加上行政审查的烦琐，大量社会团体处于未经注册的非法状态。其次，现行法规限制社团之间的竞争。《社会团体登记管理条例》第13条第二款规定，在同一行政区域，已有业务范围相同或者相似的社团组织，没有必要成立，政府机关对于社团组织的成立不予批准。不仅如此，有关机关还主动将其认为业务上有重复或者没有必要存在的社团，予以撤销或合并。这种规定和做法所反映出的政策取向，就是限制社团组织之间开展竞争。允许同类社会团体的存在，不仅是维护结社自由的需要，而且竞争的存在也将是促进"官办"及"半官半民"社会团体转变机制的主要动力之一，以达到实现社会团体公共责任的外部约束。而《社会团体登记管理条例》的规定完全否定了竞争存在的可能。再者，现行法赋予有关行政机关的权限过大，审查的范围过于宽泛。如《社会团体登记管理条例》规定的对社会团体是否"符合社会需要"必须进行严格的审查，不符合要求的便禁止其成立或将其撤销。这一规定体现的正是为了严厉禁止那些在政治上与官方理论和价值观念背离的或有这种背离可能的社会团体的存在。而在法律上并没有明确这种"符合社会需要"的标准到底是什么，实践中完全由行政管理机关说了算，体现出极大的随意性。

4. 权力与责任关系的内容失衡

现行的社团法规中行政管理的规定占据了绝大多数，而有关社会团体

[①] 苏力等：《规制与发展——第三部门的法律环境杭州》，浙江人民出版社1999年版。

的内部组织、财产关系、税收优惠、社团破产等的规定则极为薄弱。其他相应的法律法规如《民法通则》、《税法》、《破产法》等虽然对相应问题有所规定，但是内容非常简单，操作起来依然常常会陷入无法可依的困境。我国对社团的立法，主要是从行政机关如何对其进行监管（甚至"控制"）的角度规范的，有关政府如何保护社会团体的独立地位和合法权益的相关规范不足，在规定政府对社会团体进行各种管理的权力的同时，没有规定政府对社会团体应尽的责任，从而导致了权力与责任的失衡。

5. 相关法律规定虚化，难以实际操作

法律规定虚化、实际操作难，是我国各个法律法规中普遍存在的问题，而这个问题在有关社会组织的法律法规中尤其严重。虽然我国在宪法中明确规定了结社自由，但有学者提出由于我国没有违宪审查制度，所以在法律实践中没有直接的意义。[①] 我国有关社会组织的专门性法律法规，多是程序性的登记规定，实体性规定甚少。如《社会团体登记管理条例》、《事业单位登记管理暂行条例》、《民办非企业单位登记管理暂行条例》、《外国商会管理暂行规定》等都主要是规定登记程序的，而即便是综合性的专门法律如《中华人民共和国红十字会法》、《中华人民共和国城市居民委员会组织法》、《中华人民共和国村民委员会组织法》、《中华人民共和国工会法》等，有关社会组织权利义务和责任的条款所占比例也甚小。另一方面，即使散见于各个相关的具体法律法规中的有关社会组织的条款也普遍虚化，很难在实践中有效操作。

五　社会组织管理体制创新的经验借鉴

最近几年，改革在社会管理创新的政治话语下迎来新契机，现行《社会团体登记管理条例》等三部主要法规的修订进入国务院立法议程并已经经过多轮论证，有望取得突破。然而在中央改革进程背后，是一场早已开启并方兴未艾的地方政府创新实践。地方对社会组织管理体制的创新探索最早发生在行业协会和社区社会组织领域。早在 2002 年，温州、鞍

---

① 杨庆华：《中国非政府组织立法概况及存在问题分析》，《中共杭州市委党校学报》2007 年第 6 期。

山等地就通过引入工商联、工经联统一行使业务主管单位职责，变通解决行业协会登记难和政社不分问题。同一时期，青岛、上海等地民政部门开始探索对达不到登记条件的社区社会组织实行备案。2003年十六届三中全会后，社会组织在经济发展、公共服务、社会管理等领域中的作用越来越受到党和政府重视。上海、广东、深圳等地从行业协会管理体制改革入手加大探索创新力度，尝试突破双重管理体制。自2008年以来，地方创新更呈百花齐放之势，除民政部设立的上海、深圳、广东、云南、新疆、青岛等创新观察点外，北京、河北、海南、安徽、宁夏等地也纷纷跟进，多个地方发布了以促进社会组织发展为基调的综合性文件，并将管理体制创新拓展至多类社会组织。对这些创新经验进行梳理和分析，能够为舟山群岛新区社会组织管理体制创新提供思路启示和方法借鉴。

（一）上海社会组织管理体制创新经验

上海市市委、市政府高度重视社会组织的建设和发展，并将社会组织管理体制改革纳入到经济、社会和政治统筹发展的大局中予以规划布局。上海市社会组织管理体制改革的最大亮点在于，不单纯把改革局限于社会组织登记管理制度本身，而是紧密围绕"政社分开"和"政府职能转变"这一主线，侧重于制定和实施社会组织的扶持政策，加大政府向社会组织购买公共服务的力度，同时建立孵化基地，引入支持性社会组织，培养社会组织承接公共服务的能力。

1. 主动推进政社分开

上海市首先从行业协会领域迈开"政社分开"的步伐。2002年以来，上海市先后出台了《上海市促进行业协会发展规定》、《上海市行业协会暂行办法》、《关于本市促进行业协会发展的指导意见》、《关于本市进一步支持行业协会商会加快改革和发展的实施意见》等政策法规，提出坚持市场化原则和"政会分开、自主办会、有效监管"的改革方向，打破行业协会与政府的依存关系，从职能、机构、人员、财务等方面将行业协会与政府部门、企事业单位彻底分开，保障行业协会依法独立自主开展活动。上海各区县也积极推进政社分开工作。例如，闵行区2007年印发了《关于闵行区社会团体与党政机关逐步分离的试行意见》，成立了分离改革工作领导小组，按照"政府主导、民政牵头、试点先行、分类推进"的工作思路和"先分离、后规范、再保障"的工作原则，稳步推进分离改革。

2. 加快政府职能转移

政府职能部门积极探索转变职能，将可由社会组织承担的具体社会事务、微观经济调节职能以及专业服务职能归还、转移或委托给具有相应能力的社会组织承担。上海市购买社会组织服务最早可追溯至20世纪90年代的罗山市民会馆案例，如今政府购买社会组织服务在上海推进政府职能转移的背景下得到普遍推广和进一步规范化，购买服务的范围已发展到市、区县和街镇三级社会管理和公共服务各领域，年资金量数亿元。[①] 浦东新区要求各职能部门对承担的社会管理和公共服务职能进行梳理，加大政府职能转移力度，对由社会组织承接的事项实行费随事转。同时，出台了《浦东新区关于政府购买公共服务的实施意见（试行）》、《关于促进浦东新区民间组织发展的若干意见》等文件，建立了以项目为导向的政府购买服务机制，政府各职能部门将购买社会组织公共服务的资金，列入部门年度预算，实行对委托方和承接方的双向评估，做到合作前有资质审查、合作中有跟踪调查、合作后有绩效评估，逐步实现"购买服务成果契约化、合作方式多元化、依法管理与自律诚信规范化"的目标。静安区出台了《关于静安区社会组织承接政府购买（新增）公共服务项目资质的规定》，具体规定了社会组织承接政府公共服务项目的条件，并规定由静安区社会组织联合会作为政府购买社会组织公共服务的第三方机构，在承接项目前组织有关专家对社会组织的资质、能力、信誉、业绩等进行评估，在项目实施过程中会同有关部门进行全程跟踪和监督，在项目完成后进行绩效评估和资金使用状况的审计。静安区财政局、民政局还制发了政府购买社会组织服务文本，以规范政府购买服务。

3. 搭建新型政社合作平台

为实现政府与社会组织的及时沟通、良性互动，上海市创造出了市民中心、民间组织服务中心和街道社会组织联合会等政府与社会组织合作的新型工作平台。浦东新区政府投资兴建市民中心，由浦东新区社会工作协会运作和管理，免费提供给市民和社会组织使用。有关职能部门和社会组织积极利用市民中心开展各种征询意见和服务活动。普陀区以民间组织服

[①] 战建华：《我国社会组织管理体制改革的实践分析——基于北京、上海、深圳等地社会组织体制改革的思考》，《学会》2009年第7期。

务中心为载体,承接区、街道两级政府转移的职能,为基层社会组织服务,对社区群众团体实行备案管理,对志愿者提供管理和服务。这一合作模式为社会组织提供了惠及百姓的服务平台、整合资源的合作平台、购买服务的承载平台,缓解了社区管理成本较高、效率较低以及社区服务难以满足群众需求的问题。静安区在区、街道两级成立社会组织联合会,建立"1+5+X"政社合作平台。"1"是指在区层面,"5"是指在5个街道,"X"是指在教育、劳动保障等系统分别成立社会组织联合会。每个联合会都设党支部,将支部建在社会组织上。街道内的社会组织都是社会组织联合会的会员,基层的社情民意通过社会组织传递给政府,政府的方针政策通过社会组织传达到基层群众,很好地发挥了社会组织的桥梁纽带作用。[①]新型政社合作平台的建立为促进政府与社会组织合作、交流,充分发挥社会组织的服务功能,创新公共服务和社会管理模式创造了更为便利的条件。

4. 建立"公益孵化基地"

上海浦东新区在政府主管部门支持下成立了民办非企业单位性质的上海浦东非营利组织发展中心。2007年,在中心内建立了浦东公益服务园,为初创阶段的公益组织提供场地设备、能力建设、注册协助和小额补贴等资源,扶助这些公益组织逐渐成长。中心在选择扶持对象时依据申报对象的社会影响、运作模式、组织架构以及与应孵化对象契合程度四个方面的指标进行评估,符合要求的组织可以接受孵化。整个孵化过程包括接受申请、模式评估、入壳、提供扶持、表现评估、出壳、跟踪辅助等流程。孵化期一般为一年,期满后根据需要还可延长半年。自2004年开始相关探索以来,又成立了上海市社会创新孵化园等孵化基地,使上海成为国内公益创业最旺盛的地方。

5. 拓展登记管理工作的内容

上海市积极探索涉外社会组织登记试点工作,努力将更多符合登记条件的涉外社会组织纳入登记管理范畴,促进其规范发展。此外,为了解决基层群众活动团队有序发展的问题,上海市探索建立备案制度。2002年颁布了《关于进一步推进本市民间组织参与社区建设和管理的意见》,提

---

① 国家民间组织调研组:《上海市社会组织建设改革创新调研报告》,《社团管理研究》2009年第6期。

出积极探索社区群众活动团队的备案制度。2007年,上海市政府颁布《关于完善社区服务促进社区建设实施意见》,明确提出对社区群众活动团队实行备案管理,加强指导,给予经费、场地等支持,并提供活动便利。备案工作使得大量活跃于社区、为基层百姓所需要但又不符合登记条件基层群众活动团队纳入社会组织建设和管理整体范畴,提高了这类组织的规范化程度。

6. 开展社会组织规范化评估

作为全国社会组织评估体系试点城市,上海市在行业协会、社会福利和教育领域的基金会、部分领域和区县的民办非企业单位中开展规范化建设评估试点。评估针对部分社会组织存在的组织机构不健全、内部治理不完善、组织行为不规范、社会公信力不高等问题,设置相应的评估指标,制定公开、公平、公正的评估制度,建立组织健全、程序完备、操作规范、运转协调的评估工作机制,引导各类社会组织加强自身建设,提高自律性和诚信度。政府有关部门将社会组织规范化评估的结果作为社会组织是否可以承接政府职能的一个重要依据,将规范管理和培育扶持有机地联系了起来。通过评估改进了监管方式,提高了社会组织规范化水平,同时也培育了社会组织的优秀品牌,扩大了社会组织的社会影响力。

(二)北京社会组织管理体制创新借鉴

北京市社会组织管理体制的创新是在社会建设的总体布局下由党委统一领导、综合协调和强力推进的。其一,与国内多数地区以民政部门牵头协调的改革不同,北京市专门组建了党政联动、合署办公的社会工作委员会(社会建设工作办公室)作为改革的推进机构,这一机构设置更为有力,加强了改革措施的落实力度。其二,北京市取消了工商经济、公益慈善、社会福利、社会服务四类社会组织的业务主管单位,尝试社会组织统一直接登记。其三,建构"枢纽型"社会组织工作体系,以工青妇等人民团体和其他枢纽型社会组织为抓手全方位促进社会组织登记管理、能力建设和资源分配。该体系下,枢纽型社会组织替代行政部门承担业务主管单位职能,并作为公共服务购买平台引导政府资源向社会组织流动,可视为结合人民团体功能转变而进行的"以社管社"新路径探索。这里着重对北京市通过枢纽型社会组织建设探索"以社管社"的经验进行介绍。

2008年9月,北京市社会建设大会上颁布了社会建设"1+4"系列文件，① 提出构建"枢纽型"社会组织工作体系的新思路，并于 2009 年 3 月颁布《关于构建市级"枢纽型"社会组织工作体系的暂行办法》，被誉为地方社会组织管理体制创新的重要举措，在全国产生了一定的影响。枢纽型社会组织被具体界定为：由负责社会建设的有关部门认定，在对同类别、同性质、同领域社会组织的发展、服务、管理工作中，在政治上发挥桥梁纽带作用、在业务上处于龙头地位、在管理上承担业务主管职能的联合性社会组织。北京将枢纽型社会组织具体落实到实践当中是从 2009 年开始的，在认定了首批 10 家市级"枢纽型"社会组织后，又在 2010 年、2011 年分别认定了 12 家、5 家市级枢纽型社会组织。这 27 家市级枢纽型社会组织对市级社会组织的服务管理工作覆盖率达到了 85% 以上。截至 2012 年 10 月，已经有 24000 多家各类社会组织与枢纽型社会组织建立了联系。

枢纽型社会组织建设最为直接或显现的功能是对国内社会组织"双重管理体制"的突破。此举的实践价值主要在于：其一，有助于从政府直接管理社会组织向社会自主管理的转变。在形式上，枢纽型社会组织区别于一般的政府部门，其最终落脚点还是社会组织，而并非权力部门。行政部门作为主管机关的淡化利于开启政社分开与社会组织自我管理的方向。枢纽型社会组织被赋予业务主管单位职责，一方面可以破解新设立社会组织找不到业务主管单位的制度瓶颈，另一方面也有利于应对一些主管单位负担过重或管理不到位等问题，对本系统或本领域社会组织发展也能起规范和引领作用。其二，有助于社会组织更多更好地获取政府的服务性支持。联合性枢纽型社会组织可以有效发挥同类社会组织的整体合力，积极反映诉求、参与政府决策、协调利益关系，促进政府与社会组织交流合作。经由政府权威部门认定的枢纽型组织容易获取政府信任，易于体制内资源的整合，获取政府更多的扶持与资助，特别是作为特殊法人团体的人民团体，具有组织完备，政治可靠，领导力、组织力、活动力和社会公信力强的突出特点，在资源整合方面具有一定的优势和实力。其三，有助于提高社会组织间的资源共享和归属感，增进社会组织间的互动交流，同时

---

① 《北京市加强社会建设实施纲要》和《关于进一步加强和改进社会领域党建工作的意见》、《关于加快推进社会组织改革与发展的意见》、《北京市社区管理办法（试行）》、《北京市社区工作者管理办法（试行）》等系列文件，简称为社会建设"1+4"系列文件。

也便于使同领域的公共资源得以集中共享，有利于对资源进行合理规划和有效配置，避免了重复投入与建设。

（三）杭州社会组织管理体制创新借鉴

在深入贯彻科学发展观的基础上，在浙江省委"创业富民、创新强省"推动浙江发展的总战略指引下，杭州市地方政府在诱致性和强制性制度变迁中开始地方治理的创新行动，创新出"社会复合主体"。所谓"社会复合主体"，就是以事业发展、项目带动为立足点，积极鼓励和推进党政界、知识界、行业界、媒体界等社会主体之间的互动，形成多方参与、主要以协商方式解决所面临问题的合作形式。它是社会运行和社会组织结构的重大创新，是经济运行方式和社会创业机制的创新，是政府职能转变和社会治理的创新，也是共建共享和民主参与的创新。[①] 从社会性功能上看，"社会复合主体"最主要的特征就是"复合"，是党政界、企业界、科研界、媒体界、知识界不同组织的复合。这种主体是充满活力的创业主体，是创业的生力军。

按照盛世豪等学者的界定，[②] 杭州的"社会复合主体"是一种"混合型社会组织"，即在政府部门的主导下，为了某一特殊设定的目标，政府与社会各界（如产业界、财经界、知识界、新闻媒介、行业协会与社会中介组织等）中的几种或多种联合组成并共同作用的一种社会性组织。他认为，由于该类组织具有有效整合多种资源的组织机制以及促进社会效益和经济效益的双重功效，因而在众多方面鲜明地区别于政府组织、营利组织以及第三部门，具有目标或任务导向、资源整合、职能融合、机制灵活、制度柔性等特点。由于这种混合型社会组织形态的公私部门之间的合作伙伴关系，该类组织所具有的经济基础（框架）属性和组织社会经济生活职能，便得到了非常清晰且完美的体现——政府良好地履行了自身的职责，有效率且有效益地满足社会公共需求、维护社会公共福利；同时尽可能地不破坏市场机制，不干扰市场主体成长，在公私结合点上为重点领域的开拓铺垫基础框架、统驭发展秩序与有效性、组织并助推经济生活；

---

① 中共杭州市委调研组：《和谐社会主体建设的新模式——关于杭州市培育社会复合主体的调查》，《光明日报》2009 年 7 月 2 日。
② 盛世豪等：《混合型社会组织的内涵及绩效分析》，《中共浙江省委党校学报》2008 年第 4 期。

又可以推动相应市场的形成与发育、促进社会经济实体的发展，进而促进其成长性与竞争性。因此，这种非常态组织在社会经济生活中有着非常态的功效。从杭州市既有案例来看，根据是否政府主导、是否常设等基本特征，可以把混合型社会组织分为行业促进型、项目推进型、战略合作型与民办公益型四种类型（见表3—4）。

表3—4　　　　　　　　杭州市混合型社会组织的主要类型

类型 特点	行业促进型	项目推进型	战略合作型	民办公益型
组织性质	政府非常设机构	常设事业单位	半官半民的研究组织	开展经营的民非组织
资金来源	财政拨款	财政拨款、民间投资、市场筹款	财政拨款	财政拨款、捐赠、经营销售
人员配备	兼职	专兼职混合	兼职和个别专职	专职和志愿者
运行机制	政府引导、社会参与	政府、市场、社会联手运作	政府与知识界合作共谋	志愿与市场合作

一是行业促进类型。这类组织并非专设机构，但以政府为主导，通过整合政府部门、企业界、知识界、媒体界等多种资源，促进行业内各主体基于产业链的跨领域合作，特别是促进文化与经济的融合，从而推动行业联动、快速发展。比如，杭州市"弘扬丝绸之府、打造女装之都"战略合作促进委员会、杭州市"倡导茶为国饮、打造杭为茶都"战略合作促进委员会、杭州市动漫游戏产业发展领导小组、杭州市数字电视产业发展领导小组等，通过把政府、企业、高校、研究机构等行业内的相关主体组织起来，将个体之间分散、零星的合作转化为组织内部经常性、规范化的合作。

二是项目推进类型。即具有政府委托的协调管理职能和市场经营职能的专门机构，负责对城市整体发展具有重大意义、社会效益显著的项目建设，实现社会效益与经济效益的统一。从广义上理解，这类组织不仅包括工程项目建设组织，如京杭运河（杭州段）综合整治与保护开发指挥部等，也包括产业发展项目组织，如西博办（西湖博览会办公室）、西泠印社社委会等，还包括了区块开发项目组织如钱江新城建设管委会（指挥部）等。

三是战略合作类型。如杭州市与浙江大学的战略合作、杭州市发展研究会等，通过以合作组织的形式，建立党委、政府与作为城市战略资源的知识主体合作的框架与机制，促进党政部门与知识界联动，发挥这些知识主体在城市发展战略制定、知识引领、文化创业、创新推动等方面的独特作用，实现共荣共兴。

四是民办公益类型。这类组织往往是自下而上、由民间主体设立、政府相应政策扶持、承担社会公益职能的组织。如天日艺校、张铭音乐图书馆和以天石微雕艺术馆为代表的民办博物馆等文化机构。通过社会力量或个人筹建，专门从事某一领域的文化公益事业，为社会提供特定的公共产品，发挥社会效益，同时，经济上不依靠政府，实现自我运作。

目前，杭州市政府对"社会复合主体"的管理是扶植和分权两方面。扶植就是对"社会复合主体"的管理实行宽松的政策，先组织起来运转，再一步步规范。由于我国社会的自主治理能力很弱，缺乏社会自主治理的主体，政府简政放权又面临着现实的障碍。在民间自发产生社会组织的基础和传统缺乏的情况下，培育社会复合主体、由政府推动来发展社会自治主体是一条可行的途径，对于促进经济社会协调发展具有重要意义。但由于社会还缺少具有较强社会公信力、能独立自主承担社会责任的主体，所以这种转移应是一个渐进的过程，一开始政府一定要介入扶持，否则就会出现"一放就乱"的局面，应"先扶上马再送一程"。在这种情况下，构建社会复合主体，利用政府的公信力和延伸服务，对于保证社会发展的公平与秩序具有重要意义。在地方治理中分权就是和政府机构改革及职能转变相关联，形成或聚集解决公共性问题的功能性社会网络。这个网络吸收相关利益人参与公共政策过程，解决社会公共问题，培育社会自我管理、自我协调能力。杭州地方政府对"社会复合主体"的分权就是通过新设机构，如行业管理协会、项目推进组织、合作联盟等，使其承接一些过去由政府掌握的公共职能，更好地发挥新机构的灵活性、效率、创新精神及责任感。

杭州虽然是"社会复合主体"的提出者和率先实施者，但从目前探索的状况看，它们却仅仅是初步的雏形。概括起来讲，杭州现存的"社会复合主体"基本上处于一个自然和自发的状态，而并没有进入一个自组和自为的状态。与社会变迁的巨大需求相比,现在杭州的趋于公共组织的"社会复合主体"有两种基本的"两极化"表现形式和形态:一种是完全由政府倡导和主导的,呈现官民两重性特征。通过挂靠某政府部门获得法定地位与保障,其生存与发展受政府调控。另一种则是社会自发的、草根的,完全由民间自发和自组的。在严格准入条件下与政府管制下,不能进行民政注册登记,只能以半公开或地下形式开展活动,处在法律政策调节规范的视角之外。而比较完备的沟通政府和社会的处于中间状态的"社会复合主体"则还是很少,还不能构成一个整体的"第三部门",尤其是与社会的需要和需求极其不相适应。总之,由于现有指导社会复合主体发展的制度缺乏,导致现存的社会复合主体的发展处在有序与无序之间。

(四) 其他省市社会组织管理体制创新借鉴

广东省在行业协会领域的改革备受关注,主要特色包括:其一,从行业协会改革入手最早突破双重审批的登记管理体制。2005年年底出台的《广东省行业协会条例》将行业协会业务主管单位改为业务指导单位,取消业务指导单位对行业协会成立前置审批的条款设置,预示行业协会可直接向登记管理机关申请筹备成立。2009年年底,这一创新被推进到异地商会、公益性社会组织和经济类社会组织。其二,率先突破行业协会、商会"一业一会"限制。2006年即确认"坚持鼓励行业协会做大做强的同时,适当引入公平竞争机制"。其三,创新社会组织党建管理体制。依托民政部门成立社会组织党工委,负责领导全省性行业协会及无业务主管单位社会组织的党建工作。

深圳的探索全面、系统,涉及社会组织登记、培育发展、配套扶持、监管等一系列政策。特点包括:一是理念先导,提出"公民社会,共同成长"战略口号,改革方向明确。二是小步快走、稳步推进,从局部突破到全面铺开,降低了改革阻力。深圳先于2004年成立行业协会服务署,统一行使行业协会业务主管单位职责,推动行业协会与原业务主管单位脱钩;再于2006年将行业协会服务署与市民间组织管理办公室合并,组建市民间组织管理局,迅速实现行业协会无业务主管单位的直接登记;2008年又进一步将直接登记适用范围扩大至工商经济、社会福利、公益慈善三类社会组织。三是提出"增量"改革概念,渐进推动公共服务社会化。

即将政府购买社会组织服务与事业单位改革结合,对新增的公共服务需求,只要社会组织能提供就不再设立新的事业单位。四是推动社会组织参政议政,积极在人大、政协设立新界别,发挥社会组织反映诉求的功能。五是最早明确社会组织管理各主体的责权,提出综合协调监管。

此外,云南省于2009年年底颁布《规范境外非政府组织活动暂行规定》,通过"组织身份备案"、"项目合作备案"等方式正式将境外非政府组织纳入政府管理视野,局部突破境外非政府组织长期无法可依的现状。南京市率先于2006年出台《基层民间组织备案管理暂行办法》,全面推行社区社会组织备案制,使得大量活跃于社区为基层群众服务但又不具备法人条件的社会组织取得合法地位。新疆、安徽等地推进异地商会改革,把异地商会登记权限下放到地市级和县级,降低异地商会的登记门槛。

各地通过相互学习及上下沟通,改革探索日趋全面,并呈现出一些共同的取向,可概括为:其一,从管理目的上看,从以管为主向以发展和服务为主转变,管理内容在扶持社会组织发展方面有较大拓展;其二,从管理理念上看,从入口管理向行为管理转变,即在适当放开社会组织准入的同时对其日常行为加强监督;其三,从管理主体上看,从登记管理机关和业务主管单位的双重管理向统一登记、各司其职、协调配合的综合监管转变,并强化社会监督和组织自律;其四,管理对象范围扩大,纳入社区社会组织和境外在华非政府组织;其五,从管理策略上看,从单一高门槛管理向多门槛管理转变,即通过登记、备案等多种方式为不同类别和层次的社会组织提供了更多获得合法地位的选择。

六 舟山群岛新区社会组织管理体制创新思路与建议——构建以"分—合"为主线的社会组织管理体制

2012年,在推进舟山群岛新区建设的大背景下,舟山市结合社会组织发展的实际情况,由中共舟山市委办公室、舟山市人民政府办公室下发了《关于加强和创新社会组织发展的意见》(舟委办〔2012〕77号),由此拉开了浙江舟山群岛新区社会组织管理体制改革创新的大幕。

近年来,舟山群岛新区社会组织管理体制的改革创新已经取得了初步成效,为下一步改革奠定了基础、提供了经验。一是完善政府购买公共服务机制。按照"费随事转"的原则,将政府转移的事项由社会组织有偿承接;按照"谁委托、谁付费、谁管理"的原则,加强对政府购买服务工作的管理。二是建立社会组织培育孵化基地。不断推进社会组织服务平台建设,建成市和县(区)的社会组织服务中心,建立集专业培训、组织孵化、公益创投、宣传推介和管理咨询等于一体的综合性培育和服务场所,建立社会组织信息服务系统。社会组织服务平台由办证中心民政窗口、民间组织管理局、社会组织服务中心、社会组织促进会、社会组织综合党组织组成,按照"登记有窗口、监管有民管、服务有中心、协调有协会、引领有党建"的分工职能实现"五位一体"的服务目标。三是完善财政投入机制。各级财政为社会组织的培育和发展提供了必要的资金支持。建立政府资助社会组织的制度,对社会组织教育培训、交流合作、基地建设、调研宣传等给予适当经费补贴。四是落实税收优惠政策。落实社会组织所得税减免政策,对符合条件的非营利社会组织,从事公益性或非营利性活动所取得的收入,免征企业所得税。落实社会组织营业税优惠政策,对社会组织从事育养服务、教育劳务、医疗服务等项目所取得的收入免征营业税。五是推进社会组织规范化评估工作。成立由王文涛、夏燮明、程继红、韩伟表、郑剑锋、洪晓明等专家组成的社会组织评估委员会,几年来对全市49家社会组织予以规范化评估,共评出5A级8家,4A级34家,3A级7家。六是社会组织自身建设得到新发展。如舟山市装饰装修协会在理事选举过程中,创造性地开展了理事候选人自荐的办法,公开公示一周并实行差额选举;舟山市出口水产行业协会丰富与会员之间沟通交流的手段,该协会有网站、每半月一期的信息期刊,以及不定期的《内部通报》、《会员反映》、行业《预警信息》等。七是坚持党建引领。市、县、乡三级社会组织促进会的成立为社会组织党建体系的构建建立了基础。市和各县(区)民政部门和六横功能区依托促进会成立了社会组织综合党支部,在乡镇一级,普陀区沈家门、东港、朱家尖、勾山等各城市街道分别建立了促进会和党组织,定海区则在白泉镇、马岙镇建立了促进会和党组织。通过促进会这一党建体系,3年来已有662家社会组织建立了党组织。普陀区创造性地在促进会建立了党委,由该区两新工委书记任党委书记,根据社会组织组成类别分成文体类、党群类、渔业类等8个党总支。八是组织社会组织学习考察。为进一步促进舟山群岛新区社会组织健康发展,由舟山市民政局陈军民副局长率领市、县(区)社会组织促进会和会员单位等有关人员，专程赴山东、西安、郑州和浙江温州、宁波、丽水、衢州等地学习考察社会组织参与社会管理的做法和经验。九是组织社会组织进行培训交流。2010年至今，受舟山市民政局委托，舟山市社会组织促进会承办了3期社会组织秘书长培训班，有600多人次得到培训。2013年培训首次与浙江海洋学院继续教育学院联合举办，既有"十八大"精神、《舟山群岛新区发展规划》讲解，也有舟山群岛新区社会组织现状分析和前景展望，市义工联、昌国街道夕阳红老年书画摄影协会、岱山县慈善总会等分别做了经验交流，近150位社会组织秘书长或负责人参加了培训。

在日前发布的《舟山群岛新区加强和创新社会管理三年行动计划（讨论稿）》中进一步提出："加强社会组织培育和管理。在推进建设县（区）级社会组织服务平台的基础上，实行社会组织培育'孵化'实体化、项目化运作，充分挖掘地方性社会组织资源，重点培育慈善公益类、基层服务类、行业组织类社会组织。充分发挥社工在社会管理中的作用，不断加强社区志愿者工作站建设，探索建立多层次、广覆盖、长效化的社区志愿服务机制。通过'公益项目创投大赛'，引入市外NGO组织，借鉴嵊泗县建设'美丽海岛·乐和渔村'项目模式，不断积累政府购买社会组织服务经验。积极推进在新兴社会组织中发展建立党组织工作，加强党对社会组织的领导。强化对社会组织的依法监管力度，建立健全社会组织自律机制，探索建立'枢纽型'服务管理模式，进一步促进社会组织规范从业行为，承担社会责任，提高自律性和诚信度。到2015年，社会组织登记（备案）率达90%以上，每万人拥有社会组织7家，'两新组织'党组织组建率达80%以上。"课题组认为，为了实现上述目标要求，下一步舟山群岛新区社会组织管理体制改革创新的实践，应以"推进政社分开"和"构建新型政社合作机制"为主线，坚持培育发展与监督管理并重、依法规范与组织自律并重、统筹布局和分类指导并重，不断优化社会组织发展环境，使社会组织在舟山群岛新区建设中发挥更加显著的积极作用。

（一）充分认识新区社会组织管理体制改革"先行先试"的意蕴

当地方政府创新百花齐放而非个别现象时，其影响就具有放大效应而不限于一地，社会组织管理体制的地方创新正是如此。尽管我国社会组织管理体制改革从"国家与社会"的二分视角来看更像是一个主动的制度变迁过程,但深入"国家"内部,却可以看到一种体制内的、自下而上的改革推动力量。笔者认为,地方政府和相关部门的主动创新无论对全国层面的改革还是舟山群岛新区的建设发展都能够产生巨大的推动作用,"一把手"可以从三个层面的意义上理解这种推动机制和"附加"价值。

1. 改革预期的"包围"

多个地方同时进行的创新形成竞争氛围,再加上中央相关部门对地方创新的支持或默许,各地已经对社会组织管理体制改革形成比较稳定的预期。这种地方预期在两方面对中央发生作用:一是给中央层面的改革带来压力,即中央的改革步伐在形势上不能太落后,更为直接的是地方的一些创新与现有法规相冲突,中央必须加快法规修订和立法进程以肯定地方的做法并保护法律的严肃性;二是地方的预期和认同增加了中央改革的合理性并利于后期改革措施的落实,是"改革时机成熟"的重要条件。

2. 改革意志的"传递"

原本关注社会组织管理体制改革的中央相关部门并非强势部门,不受特别关注,却在有意无意间通过以下过程实现全国层面改革的推进:①地方相关部门关注、中央部门鼓励的社会组织管理体制创新逐渐受到地方党政领导人的关注并上升到战略层面,得到大力推动;②中央部门支持地方政府创新,为地方创造条件;③地方政府创新得以持续并扩大影响,并在社会建设、社会管理创新等政治话语下引起中央党政领导和其他部门的关注;④中央党政领导和其他部门开始关注、鼓励和支持改革。这一过程可以被看作一个意志传递的过程。另一方面,中央社会组织管理体制改革的"政策之窗"已打开,其中关键的备选政策正是由地方创新检验和提供。从目前的立法进展来看,有望出台的新政策中很多要素都来自地方创新实践。如民政部部长李立国表示,"民政部将借鉴和推广北京经验,进一步加大社会组织登记的范围,公益慈善类、社会福利类、社会服务类三类社会组织今后将有望直接登记,不用受限于现在的双重管理体制"。[①] 此外,取消"一业一会"限制、境外非政府组织的注册登记、建立综合监管体系等地方经验也有可能在条例修订中得到反映。因此,舟山群岛新区的社

---

① 陈荞:《民政部:公益慈善类等 3 类社会组织有望直接登记》(http://news.sina.com.cn/c/2011-05-24/014022516251.shtml)。

会组织管理体制创新要真正发挥"先行先试"的政策,为上级政府在这方面的改革供给备选方案。

3. 新区效应的"放大"

在全面推进舟山群岛新区建设的背景下,社会组织管理的相关部门要找到工作的着力点,用好新区的"放大"效应。这首先是因为,舟山群岛新区的大开发大开放大发展,需要配套的行政体制改革和社会体制改革,其中包括社会组织管理体制的改革与创新。可以说,社会组织管理体制改革是联结"行政体制改革"与"社会体制改革"的一个可操作性的关键环节;而社会组织管理体制的实质性变革需要借助政府的职能转移和社会管理权限的"外放"。另一方面,社会体制改革的根本目的在于如何实现"社会权力"(Social Power)和"社会权利"(Social Right),而社会组织管理体制改革与创新的价值取向也正在于此。但是,令人遗憾的是,《浙江舟山群岛新区发展规划》中虽然有"加强和创新社会管理"一节,但主要是从"综治"、"政法"的角度切入的,未能从"民政如何推动社会建设和社会发展"的视角提出规划设想。因此,民政系统更要强化"发展—主动型"取向,用好新区的"放大"效应,通过社会组织管理体制的改革创新,在新区建设过程中先行先试、有所作为。

(二) 改革的总体目标与基本原则

1. 总体目标

加快政府职能转变,推进政社分开、管办分离,构建自主型社会组织工作体系;加强统筹规划,加大政策扶持,强化服务管理,促进社会组织健康、有序发展;强化党建,完善监督,规范自律,提高社会组织有效参与社会管理的能力。力争到2015年年末建立起与舟山群岛新区经济社会发展相适应的门类齐全、布局合理、结构优化、行为规范、作用明显的社会组织体系,形成充满活力、富有动力、和谐有序的社会组织发展环境;构建科学合理、规范有序、健康高效的社会组织运行机制;建成党委领导、政府管理、社会监督和社会组织自律的社会组织管理格局,促进社会组织在社会管理和社会服务中发挥积极的作用。

2. 基本原则

一是解放思想,先行先试。适应舟山群岛新区经济社会发展的需要,准确把握社会组织发展的定位，学习借鉴其他地区的先进经验，加大社会组织体制机制改革和创新的力度，先行试点，逐步推广，为社会组织的生存发展和发挥作用提供更为广阔的空间。

二是适应需要，服务大局。引导社会组织适应经济社会发展的需要，适应"小政府大社会"改革的需要，适应建设社会主义和谐社会的需要，不断增强服务社会、服务群众、服务基层的作用，推进经济社会的全面、协调、快速发展。

三是突出重点，分类指导。根据社会组织的功能和特点，全面协调，科学调控，合理布局，优化结构，有针对性地制定相关政策，突出重点，分类推进，实现社会组织科学、合理、有序发展。

四是依法管理，规范运作。加强对社会组织依法管理、指导和监督，强化社会组织的自律，规范社会组织行为，推进社会组织法制化、规范化建设。

（三）"选择性支持"的重点领域

通过前面对我国社会组织管理体制改革新动向的分析可知，当前各地政府逐渐从对社会组织"规范"导向的战略思维向"发展"导向的战略思维转变，政府与社会组织的合作关系也由此发生变化，总体上向"战略伙伴型"合作关系变迁。但与此同时，"制度创新"与"路径依赖"并存，"培育发展"与"监督管理"并重，因此其相应的制度创新都是在原有制度框架下的渐进的、有限度的改良，集中体现在政府对原有的社会组织管理体制进行调整，以期对社会组织进行"选择性扶持"和"选择性控制"。换言之，政府放弃"全面控制"和"四面出击"的管理办法，在严格控制特定领域社会组织的基础上，逐渐放松对部分社会组织的规制，并采用多种政策工具，从多个方面重点培育、扶持和激励特定类型的社会组织。舟山群岛新区应当在借鉴上海、北京、深圳、杭州等地社会组织管理体制创新经验的基础上，结合本地实际情况，重点对以下四个领域的社会组织进行重点支持。

1. 行业协会商会

围绕浙江舟山群岛新区建设，结合舟山产业发展特点，浙江舟山群岛新区正在重点培育和发展一批新型行业协会商会，充分发挥它们在发展经济、行业自律、协调关系、规范行为方面的作用，更好地促进新区建设。

2. 公益及慈善类社会组织

目前,浙江舟山群岛新区着力积极发展面向社会公众,具有社会性、保障性和非营利性特点的公益及慈善类社会组织,拓展社会公益及福利事业的资金筹集渠道,充分发挥公益及慈善类社会组织在救助灾害、救济贫困、劳动就业、教育培训、心理咨询、文体事业和公益捐赠等方面的作用。

3. 民办非企业单位

针对目前舟山民办非企业单位发展相对薄弱的问题,新区着力优先发展和培育民办非企业单位,充分发挥民办非企业单位在教育、科技、福利、医疗、慈善和社区服务等领域的作用,推动形成民办社会事业和公办社会事业相互促进、互为补充的格局,努力满足人民群众多样化、多层次的服务需求。

4. 基层社会组织

除了上述三类重点发展的社会组织外,浙江舟山群岛新区还加强以社区(村)为活动范围,以从事体育、文化、老年康复、青少年帮教、妇女保健、社区管理服务、科普宣传等活动为主体,不以营利为目的,满足基层群众不同需求的基层社会组织的培育,大力促进其发展,力求形成政府、基层自治组织和社会组织密切合作的基层社会治理机制,推进和谐社区建设。

(四)以"分—合"为主线推进社会组织管理体制改革

1. 加快推进政社分开步伐

"加快推进政社分开步伐"这一思路事实上已经在《关于加强和创新社会组织发展的意见》(舟委办〔2012〕77号)中得以体现。该意见中明确提出"积极推进社会组织管理体制改革",要求将现行的"民政部门登记管理和政府行政部门业务主管相结合"的社会组织管理体制,改革成为"民政部门登记管理、政府行政部门行业管理、社会监督和社会组织自律相结合"的新型社会组织管理模式,逐步淡化社会组织的业务主管部门职能,强化政府行业部门的行业管理职能,发挥行业部门的政策指导、监督管理作用,为社会组织发展提供良好的服务。对此,课题组进一步提出以下建议:

(1) "推进政社分开"的第一层含义是，按照社会化、专业化的要求，推进社会组织与主管行政部门在职能、机构、人员、资产、财务等方面分开

建议现职公务人员原则上应不再兼任社会组织的领导职务，社会组织秘书长则可以通过聘任或向社会公开招聘等方式产生。社会组织使用的国有资产要明确产权归属，按有关程序划归社会组织使用管理，保持社会组织的中立性和独立性，逐步实现自我管理、自主发展。

(2) "推进政社分开"的第二层含义是，通过建构符合舟山群岛新区实际的"枢纽型"社会组织，探索新时期"以社管社"新路径

在《舟山群岛新区加强和创新社会管理三年行动计划（讨论稿）》中提出，"探索建立'枢纽型'服务管理模式"。课题组认为，这一总体思路是合适的，但目前需要进一步厘清以下两个重要问题。

其一，建构"枢纽型"社会组织工作体系的目标是什么？事实上，当前学界对一些地方已经存在的"枢纽型"社会组织有不少质疑之声，首当其冲的即枢纽型社会组织与政府的边界问题。北京市通过建立枢纽型社会组织搭建一个"以社管社"的组织平台，这种"民管民"方式本身是否具备科学性、合理性和持续性？有学者认为，"按照传统'双重管理体制'，社会组织有'业务主管单位'和'登记管理部门'（民政部门）两个'婆婆'，现在又增加了'枢纽型'社会组织这个管理层级，实际上有了三个'婆婆'。这与增强社会组织独立性的发展方向不一致"[①]。诸如此类的观点反映出一种担忧，即在枢纽型社会组织替代的过程中，是否会出现原来的主管部门不放手、枢纽型组织又插手，从而多了一个层次和一道手续的状况。课题组认为，在中国现实情境下，更多的社会组织需要与政府保持某种新型的互动合作关系，即一方面通过政府的政策支持以提升自身能力，获得组织发展的资源，另一方面，承接政府转移的职能，协助政府为社会提供公共服务，发挥公众与政府的桥梁纽带作用。从这个角度看，北京等地的枢纽型社会组织建设具有积极的实践价值，我们可以把"枢纽型"社会组织建设视作社会转型的前置环节和过渡阶段。但需要注意的是，"新型的政社合作"是以"政社分开"为前提条件的，否则，所

---

① 彭善民：《枢纽型社会组织建设与社会自主管理创新》，《江苏行政学院学报》2012年第1期。

谓的"合作"就成了事实上的"附庸"关系。因此，在这个转型阶段中，"枢纽型"社会组织的主要任务就是培育孵化各类社会组织，不断增强社会组织的独立性、自主性，培育那些能够有效代表功能团体内社会成员利益的中枢组织。其最终指向的应该是"作为主体的社会"的生成。

其二，建构"枢纽型"社会组织工作体系的模式是什么？结合舟山群岛新区的实际情况，课题组建议：对分散在行政部门管理和新设立的社会组织，可以按照工作性质相同和业务类别相近的原则，逐步纳入人民团体和社会组织联合会（促进会）的工作体系，由它们归口进行日常管理。市、县（区）民政部门分别负责管理各自登记注册的社会组织，在乡镇（街道）政府备案的基层社会组织由乡镇（街道）负责管理。在实际操作中，可以借鉴以下模式。备选模式①：按照"属人"方式进行枢纽管理。如前文所述，北京市首批认定的"枢纽型"社会组织包括工、青、妇、残等10家人民团体，这是按照"属人"的方式进行的枢纽管理。同样，广东也将枢纽型社会组织作为群团组织转型的方向。该体系下，枢纽型社会组织替代行政部门承担业务主管单位职能，并作为公共服务购买平台引导政府资源向社会组织流动。备选模式②：按照"属业"方式进行枢纽管理。北京市第二批认定的市工商联、市贸易促进会等12家市级"枢纽型"社会组织，实际上是行业性协会或联合会。这是按照"属业"的方式进行枢纽管理。当前，在社会工作领域内，各地方的"社会工作（者）协会"具有枢纽型社会组织的特性，有些也正扮演着"枢纽"的角色，但尚未被正式认定。备选模式③：按照"属地"的方式进行枢纽管理。如北京市首家社会组织联合会——海淀社会组织联合会，以及上海市静安区在区、街道两级成立的社会组织联合会及在此基础上建立的"1+5+X"政社合作平台。这是按照"属地"的方式进行枢纽管理，具有较强的社会服务性特点。以上三种类型的枢纽型社会组织共同表现出对多个单一组织的支持性管理及服务，与单一的操作型社会组织相比，具有较高的综合管理色彩。

（3）"推进政社分开"的第三层含义是，改革社会组织准入条件和登记办法，探索开展社会组织的直接登记工作，增强社会组织的独立自主性

建议按照"非禁即入、不适则调、宽进严管"的原则，改革社会组织准入条件和登记办法，支持一些社会组织进入市场和服务管理领域。政府部门降低进入门槛、简化登记手续、减少审批环节、缩短登记时限，促

进社会组织发展；积极探索开展社会组织的直接登记工作，特别是对公益及慈善类等重点发展的社会组织实行由民政部门履行登记机关和业务主管机关职能"二合一"，全面推进基层社会组织的登记备案工作。

2. 构建新型政社合作机制

（1）以转变政府职能为前提推进形成"新型政社合作机制"

建议积极推进政府职能转变，将可由社会组织来履行的政府职能，交由社会组织来承担，拓展社会组织服务范围。政府各职能部门对自身承担的政府职能进行全面的梳理和分解，明确政府职能转移的领域，划定可以转移给社会组织承担的职能范围，逐步将能够由社会组织行使的行业管理和协调性职能、社会事务管理和服务性职能、技术服务和市场自律性职能等通过授权、委托或其他适当方式依法转移给具有相应资质的社会组织来承接。政府职能部门加强对承接政府转移职能的社会组织的指导、协调和管理，设立3年指导期，确保政府转移职能的有效履行。

（2）完善政府向社会组织购买公共服务的机制

建议按照"费随事转"的原则，将政府转移的事项由社会组织有偿承接，政府通过购买服务的方式选择社会组织来承接转移事项。按照"谁委托、谁付费、谁管理"的原则，加强对政府购买服务工作的管理。制定规范的政府购买服务操作办法，采用公开招标、协议购买、项目资助和定向委托等办法，确保政府购买服务工作的合法性、合理性和合规性。

a. 针对政府的建议

建议①：提高意识、完善制度，构建政府购买社会组织服务的政策体系。一是要向上呼吁对《政府采购法》相关内容进行补充修改，以立法形式确立政府购买社会组织公共服务，并出台政府购买社会组织公共服务工作指导意见，明确政府购买社会组织公共服务项目范围、工作职责、工作程序、社会组织的资质、购买方式。二是要明确将政府购买社会组织公益服务资金纳入财政预算，实行预算式管理，政府财政要拿出专门资金购买社会组织公益服务项目。要制定相关政策，将购买社会组织公共服务纳入政府财政预算，形成制度，实行预算式管理，使政府购买社会组织公共服务制度化、常态化。三是要尽快编制"三个目录"，即编制政府转移职能目录、购买服务目录以及具备政府转移职能和购买服务的社会组织目录。四是要完善相关制度，加强监督管理。政府购买社会组织公共服务是一项系统性工程，必须制定完善的制度和监管措施，做到有章可循，照章办事。应尽快制定《政府购买社会组织公益服务项目考核管理办法》和《政府购买社会组织公共服务合同文本》，组建项目评审专家委员会，选定第三方社会组织评估机构，对项目进行全程指导监督。

建议②：实现分类多元管理，确定政府购买社会组织公共服务的范围。政府应采取多元化方式，鼓励社会组织的发展。在宪法的范围内确保公民的"自由结社"的权利，对于社会组织存在方式，建议政府可以采取分类管理的形式；例如：采用行业许可、政府登记、地方备案、任意组织四种方式管理。社会组织需要公开募捐，政府应明确作为行业许可的要求；社会组织需要税收方面的优惠，国家应采用政府登记的办法；如果社会组织仅就作为项目执行和社区服务，可以采用地方政府或者社区备案的方法。如果仅仅是公民本身自娱自乐和兴趣组织，可以采取不用登记，可称之为任意组织或者任意团体的方式。明确政府、企业和社会组织各自的职能，落实社团、基金会和民非的法人治理。以政府行政命令的方式，彻底解决党社、政社、企社和事社不分的现象，弱化行政化倾向，还公益慈善权利于民间。当然，目前可以采取过渡的办法，真正实现党社分开、政社分开、企社分开和事社分开的目标，从治理层面、资产层面和人员管理层面彻底地剥离开，与当年解决中央部委与企业、高校剥离的做法一样。近年来，在各国公共管理实践中，大多数准公共服务，乃至某些传统意义上的典型纯公共服务都纳入了政府购买公共服务和市场化"外包"的范畴。例如英国的公共服务行业，如环境保护、医疗、社会保障等领域被认为是建立在合同制基础之上的，甚至在监狱管理等国家传统的基本职能领域，合同化外包也占有相当的比重。对于我国公共服务采购的具体内容，在财政部编写的《中华人民共和国政府采购法辅导读本》中指出，"采购人采购的服务主要包括专业服务、技术服务、信息服务、课题服务、运输、维修、培训、劳力等"。借鉴这一思路，可以在政府主导之下，结合实际，要求各部门克服包揽社会事务的惯性，认真梳理自身的职责任务，将那些能够交给社会组织来做而且能够做好的公共服务项目拿出来，纳入政府购买公共服务的范畴，交由社会组织来做。

建议③：改革社会组织管理体制，铺平政府购买其公共服务道路。政府的行业管理，改九龙治水为一龙治水，实现统一的一个政府部门的单一管理。类似英国国家水平的慈善委员会的方式，统一管理，这样的机构可以成为政府社会组织事业的行业管理部门，也包括税收和免税管理，购买社会组织服务等内容。其他相关事务应采取依法办事的原则，不宜部门太多太杂，这样来全面地推动社会组织的健康发展。

建议④：健全监督制度，营造购买社会组织公共服务的良好环境。政府应加强监督并且鼓励社会监督。如果公益慈善组织获得政府的税收优惠，公益慈善组织需要透明和公开披露机构的运作，治理和财务等信息，这样有利于政府的监督和管理。同时，应鼓励社会监督，这包括捐赠人、受益人和媒体以及公众的监督。应引导媒体既当好宣传员，也当好监督员，真正发挥媒体监督的作用。宣传运作良好的机构和项目，披露违法行为的机构和项目。

建议⑤：建设服务平台，畅通社会组织参与渠道。应建设社会组织服务民生资源配置信息管理系统和社会组织信用信息管理系统。资源配置管理系统，将政府、社会资源进行合理配置、有效对接，使政府和社会资源效益最大化。社会组织信用信息管理系统全面收集全市社会组织的自身建设、能力建设、信用等数据，对社会组织进行全方位的评价评估，作为其参与政府购买社会组织公共服务的重要依据。通过两个信息系统，搭建服务平台，进一步畅通社会组织参与政府购买社会组织公共服务渠道。

建议⑥：加大培育扶持力度，促进社会组织健康发展。通过政府购买社会组织公共服务、落实社会组织税收减免政策等培育社会组织的行政措施，重点培育发展公益性、服务性社会组织。从行业协会改革入手，推动政社分开，拓展社会组织的发展空间。通过这些措施的综合运用，逐渐建立布局合理、结构优化、功能健全、作用到位的社会组织体系，增强社会组织参与服务民生行动和提供公共服务的能力，有力地推动社会组织参与公共服务工作的深入开展。

b. 针对社会组织的建议

建议①：社会组织应健全治理结构，建立信息公开制度，增强内外治理能力和社会公信力。作为社会组织的优势是社会协同和公众参与，但是如何协调好，并不是那样简单，政府、企业、学界、媒体和社会组织本身都有责任来共同治理和协同；因此，社会组织需要不断地实践和创新，关注组织间合作基础上的创新能力。[①] 社会组织应该是大有作为的时候。当

[①] 全永波：《基于新区域主义视角的区域合作治理探析》，《中国行政管理》2012年第4期。

前，舟山群岛新区社会组织总体上欠缺完善的治理结构，三五人管理组织的现象非常普遍，民主机制和监督机制都有待健全；社会组织的外部治理能力也相对较弱，大部分组织缺少参与公共服务提供的实践经验。因此，在大力促进社会组织的发展过程中，应从健全社会组织的内部治理结构和鼓励其参与公共事务管理两个方面着手，提升社会组织的内外治理能力，提高社会组织的专业化能力和政府决算方式协调的财会能力，尤其应着重建设社会组织的民主决策机制、内外结合的监督机制以及信息公开机制。

建议②：建立社会组织行业自律联盟组织。社会组织的行业协会是推动同类型、同领域的社会组织的行业自治和自我管理的基础。行业组织需要从道德层面和行业规范两个视角考虑。道德层面的研究是非常重要的内容，是从事本行业的基本要求，也是引领行业发展的基本责任；行业规范是目前社会组织比较缺乏的要素，例如：社会组织与企业合作的基本原则，行业的技术规范同样特别重要。

建议③：建立完善的社会组织的治理结构。社会组织的治理内容包括社会组织的法人责任、社会组织的理事会的责任和义务，理事成员的基本责任和回避制度、理事文化与组织文化的融合、理事参与组织管理的界限和范围。治理结构的改变和创新，尤其是理事的推荐制度与责任之间的关联问题，包括社会组织的政府业务主管部门。

建议④：社会组织应加强自身能力建设。吸引一批专业人员与行业管理人员进入社会组织。培养和锻炼可以开展公共服务的人员队伍，实现职业化、专业化，并赢得广大观众参与。社会组织的人才问题是社会组织发展的瓶颈，人才队伍的建设需要与大学、研究机构合作，与国际组织和机构合作，人才建设需要从实际出发，包括考虑提高社会组织人员工资、提高员工的社会地位、解决员工的基本社会保险和福利问题、拓展员工独立施展才能的空间和增加他们实践的机会，提高员工的专业服务水平和倡导能力等。形成员工职业化、管理规范化和发展国际化的员工发展机制。社会组织能力建设包括：组织的基本制度的完善、组织与政府、企业、研究机构和媒体等不同利益相关者的交流和互动能力、应对危机的能力、筹资能力、项目执行能力、公众动员能力、志愿者协同能力等，而社会组织的专业化是提升社会组织能力建设的关键。

（3）构建平台，出台政策，鼓励和支持社会组织的发展

一是要加快建设社会组织培育孵化基地。加快推进社会组织服务平台

建设，建设市和县（区）的社会组织服务中心，建立集专业培训、组织孵化、公益创投、宣传推介和管理咨询等于一体的综合性培育和服务场所，推进社会组织与社会组织、社会组织与社会成员、社会组织与政府部门的广泛交流和合作。同时，建立社会组织信息服务系统，为社会组织提供信息采集、发布、交流等公共信息服务，搭建社会组织信息服务平台。目前，"五位一体"社会组织横向服务平台还需要深化发展，促进会与其他4个组成单位要做好衔接与配合。纵向服务平台建设还有延伸的空间，比如两个县的县城所在地，全市大的中心镇，城市社区中有条件的。二是要完善政府投入机制。新区的各级政府建立了社会组织发展专项资金，将其纳入年度财政预算，并建立社会组织发展专项资金的自然增长机制，为社会组织的培育和发展提供资金的保障。建立政府资助社会组织的制度，对社会组织教育培训、交流合作、基地建设、调研宣传等给予适当经费补贴。建立健全财务管理制度、服务项目投标制度、绩效审计评估制度，提高社会组织专项资金的使用绩效。三是要落实税收优惠政策。目前，新区推进落实《中华人民共和国企业所得税法》及其实施条例等有关规定，把企业和个人公益性捐赠的税前扣除政策落到实处，鼓励和促进企业和个人将更多的资金投入到社会公益事业中来；落实社会组织所得税减免政策，对符合条件的非营利社会组织，从事公益性或非营利性活动所取得的收入，免征企业所得税。落实社会组织营业税优惠政策，对社会组织从事育养服务、教育劳务、医疗服务等项目所取得的收入免征营业税。同时，加大对社会组织的政策扶持力度，对符合现行税收政策规定的社会组织和服务项目，在地方税收方面给予优惠。

（4）着力加大对基层社会组织发展的支持、引导力度

十二届全国人大一次会议通过的《国务院机构改革和职能转变方案》明确指出，要更好地发挥社会力量在管理社会事务中的作用，其中的改革措施和新的政策规定将为基层社会组织的发展注入强大动力。发挥好基层社会组织的作用，需要各级政府特别是主管部门根据这一精神，研究制定支持基层社会组织发展的配套措施。一是实行登记制和备案制两种并行的管理制度。针对基层社会组织普遍规模较小、经费短缺、实力较弱的现实，适当降低基层社会组织在人员、资金、办公场所等方面的登记要求，把符合条件的基层社会组织及时纳入管理服务范围。对于尚未达到登记条件但正常开展活动且符合经济社会发展需要的基层社会组织，应当给予备

案，实施备案管理。加强对基层社会组织的管理和服务，对于违反有关政策规定的行为应及时给予提醒和纠正，引导条件成熟的备案制社会组织申请登记。二是加大对基层社会组织的支持力度。政府可以通过税收政策、购买服务、引导基金会进行合作等方式为基层社会组织提供资金、办公场所、办公设备等方面的支持。为社区民办非企业单位创造平等准入、公平竞争的政策环境。认真研究城乡社区服务类社会组织从业人员的人事保障、职业发展通道等问题，调动他们参与社区服务的积极性，吸引和稳定更多的人才从事基层社会组织工作。三是引导和支持基层社会组织提高管理水平。政府部门应要求和指导基层社会组织建立健全规章制度，完善内部治理结构，建立民主决策制度、信息公开制度，增强自律性和诚信度。同时，通过举办培训班、座谈会、经验交流会等多种形式，提高基层社会组织负责人和相关人员的素质能力。四是提高人们对基层社会组织的认识。重视宣传基层社会组织在服务社区居民、构建和谐社区、发展社区经济、提高社区自治水平等方面的成功事例，引导人们正确认识基层社会组织的积极作用，提高社区居民参与和支持基层社会组织的热情。同时，对基层社会组织中存在的问题给予曝光，保护人民群众的利益不受侵害，促进基层社会组织健康发展。

（五）促进社会组织规范有序管理

1. 加强监督管理，推进社会组织有序发展

一是要实行分类评估制度。建立健全社会组织分类评估机制，完善评估办法，聘请专业评估机构和专业评估人员从事评估工作，提高公正性和公信力。将社会组织的评估结果作为其承接政府转移职能、参与政府购买服务竞争的资质条件，全面提升社会组织的服务能力。

二是要建立信息公开和公众监督机制。建立全市统一、高效、完整的社会组织监督信息系统，广泛接受社会各界的监督。制定社会组织信息公开制度，公开各社会组织的服务程序、业务规程、服务项目、收费标准，自觉接受监督。社会组织要主动将其重大事项、重大活动、财务状况、接受捐赠的使用情况等信息向登记机关备案和向社会公开，接受登记机关和社会公众监督。

三是要加强执法监督。加强社会组织行政执法工作，加大执法和监督的力度，依法查处社会组织的违法行为。严肃执法纪律，加大查处的力

度,严厉打击违法活动,对长期不能开展活动、不能履行章程规定的服务职能、不接受职能部门依法管理的社会组织,依法予以注销或撤销;对未经登记和备案擅自开展活动,或撤销后继续以社会组织名义开展活动的,坚决予以取缔,并对相关人员予以责任追究,构成犯罪的要依法追究刑事责任;对为非法组织提供支持、资助和其他便利条件的部门和单位,要追究主要负责人的责任。

四是要完善日常监管。建立健全社会组织年审年检制度、重大事项报告制度、重要活动备案制度等,及时掌握社会组织的发展情况。建立与社会组织的沟通联系机制,及时了解社会组织的活动情况。建立社会组织考核评价体系,制定考核评价标准和办法,充分发挥评价的导向、激励和约束作用。坚持开展对社会组织的日常检查、督查工作,及时发现问题、纠正问题,促进社会组织健康发展。

2. 强化自身建设,促进社会组织规范管理

一是要健全法人治理机制。建立以章程为核心的社会组织内部管理制度,健全权责明确、运转协调、制衡有效的法人治理结构和机制。完善会员代表大会、理事会(常务理事会)、监事会和执行团队等机构内部运行的机制,制定议事规则,明确职责权限,规范社会组织的活动行为,保障社会组织依法运行、有效治理。

二是要强化自律管理。加强社会组织诚信体系建设,建立民主选举、民主决策、民主管理、民主监督、规范运作、诚信执业、信息公开、竞争公平、奖励惩戒、自律保障的机制,着力提高社会组织项目运作、策划组织、协调服务等方面能力,树立品牌意识,加强自律和诚信建设,为承接政府职能转移提供基础条件。

三是要规范财务管理。加强社会组织的财务管理,严格执行相关财务制度,严禁社会组织资金出借和贷款担保。实行社会组织财务预算控制制度,年初按年度工作计划编制年度财务预算,经理事会或会员代表大会审议通过后执行,年度财务预算的调整也应按相关程序完成审议审批。规范收费行为,严禁"强揽入会"或收取会费、搭车收费、超标准收费,严禁设立"小金库",不得乱收滥支,坐收坐支。

四是要建立重大事项报告制度。严格实行决策、执行分离的管理机构,建立重大事项的报告制度。凡社会组织需要开展各类评比、达标表彰等重大社会活动和年初计划中未列入需较大开支的项目,以及组团出国出

境、与境外组织交流交往、接受境外捐赠等涉外活动，要求向理事会报告，并经审议批准；同时须向社会组织的登记机关报告或备案。

（六）党委领导，政府负责

社会组织管理制度的创新不是地方政府对危机的非常态回应，而是顺应时代潮流、适应治理变革要求，在推动经济社会乃至民主政治发展过程中的主动进取。前面谈到，上海、北京等地市委、市政府专门召开社会建设大会，颁布促进社会组织发展的综合性、指导性政策文件；北京市专门组建了党政联动、合署办公的社会工作委员会（社会建设工作办公室）作为改革的推进机构；深圳市委则主动向民政部争取作为"社会组织改革创新综合观察点"。笔者把这种创新逻辑表达为"党委领导，政府负责"，意在说明体制内党政领导人的动因才是地方创新得以发生的主导力量，尤其是对具有前瞻性、战略性的领域中那些制度性创新。党委需要"领导"的是制度创新、是社会进步的宏观方向，而非指令与控制；政府需要"负责"的是社会发展与服务，而非权力的掌控。在舟山群岛新区社会组织管理体制改革创新的过程中，需要高度重视"党委领导，政府负责"的意义，着力推进以下三个方面的工作。

1. 加强组织领导

新区各级党委和政府高度重视社会组织的发展和规范工作，将其摆上重要的议事日程，纳入本地区经济社会的发展规划，有序推进社会组织的发展。市及县（区）成立社会工作委员会，由党委专职副书记任主任，政府分管领导任副主任，相关部门共同参与，下设办公室（与民政部门合署办公），加强对社会组织发展工作的领导和协调。加强社会组织管理机构（民间组织管理局）的建设，充实力量、强化职能，切实做好社会组织的培育发展和监督管理职能。

2. 建立联席会议制度

建立社会工作委员会相关成员单位的联席会议制度，加强信息沟通，掌握社会组织动态，促进社会组织的健康发展。加强登记机关、行业主管部门、业务主管单位（人民团体或社会组织促进会、联合会）之间的密切联系，形成各司其职、各负其责、协同配合的监管合力，提高对社会组织的综合治理和应急反应能力。

3. 加强党建工作

切实加强党对社会组织的领导，充分发挥社会组织中党组织的政治核心作用和党员的先锋模范作用，领导和带领社会组织把握好正确的发展方向，协调好利益冲突，化解各类社会矛盾，充分发挥好社会组织的作用。在社会组织管理机构（民间组织管理局）中设立社会组织党工委，隶属市、县（区）党委的"两新"组织党工委和同级民政局党委的领导，直接领导本级社会组织党建工作，指导下级社会组织党建工作。不断创新社会组织的党建模式，探索社会组织党建工作的方式和途径，扩大社会组织党建的覆盖面。社会组织的党组织要紧紧围绕推动发展、服务群众、促进和谐和加强自身建设这个中心，不断创新党组织的活动方式，提高党在社会领域的影响力和凝聚力，巩固和扩大党的社会基础和群众基础。

参考文献

1. 王名、孙伟林：《社会组织管理体制：内在逻辑与发展趋势》，《中国行政管理》2011 年第 7 期。
2. 王名：《非营利组织管理概论》，中国人民大学出版社 2002 年版。
3. 周俊、郁建兴：《行业管理体制的变革与出路》，《思想战线》2012 年第 6 期。
4. 李国武：《社会组织的省域分布研究》，《社团管理研究》2011 年第 8 期。
5. 温艳萍：《民间非营利组织的社会与经济效能研究》，上海人民出版社 2008 年版。
6. ［美］里夫金：《工作的终结》，王寅通等译，上海译文出版社 1998 年版。
7. 全永波：《基于新区域主义视角的区域合作治理探析》，《中国行政管理》2012 年第 4 期。
8. 高猛等：《走向社会建构的公共行政》，浙江大学出版社 2013 年版。
9. 周学锋、高猛：《社会组织促进就业的功能与制度路径》，《中国行政管理》2012 年第 11 期。
10. 王名：《中国民间组织 30 年——走向公民社会（1978—2008）》，社会科学文献出版社 2008 年版。
11. 金锦萍：《论非营利法人从事商事活动的现实及其特殊规则》，《法律科学》2007 年第 5 期。
12. 苏力等：《规制与发展——第三部门的法律环境》，浙江人民出版社 1999 年版。
13. 杨庆华：《中国非政府组织立法概况及存在问题分析》，《中共杭州市委党校学报》2007 年第 6 期。

14. 战建华：《我国社会组织管理体制改革的实践分析——基于北京、上海、深圳等地社会组织体制改革的思考》，《学会》2009 年第 7 期。

15. 国家民间组织调研组：《上海市社会组织建设改革创新调研报告》，《社团管理研究》2009 年第 6 期。

16. 盛世豪等：《混合型社会组织的内涵及绩效分析》，《中共浙江省委党校学报》2008 年第 4 期。

17. 彭善民：《枢纽型社会组织建设与社会自主管理创新》，《江苏行政学院学报》2012 年第 1 期。

第四章

舟山群岛新区农村社区管理体制改革与创新研究

浙江舟山群岛新区的设立为舟山市农村经济社会发展和农村社区的管理提供了重要的机遇，同时也带来了严峻的挑战。为了更好地服务舟山群岛新区建设，推动舟山市城乡一体化建设，基于此开展了对舟山群岛新区农村社区管理体制改革与创新的调查研究。

一 舟山群岛新区农村社区管理体制的现状分析

舟山群岛地处我国东部黄金沿岸线与长江黄金水道的交汇处，是我国内地唯一深入太平洋的海上战略支撑基地和我国东部沿海、长江流域走向世界的主要海上门户。近年来，舟山市不断加大统筹城乡发展的力度，大力实施"暖人心、促发展"工程，加快发展现代渔农业和新型社区，不断推进渔农村新社区建设和村庄整治建设进程，着力提升农村公共服务水平，初步探索和构建了"三渔三农"加快发展的体制机制，为农村社区管理体制的改革奠定了坚实的基础。

舟山市由1390个岛屿组成，其中住人岛屿104个，区域总面积11.14万平方公里（其中海域面积11万平方公里，陆域面积1440平方公里）；截止2014年8月底，全市户籍人口97.31万人，其中渔农村常住人口63.78万人，常住家庭户数36.78万户。它是我国唯一以群岛设立的地级市，辖两区两县，即定海区、普陀区、岱山县和嵊泗县。在这两区两县中，乡镇、社区、行政村分布如表4—1所示：

表 4—1　　　舟山市各区县乡镇、社区及行政村等分布表

	街道	镇	乡	行政村	渔农村社区	城中村	农村社区
定海区	5	7	3	88	73	7	40
普陀区	5	4	3	104	50	10	25
岱山县	0	6	1	85	39	13	11
嵊泗县	0	3	4	38	18	0	8
市本级		1	1	28	12	0	5
合计	10	21	12	343	192	30	89

近年来，舟山市积极推进"村改居"建设，加大农村社区建设投入。在农村社区建设的过程中，舟山市十分注重管理体制建设，有序推进农村基层民主和村民自治，通过社区居民"海选"社区居委会成员，扩大了基层民主，提高了居民参与意识和社会管理自主性，在农村社区管理与建设方面取得了一定的成绩。

第一，领导重视齐抓共管，社区建设领导体制不断完善。为了加强对农村基层社区建设的指导和协调，舟山市各区、县形成了党委、政府领导，民政部门牵头，相关部门配合，驻区单位支持，社会广泛参与的领导体制和工作机制。同时，普遍建立了党员领导干部联系乡镇社区的党建工作制度，他们经常深入街道、乡镇、社区和驻区单位，调查研究社区党建情况，协调解决问题，指导推动工作顺利开展。在乡镇或街道办事处还成立了社区建设领导小组，各个社区设立了社区党（总）支部和社区居民委员会。各个社区都配备了思想好、作风正、能力强、有基层工作经验的社区干部和工作人员，目前初步形成了"区抓、街（乡镇）管、社区落实"的组织体系。

第二，改革创新示范带动社区党建责任机制不断健全。近几年来，舟山市以"网格化管理、组团式服务"为依托在社区管理和服务中大力推进农村社区党组织建设，他们结合舟山市渔农村的实际情况，构筑了上下相通、左右联动、条块结合、以块为主的基层党建网络新构架和工作新平台，开创区域化党建工作新模式，实现了基层区域化党建工作全覆盖。实现了社区工作到哪里，党的组织就延伸到哪里，党的工作就覆盖到哪里，走出了一条开展基层党建工作的新路子。

第三，强化功能拓展领域社区服务体系不断提升。改革开放以来，舟

山市的社区服务发展至今，从内容到形式，从主体到对象都有了突破性进展。服务对象从老、弱、孤、残、困、优（抚）等民政工作对象扩大到全体居民，服务内容也从简单的慰问照顾扩大到为居民日常生活提供全方位服务。社区服务项目逐步开展，提供就业岗位能力增强。社区卫生、治安、就业和社会保障等服务项目普遍展开，各种社区公共服务的网络不断健全，服务水平和能力不断得到提升。

第四，探索基层农村社区管理的新模式，不断提高社区管理水平。社区是社会管理的主阵地，注重探索社区管理新模式具有重要的意义。舟山市多方征集社情民意，居民需求什么，社区就服务什么。如普陀区桃花镇采用"三层级一平台"的办法，分层分类予以解决。所谓的"三层级"是指：对于一般性的问题，网格服务组当场对群众进行答复或解决，并做好政策宣传工作；对于需要所属社区（村）解决的问题，通过"网格面对面，民情心连心"社区民情分析会研究落实，并答复群众；对于涉及全镇或全局性的问题，或一时难以解决的问题，由网格办汇总后提交镇民情分析会研究处理，形成统一处理意见，并由网格提交人答复群众。同时，在分层处理问题过程中，网格服务组把处理问题的动态过程在网格化信息管理系统中以电子民情日记的形式予以记载反映。所谓的"一平台"是指：对于各网格服务组提交上来的问题如果在乡镇层面不能解决需要通过区属相关部门来解决的，则通过"网格化网上办事平台"把问题提交到各局办，由各职能部门在规定时间内予以答复或解决。如沈家门街道运用"真情一席谈"这一活动载体，由社区提供平台，着力开好真情"五会"，即"茶话恳谈会"、"网情分析会"、"解答对话会"、"现场办公会"、"自治议事会"。"茶话恳谈会"是与居民群众密切情感联系的感情交流会，"网情分析会"是团队之间交流工作、共享经验的月度例会，"解答对话会"、"现场办公会"一般由街道联系领导、网格服务团队成员、专业人士、居民群众等参与，针对居民群众不知晓、不理解的问题，提供专业咨询帮助，如需作出承诺或答复的，由联系领导现场协调处置，提高办事效率。对于政府、社区不便直接包揽、插手的事务，则召开"自治议事会"，提请有利益关联的居民个体或社区成员单位自议自决，达成一致意见，并共同组织落实。如沈家门街道的西大社区就居民反映的社区无物业管理的开放式楼群停车、防盗问题，召开居民自治议事会，协商确定自治管理方案，由全体业主出资筑墙，并推选业主代表组织落实，真正实现了"居民事居民议居民管"。

第五，多方资金的筹措力度不断加大。为了保证农村社区建设工作顺利进行，舟山市各级党委、政府积极探索支持社区工作的新途径和新方式，不断拓宽社区经费来源渠道。进入21世纪以来，舟山市各级财政不断加大向农村建设的资金投入，积极加强了向农村基础设施建设例如道路、卫生、教育、交通等方面的转移支付的力度，为社区阵地建设、队伍建设、服务体系建设提供了必要经费保障。

第六，对社区的管理体制进行了重新梳理和定位。舟山市在农村社区管理体制改革方面重点围绕以下三个方面内容展开。

首先，重新定位社区。社区定位是设立和建设社区的首要性工作，舟山市从有利于推进基层民主政治和优化农村资源配置出发，将社区定位在小于街道（乡镇）办事处，大于原来居委会的农村社会管理与服务组织。这样定位后，社区成员作为社区建设的主体作用更加突出，便于社区成员参与自我管理、自我教育、自我服务，便于社区成员民主权利的发挥，使得社区成员建设社区的积极性可以最大限度地激发出来。

其次，重新划分社区。舟山市特殊的地理和自然环境给社区的设立带来了一定的困难。因此，在社区设立过程中，舟山市依据居民居住的地缘关系、心理认同感等社区构成要素，按照有利于群众自治和管理、优化资源配置、提高工作效能的原则，将社区划分为四种类型：按照居民居住和工作单位自然地域划分的"板块型社区"、以封闭型的居民小区为单位划分的"小区型社区"、以职工家属聚居区为主体的"单位型社区"和根据功能和地缘相近特点划分的"联合型社区"。

再次，不断完善社区管理体制。在社区管理体制建设过程中，舟山市农村社区不断推进自身的建设。在社区组织体系建设上，舟山市部分社区例如定海、普陀以及岱山的城市社区实现了组建包括决策、执行和议事等几个层次。在社区管理体制上，按照"社区自治、议行分设"的原则，在各居委会辖区建了"一个大会，两个机构"，建立了新的社区自治体系，即社区成员代表大会，由社区成员选举的社区居民和驻区单位代表组成，定期讨论决定社区重大事项，行使社区成员民主决策的最高权力，此为社区的决策层；社区协商议事委员会，由社区成员代表大会推选的驻社区单位代表、人大代表、政协委员等社区德高望重者组成，行使社区民主议事、民主监督的职能，此为社区的议事层；社区委员会，按照"公开招贤、定岗竞争、择优入围、依法选举"的原则和办法,由社区成员代表大会选举出来享受财政补贴的管委会成员(亦称居民委员会成员),并吸收驻社区民警和物业公司经理组成,行使社区管理、服务、教育和监督四项职能,对社区成员代表大会负责并报告工作,此为社区的执行层。①尽管如此,在农村的大部分社区还没有实现相对城市社区比较健全的社区组织体系和管理体制,同城市社区的差距仍然比较大。

同时,在探索社区管理体制改革方面,舟山市在农村社区管理方面对"街道办"或乡镇所设机构进行了尝试性改革,尝试推进农村"政企、政事、政社"职能三分开,更好地发挥其他组织在社区建设和管理方面的作用,也对实现政府职能转移,基层管理重心下移和提高管理效率都起到了重大的作用。

二 舟山群岛新区农村社区管理体制存在的问题与原因

尽管舟山市在农村社区管理体制和农村社区建设方面取得了较好的成绩,但是,同舟山群岛新区建设的要求、速度和标准相比还有一定的差距。在基于以上对舟山市农村社区管理现状的概述和以定海、普陀、岱山等区县典型社区的实际调查分析的基础上,发现舟山市农村社区管理在以下几方面存在着不容忽视的问题。

(一)问题分析

1. 社区管理中政府的影响过于明显,在某种程度上政府成为社区管理中的超强主体

当初,舟山市农村社区设置和推进是在政府的强力推动下才起步的,无论是社区重新整合、联合,社区自治组织的组建,还是工作机制的形成,管理机构的架构,都是在政府组织的主导下向纵深推进,加上我国长期而特殊的历史和政治环境所形成的自上而下的行政性、单位制的社会管理传统,社区管理基本处于政府管理和控制之中,社区组织在一定程度上

---

① 王杰群:《创新社区管理新机制建设和谐社区》,《北京农业职业学院学报》2006年第2期。

体现了强烈的"行政化"色彩。①

(1) 社区设置的行政化

当前,舟山市的 192 个渔农村社区和 89 个农村社区的建立是以原有行政区划分为基础并结合了当地的实际情况而设置的。应该说,在一定程度上更多地体现的是政府基层管理的需要,而缺少居民归属感、认同感,或者说其地域共同体强烈,而利益共同体体现不明显,在联村建立社区或是并村建立的社区中表现尤为如此。以渔农村社区的组建为例,在 192 个渔农村社区中,联村建立社区的有 60 个,单村或并村建立社区的有 132 个。社区的设立更多地表现出"行政性"特征,居民对此普遍反应冷漠,大都抱着无所谓的态度。

(2) 社区功能的行政化

自开展社区建设之时,社区便被赋予强烈的行政性功能。据调查,目前社区居委会所承担的工作有十大类近百项,其中包括小区环境卫生、小区社会治安、物业管理、各类普查等,其中多数工作是政府各职能部门或派出机构指派的行政任务。② 群众自治性组织的社区居委会变成了某些行政机构的"腿"和"脚",导致了"社区居委会有责无权","街道与社区职责不清"的现象时有发生(见图4—1)。实际上,农村社区的职能能否顺利转变,将直接影响社区的运行和工作能否顺利进行。传统村委会的职能主要是管理本村事务,管理的是本村村民,以及对村经济组织进行管理,行政色彩较为浓厚。而城市社区居委会的职能主要体现在提供社区服务上,实现的应是服务职能。③ 目前舟山市大部分渔农村社区居委会未彻底实现由行政职能向服务职能的转变,无法按照真正意义上的社区的要求对社区进行有效管理,也无法向社区居民提供卫生、治安、教育、社会保障等社区基础服务工作。

(3) 社区管理决策机构的行政化

从被调查的社区管理的人员组成角度和决策指向上来看,在社区建设的组织机构中,基本上是以上级党政机关为"指向",和上级党政机关一

---

① 邵甜甜:《论和谐社会构建下的社区治理》,《四川行政学院学报》2006 年第 2 期。
② 王培智:《和谐社区和谐社会建设的重要切入点》,《唯实热点》2005 年第 5 期。
③ 高慎浥:《和谐社区组织管理模式的构建与创新》,《株洲工学院学报》2006 年第 3 期。

对一"模板化"对接。① 同时，整个的社区建设的组织领导和决策中枢的成员基本上是以各级党政领导为主体。② 从居民的角度来说，他们更倾向于把居委会视同于一级政权而不是居民的民间组织，把居委会看作政府行政力量的延伸。当居民遇到问题时，那些找居委会寻求解决的，是因为在他们心目中，向居委会反映要求就是向政府反映要求，对居委会有意见就是对政府有意见。

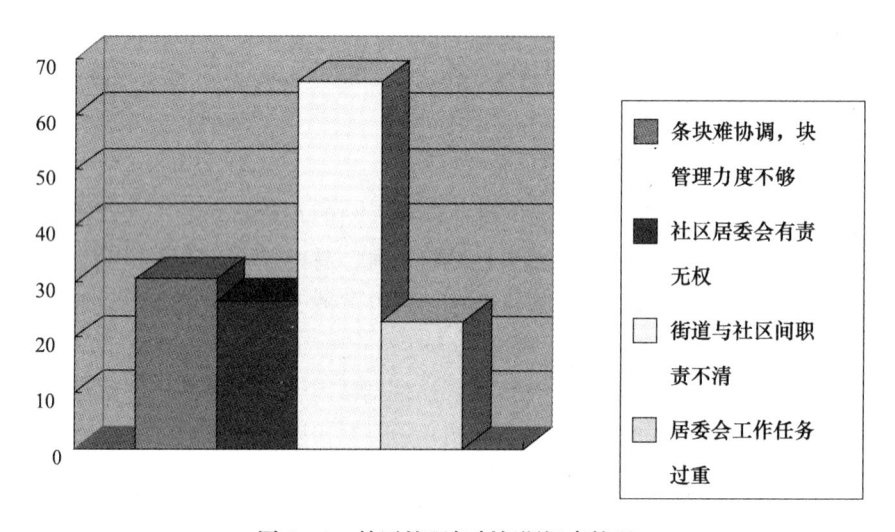

图4—1 社区管理机制问题调查情况

2. 作为自治组织的社区管理机构表现出社区自治功能、自治权力缺失（见图4—2）

总之，作为农村社区自治组织的居民委员会在各个方面都表现出对政府及其派出机关的全方位依赖，其与政府之间的关系不是相对独立的关系，而是全面依附的关系。在一定程度上，政府全面主导了社区居民委员会的工作，从而使社区居民委员会日益与社区脱离，不再是民众与政府之间的中间层，而成为"类行政性"组织，两者之间的关系也由法理上的国家与社区关系变异为上下级政府间的关系。

---

① 汪大海、魏娜、郁建立主编：《社区管理》，中国人民大学出版社2005年版，第324页。
② 叶南客：《都市社会的微观再造——中外城市社区比较新论》，东南大学出版社2003年版，第41页。

在舟山市农村社区居委会尤其是渔农村社区居委会是在一个或几个居（村）委会的基础上整合形成，当初政府努力培育和发展自治组织的初是试图调动社区居委会参与社区管理的积极性。但从现实运行来看，目前的社区居委会人、财、物的使用和管理体系的运行上都无法支撑起现在社区的管理职责，社区自治组织表现出社区自治功能及自治权力缺失。

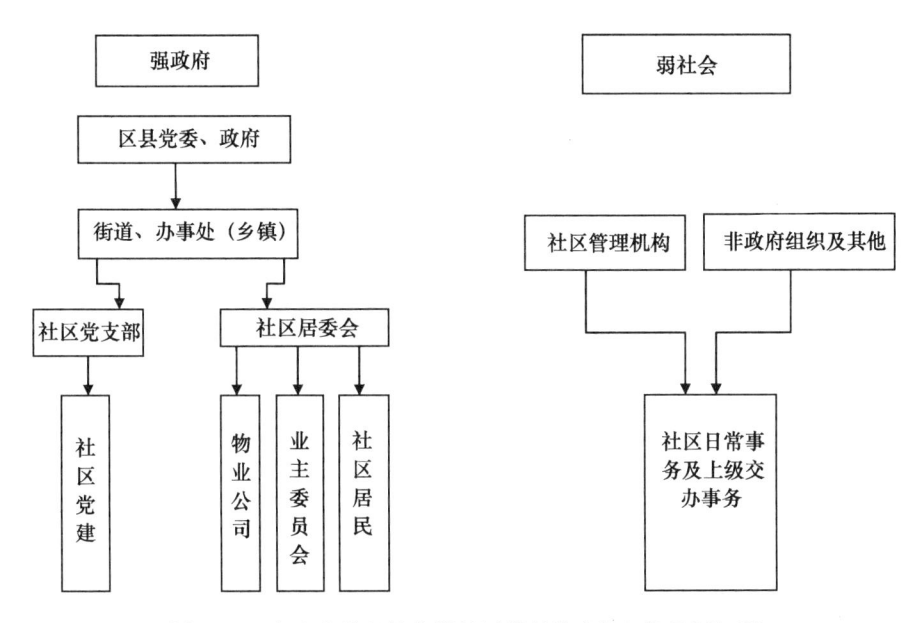

图4—2　舟山市现行的农村社区管理模式组织机构框架图

（1）社区自治章程缺失或由街道办事处制定

在调查中，我们发现作为社团的自治组织社区居民委员会，本来应该具有相应的自治章程，但是由于其建立完全是在政府的运作下成立的，因而成立时并没有章程。同时，章程的制定应该由全体社区居民或社区居民会议协商制定，但现实中所存在的社区自治章程是由街道办事处制定的，居民并没有制定权。①

（2）人事权的缺失

无论是《中华人民共和国城乡居民委员会组织法》还是《中华人民

---

① 王邦佐等编：《居委会与社区治理》，上海人民出版社2003年版。

共和国城乡村民委员会组织法》，都规定居（村）民委员会由居（村）民会议选举产生，居（村）民会议有权撤换和补选其成员。但是在现实操作中，这一民主基本流于形式，政府主导了社区选举。有的候选人资格由政府确定，候选人的产生需经街道党工委组织考察和选定，然后提交居民会议选举。有的街道因工作需要，在非本社区的人员中选聘居民委员会成员，俗称"街聘民选"，有的直接从街道机关中选派，还有的从应届大中专毕业生中选拔。在这样的选举方式和人事制度下，居民委员会成员实际上成了街道聘用的"干部"，街道办事处可随意撤换居委会成员。人是组织的主体、工作的主体，人事权的归属直接关系到组织的性质和功能。而目前社区组织这种人事关系，必然会从根本上影响社区自治组织的群众性和自治性。①

（3）经费的缺失

我国法律规定，社区居民委员会的工作经费和其成员的生活补贴的范围、标准和来源，有的时候由基层政府按规定拨付，也有的经居民会议通过，可以从社区所辖的经济组织的收入中提取。从目前所调查的社区经费来源来看，由于部分社区居委会经营项目收入不固定或者根本没有固定的经营性项目来源，其办公经费和成员的工资、补助基本上全部由街道办事处承担。由于街道办事处本身经费就紧缺，这样拨付到社区居委会的工作经费寥寥无几。社区居委会成员的工资或补助由街道办事处给付，造成"端谁的饭碗归谁管"成为政府机关和社区自治组织成员的共识，社区居委会不得不依附于街道办事处。②

（4）考核与激励机制的缺失

自治组织的动力包括有形的物质激励和无形的精神激励。目前的社区居民委员会的物质激励和精神激励完全来自于街道办事处和上级各有关部门，因此，这是一种"政府激励型"。政府激励的基础是政府对社区居民委员会工作全方位考核，以考核、评比为指挥棒左右居民委员会的工作精力及其投向。在岱山县某一社区进行调查时，笔者发现每年该社区要花费大量的人力、物力、财力迎接上级部门的考评和检查。通过交流发现，在这些社区工作人员的工作内容中，政府的考核与评价就远比社会的考核与

---

① 任远：《农村村级社区发展研究》，百家出版社2001年版。
② 同上。

评价重要得多。街道可以依据自己的标准来考核、评价居民委员会成员，达不到政府标准就可以免掉。社区居民委员会工作的好坏群众并没有多少发言权，即使居民按照自己的标准考核、评价居民委员会，但当居民评价与政府考核结果发生冲突的时候，居民的考核结果所具有的效力则显得软弱无力。

（5）监督制度及监督渠道的缺失

从法理上讲，作为一个组织必须对产生它的机关负责并接受监督，社区居民委员会作为一个自治组织，也应该对产生它的机关负责并接受其监督。也就是说，来自于社区居民群众及其代表机构居民会议的监督成为法律上最主要的制约力量。但现实中，笔者发现许多街道党工委和办事处则往往通过其可以直接领导的、党社不分的社区党支部全面实施对自治的社区组织进行监控，对社区党支部的监督实际上取代了其他一切监督形式，成为唯一的监督力量。现在许多社区党支部与社区居民委员会实行的是"一个机构、两块牌子"，社区党支部书记和社区居委会主任"一肩挑"，这样就不可避免地出现自己监督自己的尴尬局面。①

（6）自治组织主观倾向的缺失

自治组织的主观倾向是其自主性能否成长的根本因素，目前社区居民委员会也有一定的自治倾向，但由于资源、收益都是来自政府，因而总的来说还是希望依附政府及其代理机构。现实中有的居民一旦成为社区居委会的成员后，马上会主动地向街道办事处靠拢。甚至对于街道办事处或者其他政府侵占居民利益的行为，社区居委会往往非但不愿也不敢制止，而且常常还参与其中"分一杯羹"。②

3. 群众和地区单位参与社区管理不足

作为居民自治性组织的社区，其功能的运行和发挥离不开广大居民和地区单位的广泛参与，但是从目前社区建设情况看，社区参与存在如下几个方面问题（见图4—3、表4—2）。

---

① 马西恒：《社区建设：理论的分立与实践的贯通》，《中国民政》2001年第4期。
② 徐勇：《论社区建设中的社区居民自治》，《华中师范大学学报（社会科学版）》2001年第3期。

(1) 社区参与程度低

在对 400 名居民的调查中，发现当居民维护自己的权利不受侵犯或希望解决有关社区问题时，首选途径是向有关主管职能部门提出诉求，而选择通过社区居委会这一社区群众性自治组织来解决问题的相当少。在社区管理最突出的问题调查中，居民参与度低成为了首选问题。

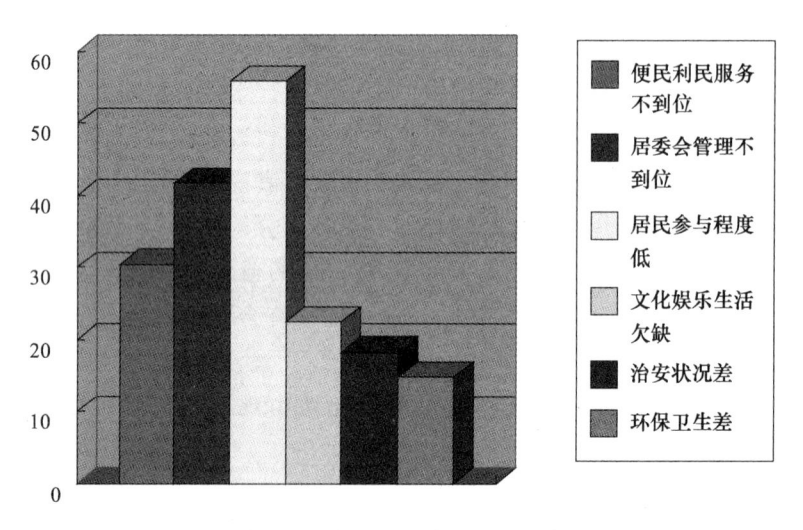

图 4—3 社区管理突出问题调查

(2) 参与层次有限

从对社区居民社区活动参与情况调查看，居民的参与是以非政治性参与为主。居民参与的社区事务多与政治不沾边或关系不大，其参与项目大多是诸如打扫卫生、为民服务、组织治安联防队、动员捐衣捐被等，与老年人有关的保健健身性、文化娱乐性等非政治性活动成为目前社区居民参与的主要内容。而政治性参与基本限定在选举居委会和选举各级人大代表，前者主要由居民代表或户代表投票选举，且三年一次，参与规模不大，广泛性不足；后者也并非全体居民都参加，在单位登记为选民的居民，则不参加本社区的人大代表选举；对于社区公共事务和公益事业的决策和执行，对于社区建设与规划的制定与执行，对于政府的行政管理活动和公共服务提供等则很少参与。

表 4—2　　　　　　　　　社区活动参与度的统计表

内容	1—3次		3—6次		6次以上		没有参加	
	人数	百分比	人数	百分比	人数	百分比	人数	百分比
您积极参加社区组织的服务活动	73	19.83	38	10.32	18	4.89	239	64.94
您积极参加公共卫生清扫活动	206	55.97	96	26.08	44	11.95	22	5.97
您参加社区文化娱乐活动	110	29.89	52	14.13	25	6.79	181	49.18
您参加居民大会或居民代表大会	74	20.1	55	14.94	29	7.88	210	57.06
你参加业主大会或业主代表大会	55	14.94	37	10.05	18	4.89	258	70
您为社区提合理化建议	125	33.96	84	22.82	44	11.95	115	31.25

（3）社区参与主体缺乏广泛性

通过调查，我们发现社区参与频率与年龄呈线性正相关，即居民的年龄越大（主要是进入中年后），其社区参与频度越高。而青年人的参与程度普遍较低。社区居民中的青年群体除非由社区居委会动员才会被动地参与一些活动，即使如此，也有的会以种种理由逃避参与社区公益活动。当然，在青年人参与社区管理方面也许会存在这样或那样的原因，例如外出工作、学习等。但是，由此可见当前社区参与主体缺乏明显的广泛性。

（4）社区单位参与社区活动积极性不高

社区参与不仅仅指辖区居民的参与，驻区单位组织及广大社会民间组织的参与也是社区参与的一支重要力量。然而很多驻区单位的领导对社区建设工作视而不见，漠不关心，有些领导甚至将社区工作拒之门外。无论是效益好的还是效益差的，大多驻区单位认为，社区建设既不会带来经济效益，相反又极有可能是身上"割肉"，而关心与支持社区建设也不会成为明显的"政绩"。当需要驻区单位参与时，许多驻区单位采取敷衍和推诿的态度。

4. 民间组织参与社区管理程度低

所谓民间组织，是指由各级民政部门作为登记管理机关并纳入登记管理范围的社会团体和民办非企业单位两类社会组织。它具有非政府、公益性和非营利性等特征，是承接政府和企事业转移剥离出来的社会职能和服务职能的主要载体，起到缓解社会冲突的中介作用。也就是说，由于改革的深入发展使得单位外溢的社会职能只能由民间组织来承担，由民间组织来提供社会公共服务、社会公益事业。从舟山市社区发展和运行情况来看,社区居委会所做的基本上是社区公共事务和公益事业的组织与管理工作,而不是具体提供服务。因此,社区的服务性活动很难深入到社区的普通公民家中。调查发现,由于社会民间组织自身发育不健全,发展缓慢甚至缺失,难以承接如此繁重的社会公共事务和公益服务,这样,本来应该是联结政府与社区居委会两大社区建设和治理结构性力量的民间组织则因为其活动区域远离社区或是根本不具有相应的能力而没能发挥其应有的作用。即使有民间组织发挥作用,也仅仅局限于对经济困难家庭或是弱势群体的救助,并没有完全地参与和融入到当地的社区管理当中去。

5. 村集体资产改制过程中利益复杂矛盾突出

舟山市在农村社区设立过程中,由于实行"集体资产权属关系不变"的原则,居民(村民)仍然与居委会存在财产关系。在清产核资方面,由于集体资产年代久远,历史旧账结算不及时,村小组账目管理不规范,造成原村集体的债权、债务比较混乱。在集体财产或土地、原村民土地的征用中,有的土地面积的界线因赔偿款的因素而纠缠不清,有的土地被征用后,土地性质没有及时变更登记,造成现有集体土地存量数据不够真实,有的社区土地还没有完全被征用,这些因素都影响了资产清查核算工作的开展。在集体资产分享和量化方面,在户籍迁移、人户分离、生老病死、新添人口、离异返迁妇女、"出嫁女"权限等涉及身份界定的关键问题上以及如何对集体资产分配权限进行量化和核算等方面,关系比较复杂、矛盾比较突出。在改制资产的经营管理方面,集体资产改制后,非经营性资产的改制实行"民办非企业"模式,但在实际运作中对应管理原村集体的经营性资产、非经营性资产、资源性资产的法人或经济合作社,他们的实体地位没有发生变化,而对于由并村和联村而产生的社区居委会来说并不具有法人资格。①

6. 社区管理主体之间缺乏规范的协调和合作

在对农村社区的管理和建设过程中,各级政府机构、企业、中介组织和居民自治组织构成社区管理多元化主体。但是这些主体如何合理分担社区管理的职能,实现社区管理有效、有序,形成合力,是现阶段农村社区管理亟待解决的问题。从现实情况分析,在街道层面,作为社区的真正的上一级政府管理机构在实际工作中统一协调社区管理主体之间的分工与合

---

① 王敬尧:《明晰社区资产关系》,《城镇聚焦》2001年第4期。

作方面效果不理想。同时，社区与街道或办事处之间的关系处理存在界限模糊、职能混淆、运作不规范、缺乏明确的责、权、利的管理规范和按规章办事的运作机制，更欠缺协同、共管的互补机制。

（二）原因分析

舟山市农村社区管理存在的突出问题，既有现实方面的因素，又有历史的影响。它涉及法律法规的完善，行政管理体制改革，政府职能转变，及社区运作机制和工作制度等方面，主要有以下内容（见图4—4）。

1. 相关法律法规不健全

从《宪法》和《居民委员会组织法》的相关规定来看，社区居委会作为"基层群众性自治组织"的地位不容置疑，这也为社区自治组织建设提供了最高的法律保障。但这一规定只具有原则性，缺乏可操作性，并未对社区居委会的自治领域、自治性质加以明确的限定和解释，如：社区居民"自我管理、自我服务、自我教育"的内涵及外延究竟是什么？社区居委会是基层政权的组织形式还是非政府的自治组织？社区居委会组织的行业性质是归于经济类还是社会和政治类？这些都需要进一步厘清和界定。在调查中，我们发现许多社区组织虽然是名义上的居民自治组织，但是并不是所有的社区居委会都是独立的法人机构，有的社区下辖两个甚至三个独立的法人组织，这对社区管理的顺利开展造成了一定的影响。[①]

2. 农村社区管理体制"行政化"的遗留影响

传统的农村社区管理体制是与我国高度集中统一的计划经济相适应的，并且是作为单位体制的一种辅助体制，起拾遗补阙的作用，它具有高度的行政化倾向，已经与我国当前社会经济发展显得很不适用。而在经过城乡管理体制改革后，这种行政化的影响并未完全祛除，例如街道或办事处全面负责社区建设同社区自治的管理事宜的不协调，街道办事处同社区的职能划分存在政社不分的矛盾，街道办事处同社区所辖经济组织的管理混乱，存在着政企不分的矛盾等。[②]

[①] 朱建刚：《国家、权力与街区空间——当代中国街区权力研究导论》，《中国社会科学季刊》1999年春季号。

[②] 桂勇、崔之余：《行政化进程中的城市居委会体制变迁》，《华中理工大学学报（社会科学版）》2000年第3期。

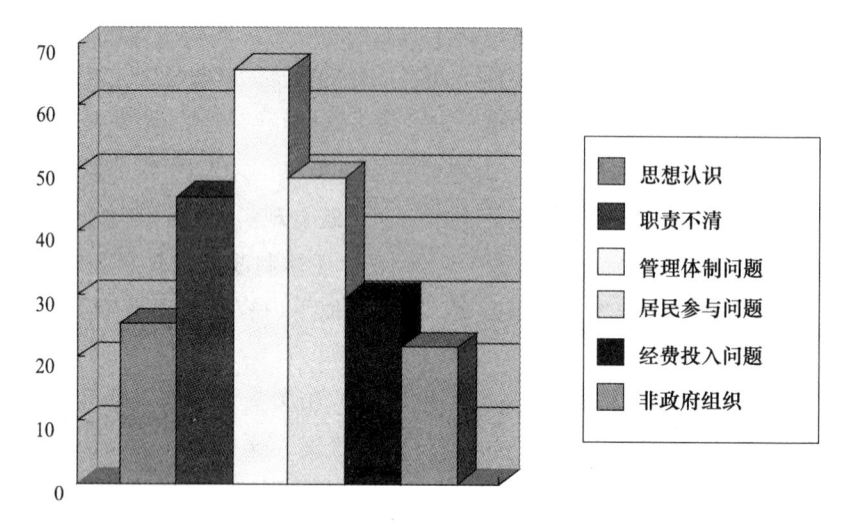

图4—4　影响社区管理的因素调查表

3. 社区组织的自治功能不能得到尊重

实际上，社区自治的前提是政府的职能转变、政事分开、政社分开，将本应由社区自主和自决的功能交还社区，但目前政府职能的转变滞后于社区自治组织发展的需要，政府向社会放权，向社区放权，向民间组织放权的程度和范围都很不够。同时，社区也是居民的自治组织，它是社区内各类组织和居民按自己的意愿做出有利社区公共利益的选择。① 但现实中，社区自治组织表现为以居委会为单一中心组织、管理社区的一切活动，其他群众性组织几乎没有或很少参与。即使社区居委会的独家操办也很少体现自治特点。同时，由于长期传统的工作方式和生活习性的熏陶，家族、宗族、乡里乡亲等传统关系还在起着主导作用，社区内的居民仍保留有较为浓厚的传统社会情结，距离社区的"自治"还处于相当严重的缺位状态。

4. 居民对社区居委会的认可度不高

在通过对社区居民的访谈，了解到由于部分农村社区居委会建设的行政化，自治功能缺位，同时由于还有的社区内部在经济利益划分上存在争

---

① 王永生、何西雷、宋涛：《以治理视角看城市社区管理体制创新》，《西南行政学院》2002年第5期。

议和冲突，导致了部分居民更倾向于将社区居委会视同一级政府组织而不是自己的民间组织，更倾向于将其视为一个拿着政府薪俸的专门的行政组织而不是群众自我治理的组织（见图4—5）。① 由于居民对社区居委会的认可存在误解，从而导致居民对居委会持疏远态度，对居委会及其工作漠不关心。同时，社区内的居民仍保留有较为浓厚的"村民"情结，心理上长期形成的对村委会等村社组织的认同与依赖远远大于社区居委会，"村改居"之后的社区干部、社区居民以及周围群众的认识基本上仍停留在原来的行政村。② 如不少村民仍习惯性地称呼居委会主任为"村长"，称社区为"我们村"。

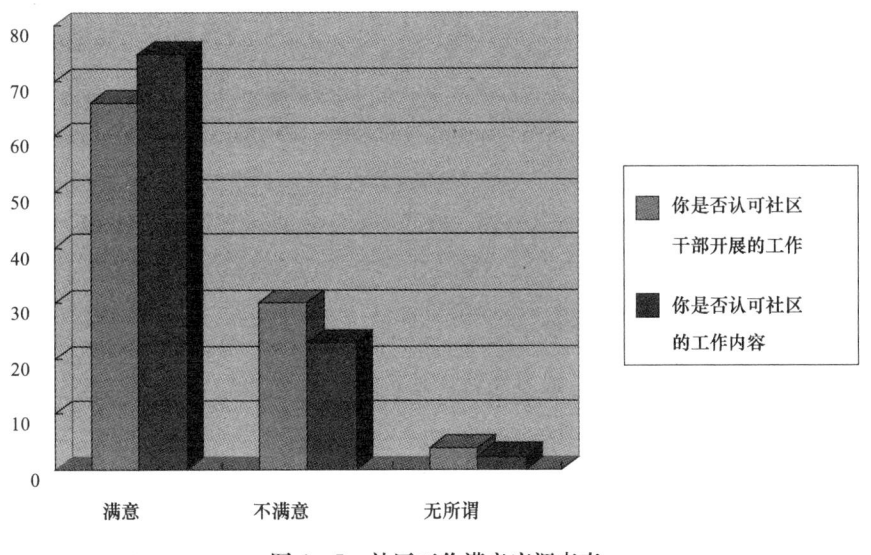

图4—5 社区工作满意度调查表

5. 社区管理的参与利益机制混乱

在调查中，我们发现有些农村社区自治组织建设取得巨大成就，村民对社区建设的参与度极高，其原因在于农村社区建设的好坏都关系到每个村民的切身利益，如村级经济的发展、土地承包、宅基地管理、公用水电

---

① 张志美：《新形势下对城市社区建设和管理的初探》，《山东行政经济学院导报》2000年第6期。

② 唐晓阳：《简论社区建设与社区行政管理体制的改革》，《广东行政学院学报》2000年第6期。

等,村委会的选举直接关系到能否真正选出一个带领大家发家致富的带头人。但是,有的社区则相反,尤其是在联村组建或是并村组建的社区中,有的社区下辖两个或多个独立的经济合作社,即独立的经济法人组织。这些经济法人组织同社区组织在有的时候还存在利益纠纷。因此,社区组织如何处理内部的利益分配,都是需要面对和探索的。

6. 社区工作人员素质参差不齐

在调查中,笔者发现许多社区工作人员主要有三个来源:一是上级派出的工作人员;二是原有的村干部;三是向社会招募的工作人员。这些人在社会工作方式方法和技巧以及综合素质上参差不齐。以第一种来源为例,许多上级派出的工作人员是以社区工作岗位为跳板为以后更好的工作岗位"镀金"而来,还有的是在党政机关因长期晋升不上去来到社区正好"曲线救国"享受相应的待遇的。并且,由于社区工作人员没有享受过专门的社会工作培训,工作能力也各不相同。据调查,在整个舟山市拥有社会工作师资格证书的人寥寥无几。

三 国内外社区管理模式及启示

舟山城乡社区管理起步比较晚,需要向国内外社区管理比较成功的国家和地区学习。在此,以国内外城乡社区管理比较成熟的案例为成功经验进行介绍。

(一)欧美国家社区管理模式

欧美等一些发达的工业化国家,由于其社会政治、经济制度和专业社会工作的发展程度较高,社区组织管理体系比较完备,在社区管理上有许多可以借鉴的理论和实践经验。

1. 北欧的"社区城市化"管理

北欧国家的社区管理一直都以"自治"为理念,无论是乡镇还是较小的乡村,都纳入城市化社区并对其进行管理。20世纪后期,北欧国家普遍进行了地方政府自治改革,扩大了城市社区的版图,加强了社区自治机构的权力,进一步增强了社区的自治职能,形成了所谓的"社区城市化、城市社区化"的自治管理模式。

2. 美国的共享型自治社区管理

在美国一个十分明显的划分是所谓的"街"。美国"街"的一个普遍理解含义是"社区生活",它不仅仅是一个地方的地理名称,更为重要的它还是一个地方社区居民价值观的体现。社区里的具体事务商议和发展项目的安排部署由"街"中的社区董事会举行社区听证会来进行讨论、管理、自治,它的功能是建构一个大型的公共社区服务机构和交流平台,在政府和社区居民两个端点起着平衡和制衡的桥梁与纽带作用,既鼓励居民参与政治讨论,让社区居民自己来决定自己的事务,政府和各个具体实施机构只是起着监督、提供资金和具体操作等作用,最后的评审都由社区居民自己投票议定。美国城市社区管理模式的主要特点,是对社区的干预主要以间接的方式进行,社区发展规划由政府部门负责编制并拨专款加以实施,并充分体现自上而下与自下而上相结合的原则。在美国的城乡社区管理中,非营利组织是美国城市社区发展的主力军,依靠社团组织实行民主管理并强调法制功能。

(二) 亚洲国家社区管理模式

在亚洲,形成了以日本和新加坡为代表的不同的社区管理模式。

1. 日本的混合型管理模式

日本社区采取的是"地域中心"的管理模式。"地域"相当于中国的"街道"一级行政区域,其管理机构被称为"地域中心"。"地域中心"的主要工作职责很多,包括征集民众意见、组织民间公益团体对所需全体给予支持援助等。但作为一定区域的行政管理机构,其职能比较单一,职责亦十分明确,主要侧重于地区事务管理和为本地居民服务,从本质上看仍是一个政府下派机构,不能完全代表民众进行利益话语权的表达。由此,日本社区又发展完善了住区协议会制度,它是地地道道的社区居民参与公共事务管理的群众自治组织,它的功能是协调促进、制衡"地域中心"的工作和工作偏误,这种制度的最大特点是居民自愿加入并直接参与民主管理,使政府能听到居民的呼声,使政府的计划更符合当地的实际。日本城市社区管理体制表现出明显的混合式特征,政府对社区发展的干预较为宽松,政府的主要职能是规划、指导并提供经费支持,官方色彩与民间自治特点在社区发展的许多方面交织在一起。

2. 新加坡的政府主导与社区自治型管理模式

政府立法引导与社区高度自治相结合，是新加坡高效的城市社区公共管理的独特模式。首先是政府的引导职能。政府通过对社区组织的物质支持和行为引导，把握社区活动的方向。其次是社区委员会制。在新加坡，社区内主要有三个组织：居民顾问委员会（居顾会）、社区中心管理委员会（社管会）和居民委员会（居委会）。居顾委地位最高，主要负责整修社区内的公共福利，协调另外两个委员会和其他社区内组织的工作。社管委负责社区中心的行动并制订从计算机培训到幼儿体育活动的一系列计划。居委会是社区的第二层组织，相当于我们的居委会，它主要承担治安、环卫（专业工作由服务公司完成），组织本小区内的活动等任务，同时也为居顾委和社管委提供人力帮助并反馈信息。再者是共管式公寓。在业主方面，新加坡法律规定，各个业主不得侵犯公共空间，私搭乱建要被课以重罚。每个新建住宅区必须在两年内成立管理委员会，由全体业主投票选出委员会成员。该委员会将代表全体业主管理社区，每年召开一次全体大会，讨论制定社区行为规则以及聘请物业管理公司等重要事务。但是，新加坡公众很少主动参加社区管理，社区居民民主观念比较淡薄。

（三）国内社区管理模式

有的学者从我国社区管理的实践状况出发，将我国社区管理模式概括为：①推进整体模式；②专项特长模式；③资源共享模式；④连片开发模式；⑤互利互动模式；⑥物业管理模式；⑦社区重建模式。也有学者从社区管理活动的主体差异出发，将社区管理模式分为政府导向型、市场导向型、社会导向型3种类型。[①] 本研究以后者为主要内容进行分析和探讨。

1. 政府导向型社区管理模式

这种管理模式是以政府为核心，以政府下派的街道办事处为主体，在居委会、中介组织、社会团体等各种社区主体的共同参与配合下，对社区的公共事务、社会事务等进行管理。从长期来看，这种政府办社会的方式，有"全能政府"、社区"单位化"之嫌，抑制了民间的活力，从而降低了政府的工作效率，增加了政府的财政负担，使政府机构有再度膨胀的趋势，从根本上有悖于社区管理的发展方向。这种模式以"两级政府、

---

① 徐永祥：《社区发展论》，华东理工大学出版社2000年版。

三级管理、四级网络"的上海社区治理模式和实行社区自治体系和政府行政体系共生的半行政半自治型模式的江汉社区治理模式为代表。

2. 市场导向型社区管理模式

这种模式就是通常所说的"物业管理模式"。虽然这一管理模式还不够成熟，其结构体制和运行机制还存在许多不完善的地方，但从目前的发展态势来看，它已经成为城市社区居民日常生活中的一种重要依托，其优点是社区的建设和管理由于引入了市场竞争机制，因而表现出一定的生命力；缺点是当前的物业管理不规范，亟待加强管理。此外，这种市场化运作的管理模式毕竟不能覆盖小区中的社会管理和行政管理，还不能说是一种完全意义上的社区管理，其地域范围一般只为封闭性的生活小区。

3. 社会导向型管理模式

这种模式以实现"社区自治，议行分离"的沈阳社区管理模式为代表，也可称为社区居民自治模式。主要是指以社区居民为核心，联合社区内各种主体组织、机构，共同参与社区事务的管理，实行真正的民主自治管理的一种模式，这种模式的优点是能够调动社区内居民广泛参与社区事务的积极性，使社区居民真正成为社区的主人，管理自己的事务，有利于增强社区居民对社区的认同感和归属感，有利于形成良好的社会风尚，避免了"全能政府"的难以为继和市场的"间或失效"。不足之处在于，从现阶段社区管理的实践看，离开政府的引导，离开法律的规范，社区自治难免有流于形式和纸上谈兵之嫌。

（四）国内外社区管理模式对舟山市城乡社区管理的经验与启示

纵观国内外各种社区管理模式，行政主导型管理模式的发展趋势相对来说处于"劣势"，因为从全球各个国家的公民权利变革和行政力量下移发展前景来看，大多数采取的是社区自治模式，尤其是西方国家由于长期在民主政治理念的影响下，这种模式发展深入人心。行政主导型管理模式虽然严格遵守"科层制"，并在这种制度中形成较高的运作效率，但它的最大弊端是管理社区的成本过高，容易形成机构臃肿，人浮于事，造成大量社区资源的流失和浪费。行政主导型管理模式为数不多，或者说在管理取向上正在不断弱化。但是，从舟山市现有的社区管理来看大多数体现的是行政主导型，政府对社区干预过多，官方色彩浓厚，不过近年来正逐渐向"社区自治"模式积极靠近。

但是，对于欧、美、日等发达国家的社区管理模式来说，有这样几个共同特点：其一，社区组织体系完整，层级分明，条分缕析，指导和实施、操作层相互之间权责明确；其二，社区基础设施配备较为齐全，教育、生活、休闲娱乐等部门之间不断进行沟通和交流，相互弥合补充不足；其三，居民积极参与社区管理，对自己的权利和义务都有较高的积极性；另外这些社区依法管理社区事务，并根据自身的现实情况发展各个社区团体积极开展活动，多方筹措资金来建设发展本社区。

而舟山市城乡社区建设是在社会条件没有做好充分准备的基础上由政府推动的，发展很不充分，社区服务组织还很不完善，社区居民参与社区管理的积极性还没有充分调动，各种社会力量没有得到充分整合。因此，在当前这种状况下，舟山市城乡社区的发展不可能沿着西方社区发展的思路和路径来走，必须坚持党委领导、政府主导，积极引导和规范社区管理活动，鼓励社区居民参与社区管理，实行社区居民自我管理、自我完善，实现党委政府主导下的社区高度自治，最终达到建设和谐社区的目的。

四　舟山群岛新区农村社区管理体制创新的路径

进入21世纪以来，随着舟山统筹城乡发展的不断推进，城乡二元体制对渔农村经济社会发展和城乡融合发展的制约越来越突出。同时舟山群岛新区的设立，既为渔农村加快发展带来了难得机遇，也使农村社区管理体制深化改革显得更为紧迫。为此，根据调查情况，在充分借鉴国内外农村社区管理经验和实践的基础上，舟山群岛新区农村社区管理体制改革与创新的基本路径如下：

（一）健全农村社区管理的规章制度

近年来，在社区管理方面，舟山市结合海岛特点，提出并实施了"小岛迁、大岛建"等重要举措。为了推进此项工程，舟山市出台了在大岛集中安排建设保障性安置住房、建立小岛居民迁移专项补助资金、强化迁移居民的基本公共服务、开发利用小岛资源补偿原居民等办法，相继完成了鼠浪、凉潭等若干小岛整岛、整村的搬迁，并培育了一批中心村。大批岛上居民迁往城镇和周边经济大岛，有效地推进了海岛城乡一体化。同时，舟山市之所以能把一般在城市社区中实行的新型城市管理模式全面铺开，并且结合本地的地理环境进行创新，正是因为舟山地理空间的独特性：舟山市面积大，陆地面积小，人口相对集中，并且经过搬迁和合并，人口更加集中在相对容易管理和开展社会工作的区域。这些特殊而又有利的现实是其他的地方所没有或不具备的。

因此，舟山可按照"超前探索、先行先试、封闭运行、风险可控"的发展思路和原则，先根据舟山市的特点和发展情况制定一些地方性法规或规范性文件作为起步；也可先由社区在不违背国家法律的前提下，自行制定一些具体的社区管理办法与规章制度，确立居民共同遵守的规范，同时加强执法的落实力度，维护大多数居民的合法利益。这些法律一方面要以法律形式确立社区管理委员会等组织的法人地位，赋予其相应的权利和义务，特别是要依法划定其与政府行为的边界，否则很容易被行政部门再次变为"腿"。另一方面也要通过法规和规章，赋予社区各类执行机构以一定的权力。如在社区的治安、卫生、公共设施保护等方面建立法律制度，使相应的职能机构能行使管理、检查、监督、处罚等权力，不再出现过去居委会那种"看得见，摸得着，管不了"的状况。同时，还要对社区内各类组织建制，明晰各组织相互之间的职权范围，特别是要建立对各组织机构工作的内外监督制度，使社区开展工作具有制度保障。

（二）深化基层社区管理体制的改革

舟山群岛新区城乡管理体制的改革和创新要在党组织的领导下顺利推进，要尊重社区的自主性、自治性，坚持政企、政社、政事分开。

首先，要以推进基层党建为契机，进一步健全以社区党组织为核心的领导结构，建立社区党组织、社区居委会和其他各类组织多方参与的社区建设和管理机制，推动社区事务协同共建共治。合理划分社区居民代表会议、居务监督委员会、居委会等机构职能和权责边界，不断探索完善社区内部治理结构，形成有效工作激励和权力制衡机制。政府通过购买服务的方式，引导各类社会组织在社区开展各方面服务。

其次，要明确社区居委会是群众性自治组织而不是基层行政单位，政府各部门包括街道办与社区居委会是指导关系而不是指令关系。要按有关法律的规定，切实转变政府职能，实施政事、政社分离，不再包办社区工作。明确对确需社区协办的事项，建立"权随事转、人随事转、费随事转"机制。对于政府来说，政府及其相关职能部门应明确各自的职能范围。相关职能部门应根据本地区的实际情况，对社区工作进行明确界定，哪些工作由社区做，哪些工作不应由社区做，哪些工作应由社区协助做，并将这些内容以正式文件的方式在社区予以公示，接受居委会干部和社区居民的监督。

再次，完善农村社区设置机制。按照政府服务优化、村级自治强化、群众办事方便、经济社会发展有利的要求，在目前的情况下适当调整渔农村社区和城市社区设置。目前，舟山市共有192个农村社区，这些社区大部分是根据政府服务优化、村级自治强化、群众办事方便、经济社会发展有利的要求，在原有基础上调整与设置的，其中不乏并村组建或是联村组建的社区。但是，这些社区在运行过程中暴露了一些亟待解决的问题，例如利益冲突、经费分摊等。为了解决这些问题，需要对矛盾较多、设置不合理的社区进行重新设置。要根据自然文化资源、经济社会发展水平、居民生活习惯等不同情况，按照统筹城乡发展、聚居人口适度、服务半径合理、资源配置有效功能相对齐全等原则，以县（区）为单位，组织编制农村社区布局规划。原渔农村社区设置规模过大、运行不畅的，可以按村落或自然条件为界、群众认同感等构成要素和便于居民自治、便于管理服务的原则，进行划分、调整，设置新的社区居委会；原未建渔农村社区的"城中村"，通过"撤村建居"，以独建、联建、并建的方式建立社区居委会；在新区开发拆迁安置、渔农民集中安置、新居民安置等形成的居住区，要结合城市发展规划，科学合理设置与规划相协调的社区居委会。原则上，人口在1000人以上的，在现行的村民委员会范围内，按照"一村一社区"的形式进行组建；规模较小的村、人口密度相对较高的或生产生活方式相近的地方，可以按照"几村一社区"形式组建；对于规模较大但自然村比较分散、人口较多的，可以按照"一村几社区"的形式组建。但是，无论是撤村还是并村，都需要创造条件，在尊重群众意愿的前提下撤并，要采取引导的办法而不是强制来实现农村社区的集聚发展。

同时，在社区组建时，要充分考虑到特色村、历史文化村、中心村等实际情况，尤其要注意区分城郊接合部农村社区、集镇中心村农村社区和传统式农村社区的不同类型，要对舟山市特色文化村和海岛古村落进行保护，可以以非建制村的形式继续保留在当地社区内，注重发挥不同社区的优势，建设独具特色、功能各异的新型农村社区。

（三）推进农村社区集体经济产权制度改革

要推进基层农村社区管理体制改革，使未来农村社区在组织体系方面形成这样的局面："居民的个人事务就找社区党组织、居委会和社区公共事务服务站，经济上的事情找集体经济组织"，就必须解决农村社区集体经济产权不清、法人地位不明、利益分配矛盾突出等问题。

首先，要做好村集体资产的清产核资和资产量化工作。针对舟山市渔农村的历史和现实，要设立农村社区就需要全面清查核实各种资产、负债和所有者权益，界定权属，明确产权关系，确保集体资产的存量记录真实可靠。按照"依据法律、尊重历史、实事求是"的原则，尝试以村民大会表决认定方式为主（村民自治权的体现），以司法审判方式修正村民大会决定为辅（保障村民的合法权益）两个程序的设置，以原村规民约中有关村民待遇的规定为主，并充分考虑社会变迁所出现的新情况，合理确定折股量化的资产类型、范围和方式。在程序上也可以引入专业法律机构或引入律师机构参与资产核查和量化，然后提交社区居民代表大会讨论表决。

其次，要结合实际进一步明晰和界定集体产权。对于原来以村委会作为集体资产的法定所有者的村来说，由于把村委会撤销改为一个或多个社区居委会，这些"村"便出现了集体资产法定所有者缺位的问题，要在过去的基础上进一步明晰、界定集体经济产权。舟山市可以根据各个渔农村社区的条件、人文环境、发展潜力等在条件成熟的情况下实现由目前的经济合作社组织向股份合作制企业或公司转化。这些股份合作经济组织的拥有者要么是原来村民，要么可以采取有条件的方式允许同一社区而非原来村民加入。

再次，要协调好社区公共利益与社区成员的个人利益。无论改制前或改制后，股份制经济组织都兼具获取经济效益和社区服务的双重功能，与"纯粹"的企业不完全一样，最重要的区别在于它直接承担社区的公共福利。既要获取利润，又要考虑内部利益的相对均衡及社区社会与经济的稳定发展。其精髓在于，从产权结构、分配方式、激励机制等方面建立起行为规范，为协调好社区公共利益与成员个人利益提供制度保证。但是也要注意到，股份合作制在股权设置、股权界定、利益分配等具体内容上存在的制度弹性，需要在操作和实施中把握好尺度，协调好社区公共利益与社区成员的个人利益。

(四) 完善农村社区运行机制

舟山市在完善渔农村基层治理格局时，要针对不同类型、不同地域的农村或社区采取不同的办法。经过调查，我们认为社区建设要依据从城市郊区村、集镇村、中心村到一般行政村的建设思路，从城乡一体化程度高的地区到城乡差距较大的地区循序渐进，重点突破，逐步完善。为此提出以下建设路径。

针对城中村、舟山本岛建成区内的村和未来开发的主要区域的村在完成集体产权制度改革基础上，分批撤村建居转变为城市社区，强化社区管理与服务功能。要结合舟山市实际在软件和硬件两个方面加强对新建城市社区的投入，为新建社区和未来开发主要区域社区的良性运行提供必要的物质基础和保障，要严格按照《浙江省国民经济和社会发展第十二个五年规划纲要》、《关于加强和改进城市社区居民委员会建设工作的意见》（中办发〔2010〕27号）、《浙江省农村社区发展"十二五"规划》等文件的有关标准和要求进行。

对于中心村和居住相对集中的村所设的社区，要以服务为依托推动社区的良性运转。要强化社区自治，整合办事机构，积极推进"一站式"服务，提高为社区及居民提供公共服务的水平。社区组织依托的服务中心组织开展就业服务和职业培训、社区救助、社区治安、社区卫生和计划生育、社区环境和文化、体育、教育、应急避灾等公共服务，还可以配备必要的便民商贸服务功能，建有村务公开栏、法制科普栏和必要的室内外文体活动场所。结合舟山的实际情况，我们认为中心村和居住相对集中的村，其社区服务中心的建筑面积不应少于500平方米，其中不包括室内外文体活动场所。如果现有用房达不到要求的，可以新建一批、改建一批。

偏远分散的村，在强化村级自治和集体经济组织的同时，建立区位合理的社区服务中心，提高对偏远渔农村的服务水平。对于这一类服务中心，要根据社区经济条件、人口规模、居住特点、服务半径、服务成本等因素，因地制宜，合理确定，总的建筑面积一般不少于350平方米。

社区建立后要从组织架构上完善农村社区管理体系和治理框架，建立"决策—执行—监督"的组织框架。首先是居民代表会议，即为社区决策机构，讨论决定社区发展和居民公共利益相关的重大事务。居民代表由社区各居民小组和驻社区单位推选产生,居民代表会议由居民代表和居委会成员组成,一般为40人。其次是居委会成员,主要从社区居民、社区专职工作者、驻社区单位代表、新居民等人员中民主选举产生。居委会成员主要履行相关法律规定的社区议事职责,不领取固定报酬,可享受相应的误工补贴。再次是居务监督委员会,即社区监督机构,负责对社区运行过程的民主监督,重点做好社区事务、财务的监督。居务监督委员会成员从居民代表中推举产生。由此,产生了"决策—执行—监督"的框架,进一步增强了社区的自治功能,实现了基层管理与群众自治的有效衔接和良性互动,有力地确保了民主选举、民主决策、民主管理、民主监督的实现。

最后,要强化对社区的社会考评,弱化社区的政府考评。加强对农村社区的考试是维持社区正常运转的"良药"。结合调查的实际,笔者认为对当前社区的考核工作,一定要改变以街道办事处和上级有关部门考核为主的现状,实行以社区居民自我考评为主。建议在现有的居民会议基础上,增加议事会这种组织形式。即通过一定程序,聘请居住在本社区的人大代表、政协委员以及热心社区建设的知名人士、有影响力的人士、外来人员担任议事会成员,并在此基础上,建立相关民情交谈、民事协调、民意听证、民主评议制度,代表社区居民对社区居委会干部工作行使知情权、决策权和监督权,确保群众的知情权、参与权、表达权和监督权,从而使其工作来源于社区,服务于社区;在政府相关部门对社区的检查和考核中,应以规范性文件的形式明确,在没有特殊情况下,各种单项和综合考评不得单独进行,凡未经县区级政府同意的各类检查和考评,社区都有权拒绝。

(五) 加强农村社区经费投入和队伍建设

舟山作为浙江省经济欠发达地区,在经济总量上同宁波、杭州等地相比有其不足之处。但是,在推动城乡管理体制创新方面也有其优势,其最大的优势是舟山群岛新区的建设和相关政策的支持。因此,在推动农村社区管理体制改革过程中,要切实抓住这一历史性机遇,按照城乡一体化、建设服务型政府、完善公共财政体系的要求,以推进基本公共服务均等化为目标,为农村社区基础设施和公共服务设施建设、社区服务开展提供必要的资金支持。要整合公共财政在农村社区的各项投入,每年安排一定的专项资金用于保障社区的运行、社区的公共服务、社区基础设施建设和社区居民的民生工程。社区工作所需的人员经费、办公经费、活动经费列入当地财政预算。对于资金的分摊，可以按照县（市）区、乡镇（街道）、村三级分摊，也可以安排一部分福利彩票公益金、体育彩票公益金等，通过直接补助、以奖代补、考核补助等方式补助社区建设。要大力发展集体经济，为社区公益事业、福利性支出提供资金支持。要积极采取补助、贴息、奖励、收费减免、购买服务等激励措施，鼓励社会力量参与社区建设，逐步建立以财政资金、集体基金投入为主，企业投资、社会各级参与、慈善捐助为补充的多元投入机制。

社区工作者是社区工作的主体，是社区建设各项工作开展的执行者。要按照社区规模大小，一般配备5—9名社区专职工作人员。要把政治素质好、能创业致富、有奉献精神、公道正派、廉洁自律的有才能的选拔出来，使其成为农村社区建设的组织者、管理者、服务者。

要根据社区工作量的大小，因事设岗、以岗定人、一人多岗、一岗多责，注重提供工资绩效，降低工作成本，以尽量少的人员提供尽量多的服务。同时为了解决社区工作人员素质参差不齐的问题，应该对社区工作人员的培养坚持本土培养和对外选聘相结合，加强农村社区工作者队伍建设，将其纳入社会工作人才队伍中加强专业培训，逐步推进农村社区工作者的专业化、职业化，努力建设一支结构合理、素质优良的社会工作人才队伍。要鼓励和支持乡镇机关、事业单位工作人员到农村社区长期挂职锻炼、蹲点服务。还要积极选聘高校毕业生到农村工作。社区工作人员由政府聘用并专职从事政府为社区居民提供的各项服务，社区专职工作者每年通过工作绩效考核、居民民主评议，由政府财政保障其工资待遇不低于当年当地的平均工资水平，并享受"五险一金"保障，以确保工作的稳定性、持续性。

（六）强化农村社区管理中的公民参与

不论是社区日常管理运行中的决策形成、决策执行，还是社区工作的绩效评估，都离不开有效的公民参与。因此，在推动农村社区管理体制改革过程中，必须系统地思考公民参与制度。

从理论上讲，在公民的社会生活中，社区共同体不可或缺，它是公民得以进入社会，公民性资格与价值得到承认、享有相应权利的媒介。人们只有进入和参与社群的公域生活，承担社群的责任，其公共资格才能获得认同。因此，为了维护社区管理的良心运行，必须提高公民的参与能力。提高社区居民公民参与能力，一是以政治意识为基础的政治能力。社区公民对社区政治社会环境与社会公共政策必须有大致了解和掌握。二是以文化知识能力为基础的思维能力，这是公民参与的重要条件。三是表达能力，勇于和能够及时准确地表达自己的意愿、建议和要求，而无须通过他人或其他中介替代表达。四是必要的社会热情。①

从调研情况看，为了提高舟山市农村社区管理中的公民参与社区管理，首先要加强社区共同利益的培育。社区中公民参与在很大程度上取决于是否具有共同的社区利益。在共同的社区利益下，社区形成凝聚力和向心力，社区中的公民才会对社区有认同感和归属感。因此，推进社区居民参与，必须十分重视培训社区居民共同的社区利益。在以民为本的原则下，社区组织应关注社区公民的共同利益，注意寻找社区公民共同关心的问题来吸引他们参与社区的公共事务。并从本居住地区的客观实际和发展需要出发，把社区居民的共同需要放在首位，以解决社区居民普遍关心的热点和难点问题为契机，扩大社区公民参与。②

其次，畅通社区公民参与渠道。要进一步建立和完善参与机制，以保证社区居民参与规范运行，持续、稳定、有序、健康地发展。应依照有关的法律法规，制定相应的规章和制度，明确社区居民的权利和义务，参与的内容、方式和程序等。在减少参与的盲目性和随意性，保证参与的规范性和有效性的指导下尽可能地简化参与程序，做到易于操作。同时，最大限度地调动社区居民的积极性和创造性，采取灵活多样充满弹性的方法，改变以往"等、靠、要"的工作方式。在参与手段上，既要充分发挥传统参与方式方法的长处，又要充分结合科技发展的优势和特点，在保证参与有效性的前提下充分发挥网络、新媒体等方式方法的功能和作用。③

再次，要在落实民主选举、民主决策、民主管理和民主监督这四个环节保障公民参与的有效性。

---

① ［美］罗伯特·D. 帕特南：《使民主运转起来》，王列等译，江西人民出版社2001年版。
② 李猛、周飞舟、李康：《单位：制度化组织的内部机制》，《中国社会科学季刊（香港）》1996年秋季卷第16期。
③ 何海兵：《我国城市基层社会管理体制的变迁：从单位制、街居制到社区制》，《管理世界》2003年第6期。

（1）民主选举。要在保证选举的严格性、合法性和安全性的原则下，在社区中进行民主选举，要以利用社区召开居民大会为基础，根据多数居民意愿，酝酿、推选并确定候选人。在选举过程中，要保障选举的公开、公平和有效，确保民意真正得到尊重。

（2）民主决策。在做决策时，一定要充分征询、吸纳和体现社区公民的意见，要让一般公民能够在具备充分信息的情况下进行审议讨论，并促成社会公众对议题进行广泛而又理性的辩论，促进一般公民对于政策的参与和决策的科学化。

（3）民主管理。要将社区居民的各种数据、资源统一收集汇总，建立起社区居民关系管理系统，把这些数据、资源转化成对社区居民有用的"知识"，使社区公民可以利用这些数据和资源为自己和社区服务，也使社区中的参与度、满意度大大提高。

（4）民主监督。要实行办事公开制度，将社区组织的工作职责、成员分工和办事依据、办事程序、办事标准、办事纪律、办事结果公开等。居民公开接受民主评议、实行民主监督，这样可以增进社区居民之间的信任、形成共识，逐步培养公民参与的习惯，使社区真正成为自我教育、自我管理、自我服务、自我约束的自治组织。

（七）培育民间组织参与社区管理

社区管理不仅仅是政府的事，也不仅仅是社区管理机构的事，而是需要民间组织、公民个人等社会力量的广泛参与。

当前，舟山市的民间力量不是十分强大，草根阶层的民间组织更是十分薄弱。但是，进入21世纪以来，舟山市的民间组织正在迅速崛起，其影响力与日俱增。无论是现实的民间组织还是虚拟的民间组织，他们正在各个方面发挥着自己的作用。民间组织在提供公共服务、反映利益诉求、规范社会行为、扩大公共参与、增强社会活力、促进社会发展等方面具有积极作用。要进一步加大培育力度，引导其广泛参与社会治理。例如：针对舟山市外来务工人员多、分布广、比例大等特点，要加强农村社区的组织建设和制度建设，就要积极探索社区共建理事会、和谐促进会等新型社区治理组织，培育和创新服务性、公益性和互助性的社会组织。要积极畅通驻地单位、离退休回村人员、外来务工经商人员等参与社区建设的渠道，形成社会的合力推动社区管理工作的发展。同时要大力发展各类专业协会、合作社等经济合作组织,大力发展志愿者、帮扶互助、文体教育、环境保护等公益性社会组织,健全共青团组织、妇女组织、残疾人协会、计划生育协会、红十字会等群众组织,从资金、政策和制度上支持、帮助民间组织成长,充分发挥其提供服务、反映诉求、规范行为的作用。

除了民间组织参与社区管理之外,还要在社区中培育志愿互助性服务。据调查,目前舟山市许多社区纷纷成立了一些帮扶性志愿服务组织,涌现了一批先进个人,但是其他类型的志愿服务团队和个人相对较少。要积极鼓励和动员社区中的党员、驻地单位代表、外来人员代表、有一技之长的居(村)民参加志愿性服务。大力培育和发展环保、文体、科技、帮扶等公益性支援组织和志愿者队伍,发展大学生志愿者、青年志愿者、党团员志愿者、老年志愿者、巾帼志愿者等各具特色的志愿者队伍,不断提高居民的组织化程度和自我服务的能力。要依托志愿者服务队伍在社区广泛开展便民利民、助老扶幼、扶残助残、纠纷调解、环境保护、文体活动等互助性服务,切实解决老年人、残疾人、优抚对象、低收入家庭、留守儿童等在生产生活中的各种困难。要规范社区支援服务工作,建立健全招募、注册、培训、激励和考核等志愿工作制度,促进志愿服务向着专业化方向发展。要切实维护志愿者合法权益,创造条件为志愿者就业、兼职、才智体现提供广阔的空间,广泛宣传和表彰社区基层志愿服务活动中涌现出来的先进集体、先进个人,形成支持社区志愿服务的良好氛围。

十八大报告提出,要加快形成"党委领导、政府负责、社会协同、公众参与、法治保障"的社会管理体制,[①] 要加强基层社会管理和服务体系建设,增强农村社区服务功能,充分发挥群众参与社会管理的基础作用。舟山群岛新区农村社区管理体制改革和创新是在建设舟山群岛新区背景下提出的一个重大课题。在农村社区管理中,不仅要动员各级党政机关的力量,还必须动员各类企事业单位、基层群众自治组织、人民团体、社会组织等全社会的力量,参与社会管理,实现农村社区管理的共同治理。

---

① 《坚定不移沿着中国特色社会主义道路前进 为全面建成小康社会而奋斗——在中国共产党第十八次全国代表大会上的报告》,2012年11月8日。

参考文献

1. 刘劭婷、吴雅玲：《构建和谐社会背景下的社区管理模式创新探讨》，《法制与社会》，2007年第12期。
2. 王建军、夏志强、王建容：《社会管理的理论与方法》，四川大学出版社2008年版。
3. 侯希萌、马涛、赵冬梅：《基层社区管理机制的创新》，《当代经济》，2008年第3期。
4. 谢守红、谢双喜：《国外城市社区管理模式的比较与借鉴》，《社会科学家》，2004年第4期。
5. 杨稣、贾明德：《我国新型社区管理模式研究》，《东华大学学报（社会科学版）》，2004年第4期。
6. 杨超：《西方社区建设的理论与实践》，《求实》，2000年第12期。
7. 袁秉达：《新时期社区研究概述》，《党政论坛》，2001年第11期。
8. 林尚立、马伊里：《社区组织与居委会建设》，上海大学出版社2000年版。
9. 李秀琴、王金华：《当代中国基层政权建设》，中国社会出版社1995年版。
10. 林剑流：《新时期社区建设与管理》，上海人民出版社1996年版。
11. 胡康生：《转型时期城市社区自治问题探讨》，《发展》，2007年第1期。
12. 刘娅：《居委会自治性质的重新探讨——居民委员会与业主委员会的自治性比较》，《中国行政管理》，2005年第5期。
13. 孟华：《论中小城市社区建设中的政府职能》，《泰山学院学报》，2003年第1期。
14. 万勇：《构建和谐社区的意义及目标》，《中国民政》，2006年第18期。
15. 方俊：《关于社区管理研究的综合评述》，《北京行政学院学报》，2002年第5期。
16. 陈俊：《加强社区管理构建和谐社会》，《中国农垦》，2006年第5期。
17. 徐勇：《论城市社区建设中的社区居民自治》，《华中师范大学学报（人文社会科学版）》，2001年第3期。
18. 张塑、何云峰：《社区管理概论》，上海三联书店2000年版。
19. 侯钧生：《发达国家与地区社区发展经验》，机械工业出版社2004年版。
20. 曹广存、刘钮、曹春梅：《城市社区管理主体权力的协调》，《城市问题》，2006年第8期。
21. 韦克难：《论社区自治》，《四川大学学报（哲学社会科学版）》，2003年第5期。
22. 贾治邦：《建设和谐社区是构建和谐社会的重要基础工程》，《中国民政》，

2005 年第 7 期。

23. 谢守红:《国外城市社区管理模式的比较与借鉴》,《社会科学家》,2004 年第 1 期。

24. 魏娜:《我国城市社区治理模式:发展演变与制度创新》,《中国人民大学学报》,2003 年第 1 期。

25. 孟固、白志刚:《社区文化与公民素质》,中国社会出版社 2005 年版。

26. 周鸿:《治理理论下的城市社区多元共治模式的建构——城中村社区治理体制研究》,《广西师范学院学报(哲学社会科学版)》,2006 年第 1 期。

27. 秦润新:《农村城市化的理论与实践》,中国经济出版社 2000 年版。

28. 王克安主编:《中国农村村级社区发展模式》,湖北人民出版社 2001 年版。

29. 何彪、吴晓萍:《西方城市社区建设历程及其启示》,《城市问题》,2002 年第 3 期。

30. 华伟:《单位制向社区制的回归》,《战略与管理》,2000 年第 1 期。

31. 陈喜强:《政府与社区组织:从纵向控制到横向互动》,《中国行政管理》,2005 年第 3 期。

第五章

舟山群岛新区农村社区治理中的利益衡量机制构建研究

农村社区治理作为农村公共政策实施的延伸,最关键的问题便是治理中存在的各类利益主体的利益冲突。农村社区治理其实是公民社会在农村地区的重塑,这一过程并不是简单地提高农村居民的收入水平、增加农村地区公共产品供给,而是需要从更大程度上优化农村社区治理机制、变革农村社区管理体制。《舟山群岛新区发展规划》提出:围绕渔(农)村产权制度、户籍制度等重点领域,开展各类配套改革试点工作。加快推进农村土地、房屋等各类产权的确权登记颁证,积极引导确权后的产权交易流转,探索建立农村土地承包经营权、渔(农)村宅基地和集体建设用地产权交易平台和市场化流转办法;在涉及农村治理中提出:深入开展"网格化管理、组团式服务"工作,坚持抓本治源,建立完善多元化的矛盾化解机制,积极预防和妥善处置各类群体性事件。基于农村社区治理的需要,要求新区发展中要完善农村社区利益分配制度,着力解决农民关心的利益问题,健全农村社区利益主体的保障体制,规制各主体利益关系,以此构建农村社区治理中的利益衡量机制。

一 农村社区治理与利益衡量机制

(一)利益衡量机制溯源

从法学角度来讲,利益层次结构是在利益衡量的法学方法论基础上建立起来的。利益衡量作为一种法解释方法论源于德国的自由法学。但利益衡量作为一种法解释论,是20世纪60年代日本学者加藤一郎在批判概念法学各种弊病的基础上提出来的。[①] 然而,随着我国农村社区建设的不断发展,出现的利益衡量问题呈现多元化趋势,比如"公共利益"、"群体利益"、"个人利益"、"区域利益"等相关利益方,各个利益主体之间呈现相互博弈的态势。因此,建立相关利益协调机制、解决机制、权衡机制、分配机制等,应首先从法学上给予充分而具有弹性的解释,形成解决利益衡量机制的基础,规范利益分配。

从现实角度来讲,社区治理的主体仍然由政府、非政府组织以及居民组成,这三方各自有自己的优势资源。但是如何将这三方组成一个有效的整体,需要一个维系三方的纽带,这条纽带就是利益。因此,搞好农村社区建设,只有通过三方共同努力,平衡多方利益,建立一个完善的利益衡量机制。

(二) 社区治理与利益衡量

在社会学中,对社区的解释是个体的人必须在特定的地理空间内生活或者工作,这种"特定的地理空间"就被称为社区。我国的社区设置已经成为一种制度性的现象,其中政府仍然是社区构建治理的主导者。然而在社会转型的大背景下,利益多元化推动了社区治理与自治空间的扩大,这使得不同的利益追求者参与其中,并且各个利益追求者会通过各种方式对社区的治理施加影响,形成不同的利益关系。社区治理,特别是农村社区治理的目标就是要协调好不同的利益关系,以满足或达到社区治理的目的,实现社区成员的安居乐业。

随着经济的飞速发展,我国政治制度的完善步伐却日渐落后,致使经济社会发展不平衡。特别在农村基层社区的治理中,管理者制定政策实际上偏离了村民实际关心的问题,从本质上削弱了村民参与公共治理的积极性,导致管理工作举步维艰,难以创造一个公平、合理、有序的农村社区整体。因此,构建一个良好的利益衡量机制,贴近农民实际关心的利益问题,才能从根本上解决管理不善的现状。

在舟山新区建设过程中,农村基层社区治理尤为重要,在时代的趋势

---

① 全永波:《公共政策的利益层次考量——以利益衡量为视角》,《中国行政管理》2009年第10期。

下，农业农村问题已经被作为重中之重的问题，各项制度都在向着农业农村问题倾斜。把握好社区治理的关键点，成为改革是否成功的最低衡量标准。因此，利益衡量机制的不断发展与完善，逐渐演变为我国各地方政府在处理农村社区建设问题中所要把握的核心要素。

本研究以农村社区治理为问题域，着重探讨农村社区治理中农民切身利益机制，以及如何解决农民利益问题，从而更好地实现农村社区治理的目标。

二 农村社区治理中的利益冲突：基于舟山农村的调查

本研究在文献阅读和相关案例研究的基础上形成调查问卷，以农村社区治理的利益权衡为研究对象，采用问卷跟踪调查以及深度访谈的方式，包括约见访谈、参观访谈以及各种非正式的访谈方法，例如观察、旁听、闲谈等，以此来获得本书的数据基础，了解农村社区治理中各种相关利益之间的关系，通过比较的方法，深入分析不同利益相关者所关心的利益问题，对化解利益矛盾，促进农村社区建设提出意见。

本课题研究团队于2012年12月—2013年2月调查了定海北蝉乡及所辖星马社区，岱山的南峰、蓬莱社区，普陀的展茅街道大展社区，主要了解了当地社区的养老、社会救助、社会组织建设、社会工作者队伍、社区基层组织建设的基本情况和典型做法，以农民最关心的利益问题，分发了问卷或者进行访谈、约谈。实际调查人数共计87人，访谈、约谈人数22人，根据数据汇总结果，得出住房问题、教育问题、社会保障问题、就医问题、治安问题为社区及农民最关注的切身利益问题。具体所占比重如表5—1所示。

社区与家民关注的问题	所占比例（%）
住房问题	33.2
教育问题	21.7
保障问题	20.8
就医问题	12.2

续表

社区与家民关注的问题	所占比例（%）
治安问题	8.9
其他问题	3.2

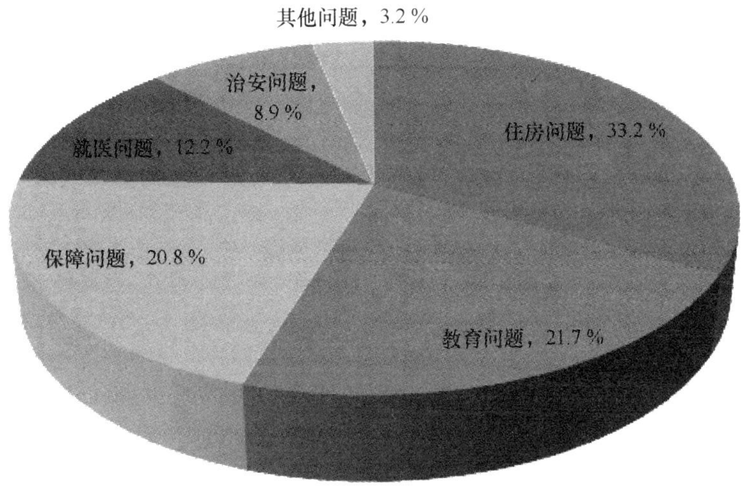

图 5—1 社区与农民关注的问题

由表 5—1 可知，合并社区后，农民所真正关心的问题仍是最关乎农民基本生活的问题。在农村社区治理中，农民作为社区主体，如何能变垂直管理为横向的管理互动，达到可观的效果，笔者认为管理者理应首先解决农民真正关心的问题，只有当机制吻合农民利益的时候，农村社区治理才能取得飞跃性的进展。

在推行"城乡一体化"的进程中，我国政府特别是基层的政府组织尚处在摸索阶段。因此，在现实运行中出现利益矛盾与问题是不可避免的。目前来看，我国农村社区治理总的环境是良好的，方向是正确的，但从长远目标来看，现在农村社区治理的速度、深度、广度都还与目标有着不小的差距，农村社区治理特别是利益相关方的处理仍未得到准确的定位，很多问题处理不到重点上。合并村落，建社区在形式上虽然是这样，但是在经济、制度以及农民内心等方面仍没有真正的"合体"，使得各基层组织工作不够顺畅，具体体现为以下几种矛盾。

(一) 村与社区关系矛盾

社区管理委员会与村委会关系来看,很多社区委员会与村委会在设置上就有矛盾,很多情况下社区委员会与村委会不是一套人马,在职位上有很多不对称,使得在行使基层组织权力的时候比较混乱、效率低,很多工作无法上下协调统一。社区委员会与村委会关系模糊,致使工作效率低甚至工作无法开展。舟山市岱山县南峰社区调研过程中,社区工作人员就反映该社区存在着渔业村和农业村之间的矛盾,以及经济富裕的渔业村以集体经济合作社为基础发展本村福利,而经济条件差的农业村则无资金支持。一个社区的内部福利事业发展不统一。

从社区党总支与社区管理委员会关系来看,党总支在排除非党员等各种因素后,人员设定仍与社区管委会存在较大差异,许多党总支成员并不是社区管理委员会、村委会成员,反过来,有的管委会或村委会成员也不属于党总支,为工作带来诸多不便。

(二) 财务矛盾

社区内部有若干个村集体经济组织,将几个村子合并成一个社区,形成社区中的村与村之间经济发展不平衡。以前各村各算各的,合并后因账目比较复杂,短时间内的账目合并不现实。出现"大账套小账"等现象,历史遗留的账目问题更无法解决,极大地限制了社区经济的发展。

(三) 机构设置矛盾

社区成立后仍然保持了以前村委的建制,加上社区党总支、村代会、经济合作社等,这么多的牌子背后是多套人马的重叠,其中村长的角色发生根本性的转变,其地位显得尤为尴尬,加上多重机构的设置,使得原本一次讨论表决就能通过的事情,从头到尾要多出好几道程序,致使过程太复杂,效率低。村民有事也不知道该向谁反映,庞大而臃肿的机构设置下是决策的缓慢步伐。

(四) 利益个体之间矛盾

在我国,传统的农村曾经是以一个或邻近几个村子组成的熟人社会,这种相互之间的关系可以使生活在一起的任何人彼此熟悉、彼此信任。随着我国改革开放的深化，经济社会的发展以及市场经济体制的建立和完善，使得人们交往范围增大，交往方式增多，交往频率增加。在农村社区建设的过程中，农民越来越多地接触到外来人口，外来人口在价值观、宗教信仰、人生观、风俗习惯等方面都与本村存在或多或少的不同。邻里之间的交往也不频繁了，人情味没有过去浓了，即使面对风险和危机往往也难以形成集体行动。农村社区在传统文化和乡村边缘文化的双重作用下，原有的村约对这种"混合"形成的农民大家庭的约束力下降。农民的责任感淡化，"主人翁"的信念逐渐缺失，取而代之的则是邻里关系冷漠，大家闭门过日子，甚至因为一些小事而出现"针尖对麦芒"般的矛盾。村民间的关系利益化、情绪化，各种丑恶现象频生，大大降低了农村社区的凝聚力，成为农村社区建设的严重障碍。

(五) 社区管理者身份矛盾

组成农村社区之后，由以前的一套班子变为三套或者更多的领导班子，管理人员复杂臃肿。从乡镇政府层面上来看，存在着党政不分，甚至政企不分的情况。党政不分导致党委处于社区管理的权力核心，但是相对来说，政府则处于弱势地位，其行使管理职能过分依靠党委，导致党政合一，政府工作的主动性和效率都会受到极大影响。另外，从社区政府与村级政府组织的关系来看，存在着职权划分不清的情况，社区政府认为村委是其直接下属机构，对村委的各项工作进行干预，在工作职能划分上进行"统治"。这样使得村民自治权利减弱，社区管理中存在政府权力越位，导致村级管理者身份地位尴尬，从某个层面上架空了村级领导班子，使得很多管理者职权方面"青黄不接"。

另外，无论从我国现行的基层管理者薪资水平来看，还是从我国农村发展的平均值来看，社区管理者的薪资待遇只能算作中等或者中等以下的水平，但是合并成社区后，很多管理者不只是面对自己从前的一份工作量，因为机构的重复和覆盖面的扩大，有的甚至出现工作量翻倍的情况，但是待遇却仍然维持原状。所以，很多社区管理者存在着身份矛盾、收入矛盾，这些矛盾直接导致管理人员积极性差，社区职能行使运转缓慢。

(六) 自治需求矛盾

在当前组成的农村社区中，基层政府职能的社区化和农村村委会等社区自治组织的矛盾,是目前农村社区建设中的主要问题之一。从根本上来看,农村村委应该承担着农村基层的自治性事务,是农村的自治性组织。它与农村社区之间应该是指导与被指导的关系,是整体和部分的关系,绝非直接命令与执行命令的关系。然而在目前的农村社区建设中,村委会等农村自治性组织的角色定位模糊,难以界定。没有一个明确、科学的划分,各个管理主体之间的关系复杂,管理资源混乱,人员重叠。村委会的自治功能被不断地削减,其行政功能却被强化,无论从职能、决策、执行、经费、人事甚至培训等方面来看,其工作运行更像是一个政府组织而非法律意义上的农民自治机构,本应该呈现的多元化管理而现在却出现单方面的主导,社区治理的主体力量明显不均衡。农村社区管理目标不够明确,领导机制尚未成熟。随着农民基层自治需求不断增强,社区规模不断扩大,如何协调农民自治需求的增加与目前自治的失范,明确权利定位,发挥好农民基层自治的优势,化解利益矛盾,这越来越成为农村社区建设中的重大难题。

三 农村社区治理的利益机制构建

国外的社区治理始于第二次世界大战后,治理的成功经验为我国农村社区治理提供了诸多借鉴。目前来看,舟山作为海岛地区存在着海岛农村特有的矛盾特点,"乡政村治"已经远远不能适应舟山农村经济社会的发展,时代的进步为农村社区建设提出了更高的要求。因此,如何迅速调整舟山农村社区建设中产生的各种利益矛盾,构建利益机制成为必然。

(一) 优化农村社区治理机制

1. 构建"一村一社区"的管理模式

《浙江舟山群岛新区发展规划》明确提出舟山新区享有"省级社会经济管理权限",社区体制的构建理应有自己相应的权限。解决农民利益问题,管理体制是基础,利益机制的衡量也必须以社区管理体制完善为先决条件。农村社区改革出现多种模式,包括"一村一社区"、"一村多社区"和"多村一社区"等农村社区的建设模式。无论从社区管理体制角度来看,还是从着力解决农民关心几大利益问题的角度而言,"一村一社区"不管是从机构设置的精简程度,还是从决策的产生以及下达执行过程,都相对于其他模式有着特有的优势。"一村一社区"是村落最原始自治的直接转换，沿袭了原有村落的管理体制与管理习惯，在我国"熟人社会"的传统下，更容易发挥出农民参与基层自治的作用。这种模式使原始的村落向社区建设整体转型，村委会直接变身为社区管理者，避免了交叉任职，在机构设置上实现了村与社区的完全统一，这种方式既节省了社区管理的成本和人力资源支出的费用，又有利于维护社区的稳定，使农民更加有归属感。

2. 明确社区功能定位

农村社区建设是一项综合型的长久工程，政府控制着社区建设的大部分资源，因此理应在社区建设中发挥其主导作用，但是政府必须从其行政功能上给予自身准确的定位，其作用应该更多地体现在财政支持、宣传、组织、服务上。主要措施包括：精简机构，积极培养符合资格的农村社区基层管理者；充分尊重民意，加强民生建设，接受农民监督，对于社区内农民反映的涉及农民利益的问题，应该从根本上端正态度，围绕农民利益开展工作。由于舟山的农村社区不少是渔村社区和农村社区的结合，因此必须有明确的定位，在"一村一社区"基础上明确社区的基本发展定位。

3. 发挥社区治理主体作用

农民群众是农村社区基层的自治主体，只有农民积极参与，农村社区的建设才会取得成功，因此如何让农民更好地参与进来是亟待解决的问题。首先，要提高农民的思想道德素质，加强农村基础教育，强化"主人翁"意识，让农民把社区内事物当作自己的家事来积极参与。其次，加强农民群众的技能培训，其中包括定期组织培训、吸引大学生返乡等措施，使农民在劳动技能上不断提高。再次，扩大农民参与社区治理的途径，增强农民与集体之间的利益关系，可以通过定期举办座谈会、建立农民小组、选拔农民代表等途径。在此，岱山县蓬莱社区的"相约星期五"等社区合作治理的互动模式值得推广。

4. 完善社区自治的管理体制

农村社区治理从本质上看是对"基层自治"的强化，只有通过自治，农民才能真正处理好自身所关心的利益问题。首先，应逐步健全村委会的选举制度，排除外界干扰，使农民可以选出称心如意的管理者，从源头上减少管理阻力。其次，严格制定社区管理者考核标准，以硬性地提高农村生活水平等标准来要求每一届管理者，广泛发动村民对社区管理者的政绩进行评议，降低干部的罢免门槛。实现社区管理者收入的"透明化"、"均衡化"。最后，建立健全社区管理的监督机制，实行社区治理主体的动态管理，管理者与被管理者的互动管理成为社区治理的常态。舟山近几年来所探索的"网格化管理、组团式服务"机制，可以从管理体制的内容深化上大做文章。

(二) 完善农村社区利益分配制度

完善农村社区治理中的利益分配制度，可以说关乎农民的主要利益，是农民关注的重点，也是根本所需，不健全的利益分配制度会在许多层面阻碍农村社区的建设。

1. 构建基于社区元素的科学分配体制

农村经济收益的分配，既要保证经济的可持续发展，避免出现一分而尽等局面，又要避免分配利益不均，农民收益过低，导致农村参与经济建设积极性不高等情况。所以，为了切实解决农村利益分配问题，应该根据当地实际情况，不能一概而论，首先应组织相关专家和科研小组进行实地分析，依照当地特点，制定能够长久收益的经济方案，再根据当地的人口结构、人口数量等因素制定合理的分配制度，这样既保证了农民的收益，又使农村社区能够有长久的经济来源。

2. 关注土地利益的官民协调机制

随着经济的发展，更多利益相关者参与农民土地的争夺，在这场持久战中，农民往往处于弱势地位。首先，地方政府作为主要执行者往往有着最大获利，而农村经济的主体——农民，却常常面临分配不均等问题。其次，征地所带来的农地非农用，其利益大部分归国家垄断产业所有，这样就极大地激发了当地政府征地的积极性，借公共利益为名开始大范围征地，直接损害了农民利益。

因此，解决农民土地利益分配问题，首先要调整政府的角色定位，政府作为主要管理者，应在利益分配方面脱离市场，平衡利益，提高土地的配置效率，避免其他力量侵占基层农民用地。从法律角度设定一条政府征地用地的高压线，从而避免政府无限制使用土地资源。同时变革考核标准，在政绩考核中要着重强调增加农民收入，以农民实际收入的提高幅度来作为重要参照值，弱化征地带来的一次性收入所占比重。同时对已失地农民进行相关技能培训，促使其学会更好的职业技能，稳定农民收入来源。对舟山而言，土地财政对政府来说确实重要，但政府完全可以通过科学围海造田等方式，增加土地供应量，况且舟山用地实行用地省内"占补平衡"等优惠政策，因此解决农民土地的矛盾应该没有问题。

3. 发展社区经济以强化利益分配基础

完善农村社区建设，要从各个方面努力提高农村社区的集体收入。因地制宜发展综合性的农业产业，社区还可以根据自身情况发展"村企联合"等合作模式，开发旅游业、服务业等第三产业，增加社区收入，同时建立均等化的分配方式，强化社区内集体经济的概念，根据实际情况按人头为单位或者以家庭为单位进行二次分配，使效益转化成实际利益真正落到农民手中，着实提高社区内农民生活水平。

（三）健全农村社区利益主体的保障体制

农村由原始的村级单位合并成大的农村社区，从农民自身利益来讲，获得更好的社区保障和公共服务绝对是其中重要的组成部分，这也是提高农民建设农村社区的积极性的诱因之一。农村社区的保障体制不单单是指公共服务，而应该从多方面贴近农民真正关心的问题。

1. 形成政府、市场和农民三方合作的模式

无论是从亚洲的韩国新村运动，还是从美国的公共服务协助体系来看，市场的参与必不可少，应当形成政府引导、市场衡量、农民主体的态势，为农村社区公共服务的建设提供良好的环境。农村社区的公共服务依赖于经济社会的发展程度，一方面建议国家积极制定相关政策以及法律，完善财税制度，从政治角度向处于弱势的农民倾斜，在社区保障方面给予最大支持。另一方面应该积极发挥舟山作为海岛城市的带动作用，利用舟山人口总量较小的优势，逐步缩小城乡差距，保障农民生活。

2. 增加农村社区的基础建设投入

对于大中型社区，政府应该加大对其周边必要生活设施的建设，例如学校、医院、公园等。提高农民在社区中的生活品质，特别是针对农民下一代的教育问题，应积极调配师资力量，加强学校建设，完全覆盖基础教育，鼓励高等教育。提高农民子弟的文化素养，使他们对未来道路有更多的选择。对规模中小型的社区采取整合共用等措施，可以与其他邻近社区共用一套基础设施。加大安保投入力度，创造稳定和谐的农村社区，从根本上要让农民觉得自身生活水平有了切实提高。

3. 完善立法以规制利益关系

舟山目前尚不具备独立立法权，新区立法需要通过浙江省人大或者全国人大。利益衡量是一种价值判断的方法，那么在衡量利益冲突、规制利益关系时必然要杜绝简单认定利益的方法。首先，通过立法，从标准以及尺度上给予农民利益问题一个较为准确的衡量，同时从国家司法角度对农村社区管理者、农民主体以及社区内非政府组织等进行侧重于农民切身利益的论证，从法律上重视农民利益问题。其次，对于处理农民利益问题可以提供参照，增加违背农民利益事件的产生成本，通过法律的威慑力减少此类事件的发生。最后，通过立法来保障农民切身利益。这对我国法制的成熟有着巨大的意义，体现了国家重视农民问题、解决农民问题的坚定决心。

参考文献

1. 赵健羽：《城乡一体化视阈下农村社区治理创新研究》，博士学位论文，陕西师范大学，2012年。

2. 裴迪南德·滕尼斯：《社区与社会》，商务印书馆1999年版。

3. 俞可平：《治理与善治》，社会科学文献出版社2000年版。

4. 徐敏：《乡村治理转型视角下新农村社区治理研究》，硕士学位论文，山东大学，2013年。

5. 侯伟：《我国农村社区治理问题研究》，硕士学位论文，山东师范大学，2011年。

6. 全永波：《区域公共危机治理的逻辑基础与机制构建——基于利益衡量的视角》，《中共浙江省委党校学报》，2010年第6期。

第 六 章

舟山群岛新区创新有效预防和化解社会矛盾研究

随着社会结构变动加剧和利益格局的重新调整，社会矛盾纠纷日益呈现出多元化、群体化、社会化等新趋势，其发展态势正深刻影响着政治、经济和社会建设大局。舟山群岛新区于2011年被国务院批复以来，新区发展步伐加快，随之各类矛盾也不断出现，并呈现出不同的特点。党的十八届三中全会提出要创新有效预防和化解社会矛盾，要尽可能减少社会问题，及时化解社会矛盾，最大限度地激发社会创造活力，增加和谐因素和减少不和谐因素，化消极因素为积极因素，是确保社会安定有序的关键，这也是舟山群岛新区发展的重要动力和保障。

一 当前社会矛盾分类与发展趋势

新区建设进入一个全新的阶段，各种社会矛盾不断凸显，预防和化解社会矛盾，已成为维护新区社会稳定的首要任务。预防和化解社会矛盾，首先要关注矛盾的分类及发展的趋势，以便分析矛盾的内涵、发生的机理以及相互间的关系。

（一）社会矛盾的分类

根据矛盾发生的主体间关系不同，可以将其分为官民矛盾[①]、商民矛盾、阶层矛盾、区域矛盾、各主体内部矛盾、复合主体矛盾等。

---

① 这里所指的官民矛盾主要是指拥有行政权力的"国家公职人员"群体同"非国家公职人员"群体亦即"民众"群体之间的矛盾。

1. 官民矛盾

在我国社会发展的现阶段,社会矛盾问题中的"官民矛盾"问题影响较大,涉及面较广。主要表现在部分政府官员服务意识低下、政府权力过度集中,办事脱离群众,形成一定程度的贪污腐败现象,舟山也同样存在着这种情况。以贪污腐败问题为例,根据舟山市纪委监察部披露的相关数据显示,2014年以来接受组织调查的人员中绝大部分都有严重的经济违法与犯罪情节。政府这类现象的存在促使社会民众对政府的不信任度增加,"官民矛盾"进而产生。

2. 商民矛盾

商民矛盾主要分为两个方面:第一是劳资矛盾。对舟山市而言,涉海船员的劳资问题,由于船员素质较低,法律意识淡薄,船老大不与船员签订劳动合同、拖欠工资、侵犯员工人身权利、不依法给员工提供相应的福利待遇等现象屡见不鲜。第二是企业与消费者的矛盾。这类矛盾本来只涉及企业内部,或者只存在于企业同与之相涉部分消费者之间,完全可以在民商法、经济法范围内调整,但是,由于参与矛盾的人数众多,一旦产生其影响面极大,可能引起消费者集体性行动,甚至引发外交问题,因此,也转变成社会矛盾。

3. 阶层矛盾

阶层矛盾,这里主要是指由于贫富差距扩大导致社会各阶层矛盾加剧。首先是城乡居民之间的收入差距仍然较大,根据舟山市统计信息网公布的数据,2013年舟山市城镇居民人均家庭总收入40723元,比2012年增长9.7%,其中人均可支配收入37646元,增长10.0%;渔农村居民人均纯收入突破2万元,达到20573元,增长10.6%。全年渔农村居民人均纯收入增速快于城镇居民人均可支配收入0.6个百分点,城乡居民收入比有缩小,全市城乡居民收入比从2012年的1.84:1缩小到2013年的1.83:1。但实际城乡收入还有较大差距。其次是行业之间收入差距不断扩大,主要表现为垄断行业和非垄断行业之间的差距。电力、烟草、石油、天然气、电信、铁路运输、银行等行业的职工收入普遍要高于其他非垄断行业。

4. 区域矛盾

区域矛盾主要指不同地区因经济发展差距而产生的矛盾。据舟山市统计局数字表明,舟山各县区的经济发展水平还有较大的差距,如表

6—1所示：

表6—1　　　　　　　　舟山各县区经济发展状况

GDP排名	区/县	2011年GDP（亿元）	2012年GDP（亿元）	2012年常住人口（万）	人均GDP（元）	人均GDP（美元）	人均GDP排名
1	定海区	310.03	347.28	47.38	73296.75	11661.24	3
2	普陀区	247.26	273.98	38.52	71126.69	11316.00	4
3	岱山县	124.31	164.70	20.41	80695.74	12838.40	2
4	嵊泗县	56.13	65.91	7.69	85708.71	13635.94	1
	舟山全市	765.30	851.95	114.00	74732.46	11889.66	

由此可见，舟山的区域经济差距仍较大，区域矛盾相对明显。区域矛盾的存在对于各区域主体发展区域经济、争取上层资源以及人口流动、产业布局影响重大。

5. 各主体内部矛盾

各主体内部矛盾主要指各主体内部不同部分由于权力、利益和权利等诸因素引起的矛盾。包括政府内部矛盾（如分税制）、政府与企事业单位之间的矛盾（如政府与高校间的矛盾）、企业间的矛盾（如3Q大战）、人民群众内部矛盾（如医患矛盾）等。此类矛盾往往会影响与其密切相关的其他群体，其发展态势达到一定程度时会倒逼政府出面解决或迫使政府在相关领域进行相应改革。因此，此类矛盾一方面会激化各主体内部矛盾，另一方面也在某种程度上为该领域的改革提供了土壤。

6. 复合主体矛盾

复合主体矛盾指由于某项事件引起的多主体共同参与的矛盾，其往往伴随扩散性、综合性、复杂性的特点。从空间范围上看，波及面较广，影响辐射面较大，对整个社会的矛盾，有着转移和激化两方面的作用。2014年3月，舟山市普陀区发生一起涉及88人的群体性讨薪事件。在普陀曾红极一时的"九号公馆"——舟山市御旺酒店管理有限公司因经营困难濒临破产，工资等拖欠金额较大。而酒店大部分职工系外来务工人员，人数较多，所涉金额较大，若处置不当，极易引发群体性事件。

（二）典型案例

1. 海事渔事纠纷

2013年2月28日，浙定油15号船上5名船员包下沈渔机223号船，运送5人和部分船用物资，从金外滩码头前往在马峙锚泊的浙定油15号船，其间途经沈家门渔港墩头客运码头附近海域，被同一海域由西向东航行的浙岱渔运03333号船撞沉，导致2人死亡，1人小腿截肢。随后双方就赔偿事宜向普陀区矛盾纠纷调处指导服务中心提出调解申请，考虑到案情重大，且死难者家属尚处在失去至亲的悲痛情绪中，正是群情激奋之时，中心决定先从做安抚工作入手，制定了有针对性的调处方案。然而，调解过程中，死难方超出赔付方能力坚持要求赔偿120万元，并多次以哭闹、吵骂甚至打砸等方式给调解人员施加压力，调解工作一度陷入僵局。最后，双方终于达成一致意见并签订调解协议：浙岱渔运03333号船方向每位死者的家属赔偿35万元，沈渔机223号船方向死者家属赔偿5万元，浙定油15号船方通过保险公司垫付赔偿50万元，共计赔偿款90万元。

2. 医疗纠纷

2012年12月6日，患者熊某到舟山某医院入院待产，12月15日凌晨2：45自然分娩出一男活婴，分娩后36小时发生急性心力衰竭，先天性心脏病发作，后经医院抢救无效死亡。死者家属悲恸欲绝，认为医方在熊某孕妇长达10天的医方住院待产中，没有发现患者患有先天性心脏病，竟然让孕妇自然分娩，致使孕妇在分娩后36小时心脏病发作，最后抢救无效死亡。而医方则认为，患者熊某属于外地孕妇，产前没有"围产保健卡"，否认心脏病史。入院查体产前无明显心脏疾病表现。心衰发现后医院予以积极抢救，并及时转上级医院救治。医院的医疗行为与该孕妇的死亡不存在因果关系，故该事件为非医疗事故，出于人道主义赔偿5万元。

面对双方巨大的事实争议以及相去甚远的赔偿金额，死者家属方情绪开始有点激动，纠集了一大帮云南籍农民工。这使调解工作一时陷入了僵局。2013年1月10日，经过舟山市医学会鉴定：医方的医疗过失行为与患者死亡有一定因果关系，构成一级甲等医疗事故，医方承担次要责任。2013年1月28日医院同意退还6000元住院押金以及进行医疗事故技术鉴定的一半费用2500元的基础上一次性赔偿16万元。时隔一个多月，这起医患纠纷终于得到了妥善解决。

3. 劳资纠纷

2014年3月，普陀区发生一起涉及88人的群体性讨薪事件。舟山市某有限公司因经营困难于2014年2月23日停业。公司濒临破产，共计拖欠68名员工385582元工资款和20名供货商750812元货款。大量公司员工因向公司讨薪未果，聚集于矛盾纠纷调处服务中心要求政府帮忙解决问题，因为大部分职工系外来务工人员，人数较多，所涉金额较大，若处置不当，极易引发群体性事件。经过多方沟通和努力，最终双方调解后签订了调解协议，由公司在2014年3月20日之前支付拖欠工资款。

4. 交通事故纠纷

2014年3月29日晚20时10分许，金某驾驶小型轿车沿舟山朱乌线由南往北行驶至某小区附近路段时，与对向推行电瓶车的夏某相撞，后肇事驾驶人金某因害怕承担责任驾车逃离现场。后王某驾驶小型轿车沿舟山朱乌线由北往南行驶至该事故现场路段时，因未观察路面情况，车辆碾压受害者夏某，后肇事驾驶人王某在拨打电话报警后，因心里害怕驾驶车辆驶离现场。最后造成夏某当场死亡。

这是一起罕见的两名女司机先后碾压致人死亡的交通事故，而且两司机均存在逃逸现象，法律上如何定性，民事上如何赔偿？因为两个肇事司机均存在逃逸的情节，根据我国《道路交通安全法及其实施条例》第92条规定，对肇事者不履行法定义务而逃逸的，应当推定为承担事故的全部责任。虽然最终金某、王某同意各向死者夏某家属赔偿46万元，夏某家属则向双方出具了刑事谅解书，但是以小见大，这类型事件背后的社会矛盾还是令人深思的。

（三）社会矛盾发展趋势

1. 主体多元化

随着舟山市市场经济的建立和逐步完善，越来越多的公民和经济组织参与其中，当前社会矛盾纠纷，已不再单纯是过去的居民之间、邻里之间的一般性纠纷，公民与基层行政村、公民与企事业单位、公民与行政机关之间的矛盾纠纷日益增多，矛盾纠纷的主体呈现多元化。

2. 内容多样化

过去，舟山社会矛盾纠纷主要以家庭矛盾和邻里矛盾为主，随着新区建设发展的深入和社会主义市场经济的发展，社会经济成分、组织形式、利益关系和分配方式日益多样化，人们思想活动的独立性、选择性、多变性、差异性明显增强，一些人的价值观念发生扭曲，许多新情况新问题反映到经济社会生活中，导致经济纠纷、合同纠纷、土地征占、退耕还林、房屋拆迁、历史遗留问题、赡养等方面的矛盾纠纷成为主流，其内容包罗群众生产生活的各个方面，呈现多样化。

3. 形式群体化

在舟山的农村，由于基层行政组织不依法办事而引起的土地、山林、荒山、荒地确权等纠纷，众多农民成为纠纷当事人；在农村土地征用、各种工程建设用地、移民搬迁安置等补偿标准不一，以及一些地方和部门在处理涉及人民群众切身利益的纠纷时，发生侵害农民利益的问题，有共同利益的群众成为纠纷当事人。因矛盾纠纷当事人的群体化而使其规模不断增大，许多纠纷因处理不当而引发群体性事件。

4. 成因复杂化

由于各类经济组织实现经济利益渠道的曲折性和有关行政组织的行政行为和办事行为的随意性，导致社会矛盾内容的复杂化。不同类型纠纷交织情况增多，案由复杂，尤其是海事渔事矛盾。矛盾纠纷已由过去简单的"一因一果"，代之为"一因多果"、"多因一果"和"多因多果"，矛盾纠纷的成因多，形成因素多，形成过程复杂，其演化由直线型变成曲线型，解决的方法已不再那么简单了。

5. 冲突激烈化

矛盾纠纷的受害当事人为维护自身的权益，在矛盾出现之初，大都希望能通过正当的途径和手段在基层党政组织和有关单位部门的帮助下，公开、公正、公平地将问题予以解决。但是，一些重大复杂疑难矛盾纠纷若没能在有关基层部门得到有效解决，当事人在多方求助无果的情况下，往往情绪激动，行动过激，就采取群体围攻、上访甚至以武力相威胁的手段，要求有关部门公正、合理地解决问题，从而引发了群体性上访事件，有的到市、赴省、进京上访，有的酿成严重的治安案件、刑事案件，在社会上造成极坏的影响。

二 社会矛盾存在的原因分析

现阶段是舟山新区建设的关键时期,一方面经济建设成就日新月异,另一方面社会转型下社会矛盾一直呈现复杂多样、并发率高的趋势,已经到了非常严重的凸显期。对其生成原因,却有诸多差别。

(一) 经济层面

1. 生活观念与方式改变

新区经济发展转移导致生活观念、方式发生改变。由于舟山新区建设的推进,导致外来新思维方式进入。广大群岛群众到外面的世界"见了大世面",导致人们在生活态度、生活方式方面产生很大的差距,单从民政局调查统计数据看,新区发展以来出现的婚姻、家庭、赡养纠纷占各类纠纷总量的60%以上。

2. 利益主体和诉求多样化

由于利益主体和诉求的多样化,社会矛盾变得多样、复杂。随着舟山群岛新区建设进一步推进,社会经济利益进一步分化,新的利益群体逐渐形成:因征地拆迁导致失地的农民群体,引入企业主群体,引入海洋人才群体等。更为主要的是,部分地方政府和国有企业易形成以自我为主导,偏离公共性、统筹性的强势利益主体,成为一个独立的利益新主体。多元复杂化的利益群体易造成两种形式的官民矛盾,包括社会群体间利益矛盾引发的官民矛盾以及政府与社会群件间直接发生的官民矛盾。当各个社会群体产生利益争端不能私下和谐解决,向政府寻求利益诉求时,若政府不能合理、有效地解决利益冲突,满足不了各方利益诉求,难以平衡各方博弈争端时,政府将陷入官民矛盾中,进一步将社会群体间矛盾升级为官民多方间矛盾。当政府不能合理公平处理自身与其他利益群体间的利益冲突,或者说,政府偏离自身作为公共性的服务机构而去社会群体争夺利益时易爆发官民矛盾。

(二) 政治层面

1. 干部服务意识淡薄

由于长时间的官本位思想造成部分干部服务意识淡薄,工作水平和作风有待改进。社会矛盾的发生固然不可避免,但在实践中许多矛盾之所以未能在萌芽状态得到控制导致激化,与少数干部的素质和工作方法有一定的关系。有的干部素质较低,"官本位"思想和特权思想严重,服务意识、公仆意识较差,对人民群众缺乏感情,不能够依法行政、依法办事,对人民群众反映的问题敷衍塞责,推诿拖拉,对正当要求置若罔闻,对出现的矛盾纠纷不能及时调处,甚至酿成严重事件。有的干部作风粗暴,方法简单,缺乏做群众思想工作的艺术,没有真正体现"情为民所系,利为民所谋",态度强硬,作风蛮横,引起群众不满,从而引发干群之间的矛盾,导致矛盾激化,增加了工作难度。

2. 沟通机制滞后

不少地方政府、企事业单位在构建与民众的沟通机制上不完善。政府的相关政务信息群众无法及时知晓,一些与群众切身利益的政府行为就不能得到有效支持,从某种程度上看,这是滋生社会矛盾的重要的因素。以政务公开为例,就存在诸多问题:第一,政府发布相关政务信息并不及时。在查阅一些政府信息时,一些已然在报刊披露的内容在政务公开网站上难以找到。第二,公开渠道过于单一。当前政府信息发布的主要渠道是新闻发布会、门户网站和报刊电视,尚未开通或未有效利用在微博、微信等新媒体上发布信息的渠道,不利于民众及时掌握和反映有关信息。第三,政务公开流于形式也深受民众诟病。一些涉及群众切身利益、社会关注度高的领域,如"三公经费"、食品药品安全、环境保护、安全生产、征地拆迁等信息公开,与群众的期望还有差距。

(三) 社会层面

1. 局部矛盾激化

纵观近几年发生的上访、冲突案件与部门处理矛盾欠稳妥有关,这种不稳妥的处理方式容易引发上访事件,致使局部矛盾激化,对社会造成不良影响。有些部门对出现的工程建设征占地补偿、房屋拆迁、突发性重大事故等,处理得不够及时、公正和彻底,引起了一些群众的不满和怨恨;有的基层组织对群众反映的村委会的财务、作风等方面问题置之不理或敷衍了事,让人寒心;对涉及群众切身利益的土地承包等问题处理不公;对外来投资企业与驻地群众之间产生如海洋环境灾害等矛盾,协调不力,处理不当等。对于这些热点、难点问题处理不妥而引发了不少上访事件。社会上访事件一旦激发，就很有可能会升级为群体性事件，后果不堪设想。

2. 社会保障体系不健全

舟山新区的社会保障体系虽然逐渐完善，但仍存不少漏洞。比如社会救助方面，虽然政府部门逐年加大社会救助力度，不断完善救助保障体系，但现阶段尚不能彻底解决困难群体面临的贫困、失业等困难，残疾人、老年人、妇女、儿童、城乡失业者、农民工、生活没有保障的失地农民、失海渔民及因病致贫、因病返贫等困难群体仍然呈增长趋势。社会保障是社会"安全网"，是协调各方面差距的辅助手段，是实现社会有序化运行的必要基础工作。在舟山群岛新区发展初期，必须将改善居民生活质量作为重中之重。

（四）思想层面

1. 群众法制观念淡薄

舟山新区的迅速发展与广大群众法制观念淡薄存在矛盾。我国实行普法教育以来，广大群众的法制意识和法律水平普遍提高。但不可否认，许多群众缺乏对法律的正确理解，甚至在运用法律维护自身权益时，一知半解，断章取义，对自身有利的就紧抓不放，对自身不利的就抛开不谈或有意装糊涂，极个别群众因对政府不满，甚至借机闹事。有的群众见到企业生产红火，效益很好，便想在其头上"敲一笔"。还有一些群众由于知识贫乏、素质较低而无理取闹。

2. 引发社会矛盾的心理基础广泛

社会矛盾在转型期的产生和扩大就存在了广泛的心理基础。随着舟山市转型社会"市场化"与"再分配"所带来的社会分化加剧，必然会使社会不公平感凸显。因此，部分群体所产生的挫败感、挫折感也必会应运而生，群众本身不一定有利益损失，但就是对社会有"气"。随着新区经济建设发展，资讯社会和交通的便携性，大大增加了个体获取信息的渠道及对外交往力度。不同群体、不同个体、不同主体间往往更易形成一些从自己视角、自身利益出发而作出的社会判断，群众社会认同度不强，社会共识较差，这就形成了社会矛盾产生必需的强大思想张力，从而更容易引发社会矛盾。

三 国内地方政府在预防和化解社会矛盾中的创新经验

改革开放 30 多年来,舟山的经济社会发生了巨大变化,全市经济社会发展取得了长足进步。然而,同全国其他许多城市一样,舟山在经济社会发展中也出现了一些新矛盾、新问题。有些矛盾和问题在一定时期和一定范围内,还可能日趋复杂化和严峻化。因此借鉴国内其他地方政府在预防和化解社会矛盾方面的经验对于建设舟山群岛新区、化解社会矛盾具有重要的意义。目前,上海、北京、广东等地在化解社会矛盾方面走在全国前列,值得借鉴。

(一) 上海

上海市在化解民间矛盾上重在出资购买民间服务化以缓和社会矛盾。主要包括:

(1) 扶持民办非企业性质的社团组织。上海市运用社会管理理念,将社区服刑人员和刑释解教人员的日常帮教工作以"政府购买服务"的方式发包给专业社团。目前,上海市政府出资采购的服务种类越来越多,适用范围越来越大,这些社会服务有效地把一些社会矛盾化解在萌芽状态。

(2) 奖励民事纠纷调解。2006 年以来,上海市高级人民法院和市司法局联合出台了《关于规范民事纠纷委托人民调解的若干意见》。《意见》明确,民事纠纷每调解成功一件,奖励人民调解员 100 元。上海市司法局以"一事一奖"这种方式,为民事纠纷委托人民调解工作的开展提供一定的财力支持。

(3) 律师参与信访核查以案结算。2009 年 6 月,上海市领导调研信访突出矛盾工作启动,对动迁信访积案进行全面核查。这项工作引进了 15 家律师事务所 69 名律师作为第三方参与市领导调研信访突出矛盾工作,共支出 661 万元。

(4) 政府买了服务,不当"甩手掌柜"。2009 年 4 月,上海市委、市政府两办转发了《市综治委关于深化预防和减少犯罪工作体系建设的若干意见》。这份文件第一次明确指出,要在坚持"政府主导推动、社团自主运作、社会多方参与"总体思路的同时，建立开放、有序和适度竞争的体系，为走市场化发展道路的体系建设指明方向。

（二）北京

北京预防和化解社会矛盾重在建立专业化的机构和进行数据研究。具体做法包括：

（1）社会矛盾研究专业化。2011年6月22日，北京市信访矛盾分析研究中心与零点研究咨询集团合作成立中国首家"社会矛盾和社会问题独立观察与对策研究中心"。该中心的成立将使社会矛盾研究更具专业性、独立性，将大大增加对社会问题、社会政策的反应速度，提高数据的公信力。未来该中心还将为决策者提供具体的矛盾分布图景，为各地域管理矛盾的针对性政策制定提供建议。

（2）开通信访与社会矛盾问题研究专业网站。这对于积极面对社会矛盾、深入研究社会问题、及时掌握公众舆论将起到良好的作用。

（3）开展社会矛盾指数研究，将定期公布社会矛盾指数。北京市对16区县的矛盾水平和类别进行了深入分析，并从阶层的角度对不同人群进行分析，有助于政府站在客观理性的角度观察社会民生、尊重社会民生与服务社会民生，使政府管理与体制改革更加具有科学性、掌控性和前瞻性。

（三）广东

广东将化解社会矛盾作为社会建设的关键点，特色包括：

（1）将"网络问政"作为化解社会矛盾的解决办法来加以重视。通过网络与网民沟通交流，拉近党和政府与人民群众之间的距离；利用网络倾听民意、集中民智、促进工作。

（2）坚持科学发展，让发展成果惠及民生，保障弱势群体合法权益。促进公共服务均等化，不断缩小地区差异、城乡差异和收入差异。在加快推进科学发展、富民强省的同时，着力促进发展成果惠及全省人民。

（3）在维稳决策中体现和维护群众权益，努力从源头上预防和减少社会矛盾发生，做到从源头上减少利益冲突和社会矛盾的产生。在进行各项改革和决策时首先考虑群众的承受能力，要着重维护和发展困难群体的利益，从源头上预防社会矛盾。

（4）加快推进社会管理创新，切实维护社会和谐稳定，积极培育发展各类社会组织，加强城乡社区建设。

（5）切实加强制度建设，在继续坚持党建联系点、领导干部接访、机关干部下访、结对帮扶、群众工作日等制度的基础上，把实践中总结出的好的经验和做法上升为制度规范，形成有效化解社会矛盾的长效机制；完善调解工作运行机制；完善排查防范机制。

广东的深圳在落实以上举措上比较有自己的特色，尤其在化解社会矛盾重在构建社会矛盾纠纷大调解体系，狠抓人民调解基础建设夯实社会稳定"第一道防线"上取得很大成效，各地广为推广。从2007年开始，深圳市"大调解"体系建设工作就被列为市政府工作重点；深圳市委、市政府两办印发了《关于构建社会矛盾纠纷"大调解"体系的实施意见》，对"大调解"体系建设工作做出了整体规划，之后深圳成立了市调解工作指导委员会；市委政法委和各区政法委都将"大调解"体系建设工作纳入了维稳综治目标考核指标体系。深圳市社会矛盾纠纷"大调解"工作已显示出了强大的生命力和影响力。以劳动争议为例，全市一审受理劳动争议案件数量下降明显，大量的纠纷被解决在基层、解决在萌芽状态和激化之前。人民调解在社会矛盾纠纷解决体系中的基础性作用日益彰显，成为了维护深圳市基层社会稳定的"第一道防线"。

四　舟山群岛新区创新有效预防和化解社会矛盾的路径探索

当前，舟山新区建设进入"攻坚克难"的关键时期，对于新区而言，既是"黄金发展期"，也是"矛盾凸显期"。随着社会结构变动加剧和利益格局的重新调整，社会矛盾纠纷日益呈现出多元化、群体化、社会化等新趋势，其发展态势正深刻影响政治、经济和社会建设大局。那么，创新有效预防和化解社会矛盾就成为了当务之急。

（一）建立预防和化解矛盾纠纷的综合机制

主要措施包括构建"大调解"体系，形成社会治理合力，及时有效地把矛盾化解在基层，实现案结、事了、人和。"大调解"体系重点要完善人民调解、行政调解、司法调解联动工作体系。

1. 建立健全区（县）、街道（乡镇）、社区（村）与楼门院（小组）四级纵向调解网络，充分挖掘民间资源，充分利用乡规民约，充分动员各种社会力量参与化解调处矛盾纠纷

第一，市级层面，以做大做强矛盾纠纷调处指导服务中心为目标，加强探索创新、推进有效调处矛盾的方法。第二，针对实践中心与各级部门、中心与镇（街道）衔接配合不足的现状，明确界定各有关部门、镇（街道）在矛盾纠纷大调解工作中的工作职能、受案范围和职责分工，强化预警机制、分流机制、联动机制、责任机制和考核机制建设，全面落实大调解责任体系，着力打造一个集指导协调和实战于一体的市级矛盾纠纷调处服务平台。第三，镇（街道）层面，积极发挥社会服务管理中心作用，并以此为依托，建立3人以上专职人民调解员队伍，完善对接、联动机制，实现"一条龙"受理、"一站式"服务、"一手揽子"解决矛盾纠纷。第四，社区（村）层面，要依托社会服务管理室，建立2人以上专职人民调解员队伍，设企业社会服务管理室的企业必须建立专兼职的人民调解员队伍，并结合深化"网格化管理、组团式服务"工作，扎实推进社区（村）、企事业单位、集贸市场、流动人口集聚区等区域的调解建设，在居民网格、楼道、车间（班组）设立调解小组使调解组织更加深入基层、贴近群众，及时满足群众现实需求。

2. 加强机制建设，规范"大调解"的工作程序

一是健全大调解工作联席会议制度。各级矛盾纠纷大调解领导小组办公室定期召集联席会议，综合分析工作形势及开展情况，对各地社会矛盾纠纷排查调处工作进行指导、检查和督促，增进各单位之间的沟通交流，提升解决处理重大疑难社会矛盾纠纷的水平。二是发挥司法调解主导作用。加强法院（庭）人民调解室的建设，积极做好法院与各级人民调解组织的沟通联系，定期加强对人民调解委员会调解民间纠纷的业务指导和人民调解员的业务培训。地方积极探索检察院的行政申诉案件协调新机制，力求以当事人自愿和解方式解决行政争议，从根本上消除和缓解行政相对人与行政机关之间的对立情绪。积极推进司法行政法律服务中心建设，进一步完善深化以相关制度为保障，以行业性人民调解组织为载体的人民调解与行政调解、司法调解等调解方式衔接互动的工作机制。三是突出行政调解专业作用。把110报警服务台接报的可以进行调解的纠纷，及时分流到相关责任单位，并加快推进警调衔接工作，在公安派出所、交警队等基层执法单位设立行政调解工作室,全面推行道路交通事故损害赔偿纠纷人民调解工作制度。政府部门中将人力资源和社会保障部门局会同司法行政部门、工会组织和企业组织代表,探索建立劳资纠纷联合调解工作平台,全面推进镇(街道)劳动争议调解组织和企业劳动争议调解委员会建设,实行规模以上已建工会的企业劳动争议调解委员会全覆盖等。

3. 提升矛盾调解能力建设

建设一支高素质的调解队伍是矛盾调解的重要基础。首先,要加大对调解人员的教育培训,定期开展业务指导,切实提高调解人员熟练运用法律法规、调解技巧解决矛盾纠纷的能力。其次,积极探索人才培养新模式。可以通过定期召开案例分析研判制度和案例点评制度以及"以老带新"、"名师带徒"、"岗位练兵"等形式,加大后备人才培养力度。对于部分紧缺领域的调解人才,要优先培养、重点培养、效率培养。再次,进一步加强矛盾纠纷多发领域专业性、行业性调解队伍建设,着重建好医患纠纷、交通事故、海事渔事、人身损害等多发频发的人民调解员专家库。聘用一批党委政府放心、社会各界认可、调解经验丰富、调解水平高超的高素质人民调解专家,确保人民调解专家库切实发挥作用。

另外,调解工作经费不足问题仍是基层调委会发展的制约瓶颈。大调解以无偿、利民为特征,实行免费咨询、免费调解、免费服务。这种免费性质是促使当事人更愿意通过这种途径来解决纠纷的主要原因之一。所以,不能因政府财政上的困境而改变大调解的公益性质,相反要以更多的资金投入到大调解工作机制的建立、完善和运行中来,以"一案一补"的形式和通过政府购买民间纠纷调解服务的方式,来激励、提高调解员的工作积极性,保障大调解工作正常开展。

(二)建立畅通有序的诉求表达、心理干预、矛盾调处、权益保障机制

主要途径为完善矛盾调处的相关机制,利用新媒体平台化解矛盾,进一步深化推行网格化管理,进行组团式服务等。发挥人大、政协、人民团体、行业协会以及大众传媒等社会利益表达功能,完善公共决策社会公示制度、公众听证制度、专家咨询论证制度,畅通网络公众参与渠道,引导群众理性合法表达利益诉求。

1. 健全矛盾纠纷排查预防机制、矛盾纠纷多元化解机制，建立对复杂矛盾纠纷调处督查制度

第一，开展经常性矛盾纠纷排查活动，对各种可能影响社会和谐稳定的矛盾纠纷，做好排查情况登记，对突出矛盾和问题，逐件逐人登记建立档案台账。严格落实矛盾纠纷排查情况报告制度。第二，按照"统一受理、集中梳理、归口管理、依法处理、限期办理"要求，依法调解职责范围内的矛盾纠纷。第三，健全督查督办考核奖惩机制，建立对复杂矛盾纠纷调处督查制度，每季开展一次；对督查中发现因工作不到位、处置不及时、责任不明确，导致矛盾恶化的，由综治委报告党委政府下发督办通知书。矛盾纠纷大调解工作将纳入党委、政府和各部门领导班子、领导干部实绩考核的重点内容，纳入综治平安考核内容。

2. 利用微博和微信平台，拓宽民众诉求与沟通渠道

从当下发生的各种舆论事件来看，微博逐渐成为民间舆论表达和传播的重要途径。表面上，微博是信息传递的平台，但更多情况是个人情绪宣泄和观点表达的渠道。微博在初期仅是个体的意见表达，但在字数的约束下很难对事件进行全面叙述，但当微博通过不断转发，引起更多人关注和共鸣的时候，个体的情绪和观点会传播给社会群体中的成员，逐渐形成一种主流的意见。这时它已经上升为公众意见的表达，从某种程度上人们已经将其看作是民间舆论的表达。因此，官方舆论可以主动介入微博群体的讨论之中，通过对微博群体议题的真伪甄别，避免可能出现的社会矛盾；通过对微博群体反映的社会问题及时做出反馈，从源头上化解社会矛盾；此外，针对当前政府的工作重点，通过主动设置热点话题吸引微博群体参与讨论，通过转发，形成良性的舆论互动氛围，有利于预防和化解可能出现的显性社会矛盾和潜在社会矛盾。官方舆论要适应微博平台，主动关注微博群体，利用微博更加便捷有效地引导舆情，并主动将自己的观点立场和事件的真相传播出去，并从各种各样的转发和评论中，及时分析出舆论的总体发展趋向，辨别官方舆论和民间舆论的偏差点，从而确定下一步的引导方向，促使微博群体在情绪上保持相对的稳定。这包括采用网络语言和其进行良好的互动交流，化解社会矛盾。

同样，利用微信平台预防和化解社会矛盾也是当前比较常见的手段。根据工信部最新发布的统计公报，截至 2013 年年底，我国手机用户总数达 12.29 亿户，普及率达到 90.8 部/百人，比 2012 年提高 8.3 部/百人。政府利用微信平台搭建政务服务平台的物质基础已经具备。同时，将微信应用于电子政务系统当中，既能发挥微信作为社交工具使用率高，影响范围广的优点，也可以借助电子政务系统强大的后台支持功能完善政府的服务，对于更好地推进政府工作，为公众提供更优质、更贴心的公共服务具有重要的意义。

引入微信平台后电子政务系统具有以下几个优点：第一，方便快捷。政府相关的政务可以及时告知民众。第二，互动性强。政府一些涉及面广，与民众有切身利害关系的决定，可以提前在微信平台上收集民众的建议和意见，避免由于信息传递不到位而引发群体性事件。第三，搭建成本低。目前，手机普及率高，移动互联网技术较为成熟，政府无须为搭建新的电子政府系统投入过多的资金。第四，便民利民。目前，微信5.2上市，腾讯公众平台的后台技术日趋成熟。如自定义菜单等实用性较强的功能受到了用户的欢迎。因此，政府能够利用这些功能为民众的一些日常需要提供便利。

3. 深化推行网格化管理，加强社会矛盾化解工作

针对所在地区社会治理中的热点、重点和难点问题，进行经常性的分析排查，加强对重点地区、重点工程、特殊群体、敏感时期的监控和排查，对排查出来的问题，要依法按政策进行解决。

推行网格化管理，实现工作方式从"粗放机械"向"精细灵活"转变，形成了以块为主、条块结合的矛盾纠纷大排查网络。在"压力型"工作体系下，由于强调对上级党委政府部门和官员负责，因此，基层党组织工作开展往往以上级党委和部门的"头脑"意志为起点，较少考虑社会公众的真实需求，总体上呈现出"粗放机械"的特征。突出表现在：习惯于"我说你听"的传统说教方式；各级党委政府与群众之间形成一种命令、服从式的单向关系，缺乏互动性；少数基层党员干部平时不注重搜集和分析社情民意，缺乏洞察民意的敏锐性，不善于及时有效地处置社会矛盾；处置群体性事件，习惯于"压制"方式，使党群矛盾升级恶化。而在不改变乡镇（街道）、社区（村）格局的前提下，以尊重传统、着眼发展、便于服务和管理为原则，以自然村或相对集中居住区域为基础，以家庭为基本单位，将100—150户家庭划定为一个网格，把舟山市43个乡镇（街道）划分为2360个管理服务网格。同时，以"网格"为责任单元，强调把群众的需求放在首位，对其做出积极敏感的反应和回复，这是

"网格化管理、组团式服务"这一实践载体有效运行的基础。由于网格划分既充分考虑党委政府的管理服务职能全覆盖,也顾及社区(村)域分布特点、人口数量、居住集散程度、群众生产生活习惯等情况,同时,还结合各乡镇、街道、社区党员干部和相关工作人员的数量情况,因此,合理的网格划分,确保了基层党组织在群众工作开展过程中,能够以"网格"为单元,通过网格这一神经末梢的"敏感效应",全面、及时地收集到每一户家庭每一位群众的需求信息,并依托信息管理平台,经过"自下而上"的传导机制,将需求信息从群众传导至处理问题的相关责任单位和部门,这就为分层分类、精细灵活地解决群众所面临的问题,真正做到"订单式"服务奠定了基础。服务的满意也就意味着矛盾的最小化。

另外还要建立健全个人心理医疗服务体系,开展个人心理调节疏导工作。

(三)健全重大决策社会稳定风险评估机制

凡是推出涉及人民群众切身利益的重大决策,都要把社会稳定风险评估作为前置程序、刚性门槛,使重大决策的过程成为党委、政府倾听民意、改善民生、化解民忧的过程,最大限度地预防和化解社会矛盾的发生。把可能影响群众利益和社会稳定的问题与矛盾解决在决策之前。重大政策制定、重大项目审批、重大工程立项、重大举措出台前,都要采取公示、听证等方式广泛听取意见,充分考虑可能出现的社会风险、环境影响、矛盾纠纷及各类不稳定因素,及时发现各种苗头性、倾向性、潜在性问题,对大多数群众不理解不支持的事项缓出台或不出台,确保决策的合法性、合理性、可行性、安全性。对群众反映强烈的突出问题,要通过强化责任、健全制度、落实到人,推动有关方面形成合力,妥善加以解决。对损害群众利益的失职渎职和违纪违法行为要坚决查处,决不姑息。

(四)改革信访工作制度

坚持依法按政策办事,切实做到诉求合理的解决到位,诉求无理的思想教育到位,生活困难的帮扶救助到位,行为违法的依法处理到位。一是健全信访联席会议制度,形成工作合力,改进信访事项办理工作,健全、及时、就地解决群众合理诉求机制。二是纠正拦卡堵截正常上访群众的错误做法。拓宽信访渠道，实行网上受理信访制度，完善畅通有序、便捷高效的诉求表达方式。三是坚持党的群众路线，落实领导干部接访、下访、回访、联系群众制度，用群众工作统揽信访工作，把来访群众当家人，把群众来信当家书，把群众反映的问题当家事，认真解决事关群众利益的信访问题。四是推进涉法涉诉信访工作改革，建立诉讼与信访分离、涉法涉诉信访事项导入司法程序的工作机制，完善涉法涉诉信访事项终结制度，健全司法救助体系，维护群众合法权益。

（五）社会微矛盾解决思路：以舟山为例

目前，舟山在社会发展过程也存在诸多矛盾，但是事实上矛盾的发展要有一个程度的积累。一些浅层性矛盾即社会微矛盾，如果能在先期及时发现并解决，对预防和化解社会矛盾具有重要借鉴意义。试以舟山效能投诉网、舟山新闻网上的一些实例进行分析，提供相应的解决思路。

1. 官民矛盾

根据统计，基层政府工作人员作风问题在各类投诉中占据较大比重。如某部门工作人员在上班时间看视频、玩手机。这类矛盾对政府形象的损害会最直观地留在群众的心中，长此以往对政府公信力会造成难以弥补的损害。针对这种问题，应建立有民众参与的绩效考核制度，即对基层政府工作的考核要有内部考核与外部考核相结合的方式。外部考核既可以采取传统的打分数的方式，也可以使用时下流行的 APP 软件微信。如利用微信公众平台，将政府基层人员相关信息接入其中，由民众对接待的工作人员打分，并且可以直接将相关意见和建议反馈到后台的监督部门。通过一段时间的数据统计，就可以直观地反映一个政府基层工作人员的工作效能，根据其绩效表现发放绩效奖金，由此影响其工作态度的转变。此外，通过第三方平台的监督方式的好处在于，一方面政府的行政效能会更加客观、真实，也便于政府内部监督的优化；另一方面，民众参与政府监督，对政府工作人员的表现拥有最客观直接的表达，民众的权利可以在一定程度上得到体现，有利于缓和民众与政府之间的矛盾。

2. 商民矛盾

在舟山这类矛盾在买房者与开发商之间尤为凸显。此类矛盾与城市建设有着密切联系。舟山市城市发展需要大量的发展资金，财政收入支陪分依赖土地出让所得。各种土地开发项目不断推出，房地产事业发展较快。

因此买房者和开发商之间的矛盾在一段时间内较为凸显。在土地开发的整个过程中，政府应该加强监督设计。包括开发前、开发中和开发后的一系列监督设计。在行政审批环节，要将专业性要求高的工作外包给专门性的公司来做，严格执行相关法律、法规规定的标准。对于已经存在的问题，政府要及时出面解决，预防事件的扩大。而且对于处于弱势群体的买房者，政府也应该出台相应的保护性政策，对于由于开发商造成的恶性事件，从土地转让收入中提取一定比例的资金设立专门的预防性土地基金，纳入政府一般性财政预算中。

3. 基层民众之间的矛盾

如居民违章搭建影响其他居民切身利益。此类矛盾从表面看，是部分居民凭借其自身的经济实力为了自身利益，不顾相关规定作出的违法违规行为。一方面在于政府执法力度不够，使得违法者知法犯法。另一方面在于制度法规缺乏更有力度的惩罚性条款。在制度设计层面首先应该缩短通知周期，在通知观察期内建立备案评估机制。对于坚持不改的居民，政府各有关部门应该建立统一的协调机构，在执法层面做到依法及时解决此类问题。对于屡教屡犯的，在制度设计上提高其违法成本，如参考累进税率实施累进惩罚条款。

另外，还有诸多来源于民间的内部矛盾，如在小区跳交谊舞使用巨型音响影响周边居民的正常作息。此类矛盾较为常见，主要在于随着社会经济发展，民众追求健康的生活方式，受限于城市公共配套设施的发展，只能以聚集跳舞为锻炼方式。解决此类矛盾在新城建造时就应该规划有相应的公共场合供居民休闲、锻炼。其次，在改造旧城时，根据人口密度，修建部分公共舞蹈场所供居民使用。再次，政府有关部门应该积极与这部分民众沟通，降低音响音乐，减少对周边居民的影响。

4. 复合主体矛盾

以教育资源分配的区域矛盾为例，此类矛盾的发生与教育资源配置的不平等性有着密切联系。目前，公立学校的教育资源有限，而私立教育的发展却受到重重阻力。如当前舟山地区不同县区所确定的新生入学统计数据时间不同，有的为 6 月 30 日前，有的为 8 月 31 日前。统一入学时间取决于政府对兴办大众化教育的决心和力度。首先，应该在制度设计上提高私立学校的社会地位。鼓励个人、社会团体、企业进入教育行业，对其办学在政策上给予较大的扶持力度。其次，对于社会力量可以在进入门槛上适当降低,但是在其发展的整个过程中要加强全面的监管,让民众对其办学质量等各方面能够放心。

此类矛盾在舟山主要在于民办非企业单位发展较慢,部分应该交于此类组织来做的产业还处于初级发展阶段,如民办福利院、敬老院、托老所、老年公寓,民办婚姻介绍所,民办社区服务中心(站)等数量较少。解决此类矛盾的关键在于政府要简政放权,对于民办非企业单位要降低入门门槛,以购买服务的方式支持其发展。同时要加强政府在其发展过程中的监督力度,树立一批值得民众信赖的民办非企业单位,对于不合格的要及时淘汰。

参考文献

1. 贾金玲:《当代中国社会矛盾与政策创新研究》,《求索》,2009 年第 5 期。
2. 邓伟志:《论社会矛盾》,《上海大学学报(社会科学版)》,2004 年第 4 期。
3. 杨束芳:《学习实践科学发展观视野下的正确处理社会矛盾问题探究》,《理论研究》,2009 年第 3 期。
4. 童潇:《转型加速期的社会矛盾与社会管理创新:经验、挑战与政策调整》,《山东社会科学》,2013 年第 5 期。
5. 孙素娟:《当前中国社会矛盾的成因分析与政策创新》,《河南师范大学学报(哲学社会科学版)》,2011 年第 5 期。
6. 王聪聪:《北京成立研究中心破解社会矛盾》,《中国青年报》2011 年 6 月 24 日。
7. 杨平湖:《关于普陀区大调解体系建设的探索与实践》,《今日普陀》2014 年 4 月 29 日。
8. 张哉麟:《政府出资购买民间服务化解社会矛盾》,《中国青年报》2010 年 1 月 21 日。
9. 吴涛:《"大调解"显示出强大影响力》,《深圳特区报》2008 年 9 月 10 日。

第七章

舟山群岛新区海洋经济与社会管理立法研究

《联合国海洋法公约》问世以来，国际海洋秩序的格局发生了巨大的变化。各国为维护国家海洋权益，保护海洋环境和生态平衡，规范人们涉海生产和生活行为，使海洋环境得到有效保护，海洋资源得以可持续利用，不失时机地根据《公约》的基本原则，结合本国的实际情况制定了大量相应的法律法规。我国也不例外，《公约》问世以来加快了对海洋领域立法的速度，涉海法律法规如雨后春笋般不断涌现。20世纪80年代以来，海洋领域内的立法数量大幅度增加，是前30年的数十倍之多。而且，立法层次之高、速度之快、领域之广史无前例。

我国的海洋经济法律体系作为国家海洋法律体系建设的一部分，经过几十年的努力应该也基本粗具规模，但是至今未能形成全面、完整、系统、成熟的真正意义上的海洋经济法律体系。这对我国日新月异向前发展的海洋经济与社会发展，以及势在必行的提高海洋管理水平的要求极不相称，更不要说与国际接轨了！2011年6月国家批复成立浙江舟山群岛新区后，特别是2013年1月《浙江舟山群岛新区规划》批复后，作为以海洋经济发展为主题的国家级新区，支撑海洋经济经济发展的法律法规和地方性海洋经济法规规章的建设和完善十分必要。

本研究试图通过梳理国内和浙江省已有海洋经济领域的法律，进行分析比较，提出建议，为完善我国海洋经济法律制度体系建设，特别是针对舟山群岛新区海洋经济立法与社会管理相关的法律法规和规章的完善提供一定的思路和观点。

一 现有海洋经济法律法规制度体系

(一) 概念与范畴界定

海洋法是指在国际上形成的有关海洋的各种法规的总和,是关于各种海域的法律地位以及调整各国在各类不同海域中从事航行、资源开发和科学研究并对海洋进行保护等方面的原则、规则和规章及制度的总和。海洋法涉及的领域包括海洋权益、海洋经济、海洋环境以及海洋纠纷的程序法律。因此从宏观层面分析,海洋经济法可以包括除海洋权益、政策以外的大部分国家或地方的海洋法律法规,其主要表现方式为海洋政策、规划、立法或地方规范性文件。

目前我国在海洋权益、资源开发、交通运输、环境保护和海域使用等方面的海洋立法内容丰富,比较健全,但在海岸带建设、海洋区域经济建设、海洋综合开发利用、海洋科学研究等有关海洋经济方面的立法不够全面和完善。这种状况,与世界各国大力发展海洋经济、普遍重视海洋经济立法的形势不相适应,如不在此方面完善健全法律法规,将会严重阻碍我国海洋经济的全面发展。

(二) 我国现有海洋经济立法简介

当前我国海洋经济领域的法律法规主要有:

1. 海洋经济规划

由于我国海洋经济法律法规不甚完善,因此在海洋经济迅速发展的今天,海洋经济规划的地位和作用则日益突出。因海洋经济发展具有很强的时代性特征,当前能代表我国海洋经济领域发展的规划共有11部,可作为研究本项目的基础。

2003年5月9日,国务院印发了《全国海洋经济发展规划纲要》,这是我国制定的第一个指导全国海洋经济发展的纲领性文件,在海洋经济发展进程中具有里程碑意义。随后,11个沿海省级的海洋经济发展规划相继出台,初步形成了全国海洋经济发展规划体系。2008年2月7日,国务院批准印发了《国家海洋事业发展规划纲要》,该《纲要》作为指导全国海洋事业发展的纲领性文件,明确提出要加强对海洋经济发展的调控、指导和服务。上述国家级规划的相继出台,为我国海洋经济工作指明了方向、思路和目标。

为进一步促进海洋产业健康发展，特别是海洋新兴产业的发展壮大，2005年10月，国家发改委、国家海洋局、财政部联合发布了《海水利用专项规划》，2007年国家发布了《可再生能源中长期规划》和《生物产业发展"十一五"规划》，为我国海洋新兴产业的快速发展创造了良好的环境。渔业、交通运输业、旅游业也相继出台了相关规划，特别是2009年，面对金融危机对我国海洋经济的影响与冲击，国务院审慎果断出台了《船舶工业调整与振兴规划》、《石化产业调整和振兴规划》等十大振兴规划，为促进海洋产业的优化升级和健康发展发挥了积极作用。2012年《全国海洋功能区划（2011—2020年）》发布，《区划》科学评价我国管辖海域的自然属性、开发利用与环境保护现状，统筹考虑国家宏观调控政策和沿海地区发展战略，提出了指导思想、基本原则和主要目标，划分了农渔业、港口航运、工业与城镇用海、矿产与能源、旅游休闲娱乐、海洋保护、特殊利用、保留等八类海洋功能区，确定了渤海、黄海、东海、南海及台湾以东海域的主要功能和开发保护方向，并据此制定保障《区划》实施的政策措施。《区划》是我国海洋空间开发、控制和综合管理的整体性、基础性、约束性文件，是编制地方各级海洋功能区划及各级各类涉海政策、规划，开展海域管理、海洋环境保护等海洋管理工作的重要依据。

2. 海洋资源管理立法

随着人们对海洋逐渐加深认识，海洋是取之不尽、用之不竭的资源宝库的观念已经得到了根本转变。取而代之的是为了使海洋资源可持续利用，造福子孙后代，强调保护海洋环境，保护生态平衡，合理开发利用。在现有的海洋法律体系内，旨在规范和调整海洋资源开发利用的法律不在少数。对海洋资源立法的统计首先需要对海洋资源的范围界定，按照资源的属性分类，海洋资源可分为海洋生物资源、海洋能源资源、海洋空间资源、海洋化学资源等。因为我国对海洋管理实行的是以行业属性为基础的管理模式，因此海洋资源从传统上主要包括海洋渔业资源、海洋矿产资源、海洋空间资源、海洋生物资源等。我国专门针对海洋资源的立法数量不多，层级不高，更多的是通过综合性的海洋立法，并将海洋资源管理纳入其中，因此本项目在统计立法过程中对包含海洋资源管理的其他立法不列入本部分的统计之内。由此认为，从1979年以来，我国形成了海洋资源法律5部、行政法规3部、行政规章100多部，本项目统计了重要规章

5部，主要集中在渔业、海岛、生态环境等领域。作为法律的《矿产资源法》、《渔业法》、《水法》、《海岛保护法》等立法对区域海洋经济的发展具有重要支撑价值。特别需要指出的是2009年通过的《海岛保护法》，其作为一部以海岛空间资源的利用和保护为主要内容的专门法备受关注。

3. 海洋环境保护立法

时至今日，海洋环境保护得到了国内外的高度重视，虽然国际海洋权益争斗日趋激烈，但是在海洋环保领域的合作却日益加强。在这个意义上，海洋环境保护法律部门成为我国海洋经济法律体系的组成部分毋庸置疑。我国根据《联合国海洋法公约》在海洋环境保护领域的立法起步比较早，1982年至今形成法律4部、行政法规11部，以及国务院各部门的行政规章若干。行政规章中《海洋行政处罚实施办法》（国土资源部）作为程序性的规章严格说不属于海洋环境保护法范围之列，但在海洋生态环境保护过程中的执法环节应用很多，还有《水生野生动物保护实施条例》（农业部）、《海洋自然保护区管理办法》（国家海洋局）等规章均比较重要。

现行《海洋环境保护法》是中国海洋法律系列中出台最早的法律之一，是我国保护海洋环境的基本法律。1982年8月制定，1983年3月1日起施行。经过16年后，于1999年12月修订，2000年4月1日起施行。在海洋环境保护的背景下，海洋生态的概念进一步被提出。海洋生态系统是指在一定时间和海洋空间范围内，海洋生物和非生物之间，通过不断的物质循环、能量流动和信息联系而相互作用、相互依存的统一整体。不同层次的海洋生态系统的健康是维护整个海洋生态平衡的关键。海洋生态平衡的打破，一般来自两方面的原因：一是自然本身的变化。二是来自人类的活动，一类是不合理地、超强度地开发利用海洋生物资源；另一类是海洋环境空间不适当地利用，致使海域污染的发生和生态环境的恶化，造成对海洋生态环境的破坏。我国近几年在海洋生态保护方面加大力度，所立法律主要涉及海洋自然保护区。在1999年12月新修订的《海洋环境保护法》中增加了海洋生态保护的章节，但从整体结构来看非常勉强。需要说明的是，从海洋生态保护的角度看，《海岛保护法》也可以作为海洋环境生态中的重要支撑法律。

4. 海上航运管理立法

随着我国国民经济持续快速发展，全国水路运输量、周转量以及港口货物吞吐量全面增长。与我国航运不断发展相呼应的是，在立法上，我国已逐步着手构建航运法律体系，其中专门法律 3 部、相关法律 10 余部、行政法规 10 余部，以及国务院各部门的行政规章几十部。国内立法中，与航运有关的法律主要有《海商法》、《海上交通安全法》、《港口法》、《海事诉讼特别程序法》、《海洋环境保护法》、《合同法》、《担保法》、《保险法》、《民法通则》等；与航运有关的行政法规主要有《国际海运条例》、《水路运输管理条例》、《航道管理条例》、《河道管理条例》、《航标条例》、《船舶登记条例》、《船员条例》、《内河安全管理条例》、《船舶签证管理规则》、《防治船舶污染海洋环境管理条例》等。

从法律规定调整的内容来看，我国立法已经涵盖了港口建设和管理、国内水路运输、国际海运、船运管理等方面的事项。但是我国航运法制建设从总体上看还存在许多问题，与国内其他行业和国外发达国家以及国际惯例相比仍有极大的差距，这种差距主要表现为：一是航运立法尚未形成体系，我国至今还未有一部系统而又全面的航运法，仅有一些行政法规和部门规章；二是一些航运行政法规规章内容陈旧，与国际条例无法接轨，在实际操作层面上不可行；三是已有的航运法规主要是部门规章，立法层次较低，法律效力有限；四是立法质量不高，出台仓促，留下了缺失和疏漏。

所以，我国应完善我国的航运方法体系，制定并出台一部完善系统的《航运法》，在遵循航运关联原则、法律协调原则、海外借鉴原则、实施便利原则、管理为主等原则的基础上调整水路运输活动及基本辅助活动、物流活动，纳入船舶管理、船只管理、船舶设计建造等方面，使之成为一部完善规范的航运法。

5. 海洋综合管理立法

海洋综合管理立法所涉及的范围非常广泛，可以包含海洋权益、海域管理等方面，至今已经制定法律 5 部，尤其《领海及毗连区法》、《专属经济区和大陆架法》、《海域使用管理法》特别需要关注。行政法规中的《涉外海洋科学研究管理规定》、《海底电缆管道铺设管理规定》也需要研究。

海洋是一个统一的整体，海洋综合管理中的各种过程是既相互联系又相互制约，为确保海洋产业的协调发展，必须对开发利用海洋的活动进行综合管理，充分考虑到海洋开发的整体利益和长远利益，从根本上调整海洋及其资源开发利用与保护之间的关系。《海域使用管理法》规定了海洋功能区划制度、海域使用许可制度、海域有偿使用制度等，使海洋综合管理成为可能。

6. 浙江省的海洋经济立法

近年来，浙江省先后提出建设海洋经济强省、港航强省，到2011年国务院批复建设浙江海洋经济发展示范区和浙江舟山群岛新区，浙江的地方海洋经济立法逐渐加强。笔者比较完整地收集了浙江省的地方海洋立法，1996年以来，浙江省共制定地方海洋法规18部，省政府规章10部。

浙江省认真贯彻实施了《中华人民共和国海域使用管理法》、《中华人民共和国海洋环境保护法》、《浙江省海洋环境保护条例》、《浙江省海域使用管理办法》、《浙江省海洋功能区划》和《浙江省海域使用金征收管理暂行办法》等法律法规及相关制度，依法治海工作不断深入。完成了省、市、县三级海洋功能区划体系建设，编制了《浙江省海洋生态环境保护与建设规划》，全面实施海域使用权证和有偿使用制度，海域使用"无偿、无序、无度"状况得到初步遏制。全省海洋环境监测预报体系和赤潮应急监测预警机制开始建立。努力开展海洋生态环境保护与修复工程，积极筹建一批海洋自然保护区，海洋生物多样性保护取得新的进展，南麂列岛国家级海洋自然保护区被列入联合国"人与生物圈保护组织"。组织制定和修订了《浙江省农业自然资源综合管理条例》、《浙江省滩涂围垦管理条例》、《浙江省盐业管理条例》、《浙江省渔业管理条例》等地方法规，涉及了包括海洋交通运输、海岛海域管理和保护、渔业管理、海洋生态和环境保护等多个领域，以及部分海洋新兴产业的发展支持。

近年来，浙江省加快了对海洋经济与社会的支持力度，不少立法均为近五年内出台。但对于涉及浙江海洋经济示范区和浙江舟山群岛新区两个国家海洋战略的涉海类立法并不多，需要抓紧研究并适时出台地方立法。

（三）海洋经济立法对舟山新区的支持分析

舟山群岛新区发展所涉及的涉海经济与管理领域主要包括海岛开发保护、海洋综合执法、基础工程外包、大宗商品交易、物流航运监管、社会纠纷解决、群体事件防控等，但更核心的领域是群岛海域的产业、监管、治理以及环境资源保护中的应有的法律制度，因此，和新区相关的海洋经济法律法规主要有：

1. 海岛开发与保护的法律支持

《浙江舟山群岛新区空间发展战略规划》已确定国际物流岛、自由贸易岛、海洋产业岛、国际休闲岛、海上花园城的"四岛一城"框架。《舟山群岛新区发展规划》指出要全力打造国际物流枢纽岛、建设海洋海岛综合保护开发示范区、陆海统筹发展先行区，在空间布局上提出"一体一圈五岛群"的总体开发格局。因此，有理由认为新区的规划和发展基础和载体就是海岛资源的综合利用和保护，《海岛保护法》（2009）、《浙江省无居民海岛开发利用管理办法》（2013）等涉及海岛开发与保护的法律法规以及其他规范性文件对海岛开发过程中如何进行系统科学保护提供了法律支持。

作为海洋海岛综合保护开发示范区的舟山群岛新区，海岛资源开发与保护当成为新区发展的重点，《海岛保护法》作为一部完整的海岛保护的基本法对于舟山的海岛资源开发与保护意义重大。舟山群岛新区发展海洋经济的立足点是海洋和海岛。舟山群岛有大小岛屿1390个，已命名的岛屿947个，岛礁816个，除104个较大的岛屿有人居住外，其余无人岛屿及海礁共计1665个。目前，有居民海岛人口密度过大，对海岛自然资源和生态环境的可持续发展造成极大的压力。而无居民海岛开发随意性较大，普遍存在管理无序、开发无度、使用无偿现象。此外，随着近年来"大岛建、小岛迁"政策的实施，小岛居民纷纷搬迁至大岛，无人岛屿不断增加。因此，新区要进一步规范海岛开发利用，加强对无居民海岛的资源保护，就必须要有相应的法律规范。

《海岛保护法》的生效使我国海岛开发和保护有了明确的法律依据，这对规范海岛开发和利用的秩序，特别是保护海岛的生态环境，维护国家的海洋权益意义重大。《海岛保护法》的最大特点是注重生态价值优先原则对海岛进行保护，对海岛主权问题基本没有涉足。《海岛保护法》确立了五种管理制度，分别为：海岛规划制度、海岛生态保护制度、无居民海岛国家所有权及有偿使用制度、特殊用途海岛设定的特别保护制度、海岛保护监督检查制度。规范了海岛的开发、利用秩序，保护了海岛的生态环境，维护了国家的海洋权益。对于舟山群岛新区建设，《海岛保护法》涉及的四种制度同样值得关注：

第一，舟山新区需要海岛开发和保护规划。舟山群岛新区发展的中心是海岛开发，对首先需要区域性的海岛规划，海岛港口、旅游、能源等方面的开发利用只有在一定规划的基础上，才能进一步开展有序利用，《海岛保护法》为此确立了法律利用的基础。当前，全国海岛规划和浙江省海岛规划已经公布，作为舟山群岛自己的海岛规划也应结合上述两个规划和新区发展需要制定相应规划。

第二，舟山需要相应的海岛生态保护制度配套。这种配套主要针对有居民海岛的生态环境系统建设的需要。舟山新区开发所涉及的区域大多在有居民海岛地区，就如《海岛保护法》要求，有居民海岛的开发、建设应当对海岛土地资源、水资源及能源状况进行调查评估，依法进行环境影响评价。海岛的开发、建设不得超出海岛的环境容量。新建、改建、扩建建设项目，必须符合海岛主要污染物排放、建设用地和用水总量控制指标的要求等，一系列的海岛生态保护制度及相关细则必须以立法的形式规制新区开发中的无序行为，尤其针对当前舟山海岛开发中存在的填海、围海等改变有居民海岛海岸线的行为，以及挖沙等破坏生态的行为需要严格限制。

第三，无居民海岛的国家所有权制度需要确立。无居民海岛的保护对于舟山建设海上花园城市意义十分重大。长期以来，一些单位和个人将无居民海岛等同为无主地，随意占据、使用、买卖和出让。《海岛保护法》明确指出，"无居民海岛属于国家所有，国务院代表国家行使无居民海岛所有权"、"未经批准利用的无居民海岛，应当维持现状；禁止采石、挖海砂、采伐林木以及进行生产、建设、旅游等活动"。为无居民海岛的主权和管理明确了法律依据。

第四，对特殊用途的海岛实行特别保护。《海岛保护法》规定：国家对领海基点所在海岛、国防用途海岛、海洋自然保护区内的海岛等具有特殊用途或者特殊保护价值的海岛，实行特别保护。舟山群岛作为国防前哨，也有不少军事用岛；已经建成或将要建设的跨海大桥的桥基用岛；海洋旅游开发用岛等均属于特殊用岛。国家依法保护设置在海岛的助航导航、测量、气象观测、海洋监测和地震监测等公益设施，禁止损毁或者擅自移动，妨碍其正常使用。禁止破坏、危害设置在海岛的军事设施的行为，禁止将国防用途无居民海岛用于与国防无关的目的，禁止破坏国防用途无居民海岛的自然地形、地貌和有居民海岛国防用途区域及其周边的地形、地貌。使海岛真正成为驻守国门、御敌入侵的海防前哨，对增强国防具有重要意义。

除《海岛保护法》外，还有如《环境影响评价法》适用于海岛的开发行为，《水法》、《水污染防治法》适用于海岛内部的淡水资源保护行为，《海洋环境保护法》适用于海岛周围海域的生态保护行为，《水土保持法》和《矿产资源法》适用于海岛的水土保持和矿产开发行为，《固体废物污染环境防治法》适用于在海岛上倾倒垃圾和有毒有害废物进行管理的行为。

为配合《海岛保护法》的出台，同时解决海岛保护法出台后配套制度等问题，国家海洋局开展了《海岛保护与利用管理办法》、《特殊用途海岛保护管理办法》、《无居民海岛使用权管理办法》、《无居民海岛有偿使用管理办法》和《对外开放海岛名录管理办法》等制度的起草工作。这些管理法规规章将直接弥补我国《海岛保护法》以生态保护为主要理念的单一性法律特点，对海岛管理具有很大的实践价值。

2. 海域使用与管理的法律支持

作为以海洋经济发展为主题的国家级新区，舟山群岛的发展必然以海岛为中心，以海域为纽带，而海域的使用必然形成诸如港口、捕捞和养殖、航运、海洋旅游、海底电缆等相关产业的发展，因此舟山新区建设必须关注和研究以下法律：《海域使用管理法》、《海洋环境保护法》、《全国海洋功能区划（2011—2020年）》；地方性法规：《浙江省海域使用管理条例》（2012）等。

海域使用管理是区域海洋经济发展的基础，舟山新区的海域管理主要包括海洋功能区划管理、海域权属管理、海域有偿使用管理、海域使用权市场管理、海籍管理、海域使用资质管理和海域使用监督检查等方面的内容。它的核心是关于海域权属的管理。海域使用管理不同于传统意义上的海洋资源、海洋环境管理工作，传统意义上的海洋资源、环境管理工作的主要目的是合理开发利用资源，保护生态环境，主要处理的是人与自然的关系，而海域使用管理，一方面，需要处理好人与海域之间的关系，即实现海域的合理开发和可持续利用；另一方面，需要处理好人与人之间的关系，即协调人与人之间（各部门、单位和个人之间）在海域的分配、占有、使用、收益分配、处分等方面的关系。

《海域使用管理法》实施以来，国务院先后批准发布了《国务院办公厅关于开展勘定省县两级海洋行政区域界线工作有关问题的通知》等5个文件；国家海洋局也陆续制定发布了《海域使用权管理规定》等18个规范性文件；会同财政部发布了《关于加强海域使用金征收管理的通知》、《海域使用金减免管理办法》，起草了《海域使用金管理条例》等规范性法律文件，这些规范性法律文件的出台，逐步规范了海域使用申请审批、登记发证、海域使用金征收管理等各项工作。浙江省也出台了《浙江省海域使用金征收管理暂行办法》、《浙江省人民政府办公厅关于开展海域使用权抵押贷款工作的意见》等文件，以上这些法规规章以及规范性文件均可适用于舟山群岛海域管理。

3. 海洋产业发展的法律支持

《舟山群岛新区发展规划》提出未来5—10年的发展目标包括将舟山群岛建设成为上海国际航运中心的重要组成部分和大宗商品储运中转加工交易中心，成为重要的现代海洋产业基地等，提出在传统海洋产业发展的基础上，构建现代海洋产业体系，发展诸如航运业、物流港口、海洋旅游、涉港涉海现代服务业等。支撑这些海洋产业发展的法律主要包括：《港口法》、《海上交通安全法》、《海商法》、《渔业法》、《浙江省航道管理条例》（2010）、《浙江省沿海船舶边防治安管理条例》（2012）等，属于地方政府规章的有：《浙江省港口岸线管理办法》（2010）等。还有诸如《循环经济促进法》、《环境影响评价法》等对推进海洋循环经济建设，加强海岛生态环境有一定的借鉴价值。

当前支持海洋产业发展的法律性文件主要是各类规划。海洋经济规划按照层级主要分为三类：一是全国性规划。全国海洋经济发展"十二五"规划提出充分发挥环渤海、长江三角洲和珠江三角洲三个经济区的引领作用，推进形成我国北部、东部和南部三个海洋经济圈；结合落实国家关于沿海区域发展的部署，着力培育一批重要的海洋经济增长极。加大海岛及邻近海域保护力度，有序推进重要海岛开发建设，扶持边远海岛发展，加强海岛地区生态保护，促进经济社会协调发展。二是区域性规划。辽宁、河北、天津、山东、江苏、上海、浙江、福建、广东、广西、海南这11个省市纷纷出台了相应的区域海洋经济发展规划。此外，洞头县、嵊泗县、玉环县、烟台市等也出台了一些市县级海洋经济发展规划。截至目前已明确发展目标的9个沿海省市2015年海洋经济产值总额将高达70472

亿元。三是行业规划。海洋产业要调整结构，优化布局，扩大规模，注重效益，提高科技含量，实现持续快速发展。加快形成海洋渔业、海洋船舶工业、海洋油气业、海洋盐业和盐化工业、海洋工程装备制造业、海洋药物和生物制品业、海洋可再生能源业、海水利用业、海洋交通运输业、海洋旅游业、海洋文化产业、涉海金融服务业、海洋公共服务业等支柱产业，带动其它海洋产业的发展。

但是，由于规划的实施从其性质看是一种引导性的政策，不具有强制力，因此对海洋产业的支撑作用更需要真正的法律法规进行支撑。浙江舟山群岛新区重点发展港口物流业、高端船舶和海洋工程装备制造业、海洋可再生能源业、现代海洋渔业和海洋旅游业，集中建设战略性资源储备中转基地、大宗商品国际物流基地，将其打造成我国大宗商品国际储运中转加工交易中心、东部地区重要的海上开放门户、海洋海岛综合保护开发示范区、重要的现代海洋产业基地、陆海统筹发展先行区。以港口物流业为例，支撑法律有《港口法》、《海商法》，《港口法》对港口规划与建设、港口经营、港口安全与监督管理以及法律责任作了较详细的规定，而《海商法》更不必说其在海洋物流业中的重要性，因此从大的基本法层面港口物流业的立法支撑还是比较健全的。

4. 海洋经济发展管理体制机制的相关法律

为实现海洋经济发展目标，新区发展规划指出需要推进新区发展的体制机制创新，如创新用海管理体制机制、创新金融和投资体制机制、创新行政管理和海洋管理体制等的立法实际比较缺乏。从法律的遵守而言，下位法的缺失可以以上位法的立法原则和精神来操作，而且立法的缺乏从另一个层面为新区"先行先试"提供了一种机会。当然，从宏观上分析，可以研究一下《土地管理法》，浦东、滨海和两江新区立法，有关我国海洋区域的立法如《渤海生物资源养护规定》（2004年）等。

二 现有海洋经济立法特征分析

我国在海洋权益、海洋资源、海洋环境、海洋科研、海上航运等领域出台了许多法律法规，逐渐形成了具有我国海洋特点的海洋经济法律体系，为国家海洋综合管理、海洋经济发展、海洋执法等方面提供了重要的制度支持。分析我国现有海洋经济法律体系，存在诸如海洋法律的立法位阶不够、海洋政策与法律的体系混淆等问题,需要进行修改。分析如下。

(一)海洋经济法律规范具有较强的政策性

从历史发展来看,我国长期实行的是政策至上,法律一直处于从属地位。海洋政策作为促进国家海洋事业发展提出的阶段性的行动准则,和法律也有密切关系,可以认为海洋政策是制定海洋法律的前提和基础。1996年中国制定的《中国海洋21世纪议程》,提出了中国海洋事业可持续发展的战略,其基本思路是:有效维护国家海洋权益,合理开发利用海洋资源,切实保护海洋生态环境,实现海洋资源、环境的可持续利用和海洋事业的协调发展。1998年发表的中国政府白皮书《中国海洋事业的发展》较全面、系统地阐述了中国在海洋事业的发展中遵循的基本政策和原则。但在我国海洋经济立法体系完善过程中,政策的因素在立法中的体现过多,混淆了政策和法律的区分,部分属于法律操作层面的规范用政策来调整,则暴露了我国海洋法律规范在实际操作过程中的无所适应。

1. 我国现有海洋法律政策化倾向的表现

现有海洋经济法律从涉及领域分类主要有:海洋环境类法律、海洋资源类法律、海洋综合管理类法律、海洋程序类法律。如《海洋环境法》、《海域使用管理法》明显将立法的空间和领域扩大化,从其现有的立法表达的内容来看属于海洋政策领域更为合适。

2. 海洋经济法律规范的可操作性存在问题

现有我国海洋法律条款部分缺乏可操作性。比照国外相关海洋立法的范围则具体适用性较强,如韩国《公有水面管理法》确定的公有水面包括"海域、河流、湖泊、沼泽及其他用于公用目的的国有水流以及湿地(滩涂),可作为公有水面的组成部分"。虽然这个法律的涵盖范围较大,但为与之配套,韩国接连发布了《公有水面管理法施行令》、《公有水面管理法施行规则》、《有关韩国公有水面管理的事务处理规定》等9部法律法规,形成了系统的可操作的规范法律体系,值得借鉴。反观我国的许多海洋法规,从立法体系上存在不完善,只有作为政策延伸的宏观法条,没有相关的实施细则;不少条款则存在实施主体的模糊性、内容的缺陷性。如《专属经济区和大陆架法》(1998)反复使用"中华人民共和国"和"中华人民共和国主管机关",使管理主体处在无法确定的状态,《海域使用管理法》第2条"本法所称海域,是指中华人民共和国内水、领海的水面、水体、海床和底土"，那么对海域的上空该法律是否可以适用？第2条还规定"在中华人民共和国内水、领海持续使用特定海域三个月以上的排他性用海活动，适用本法"。其中，"持续使用特定海域三个月以上的排他性用海活动"如何界定则很难操作，需要实施细则加以规范。

（二）海洋经济法律规范具有部门意志性

梳理我国现有的海洋法律规范，现有立法大多源于部门立法，且明显具有部门管理的倾向。

1. 在立法上，由于分散型管理体制形成了多头管理

立法时不但在其进程上受到影响，而且立法本身的质量也受到牵连。有些法律对我国海洋管理很有必要，但有时要顾及多方面的利益，到后来是偏离初衷甚至变形；有些法律在确定主管部门时，如该法"有利可图"，各部门为了自身利益互争管辖权；"无利可图"时则互相推诿，而有些像《海岸带综合管理法》这种对我国海洋管理非常必要的法律，由于受分散型管理体制的制约至今未纳入立法程序。如《渔业法》规定"本法规定的行政处罚，由县级以上人民政府渔业行政主管部门或者其所属的渔政监督管理机构决定"，《海域使用管理法》规定"本法规定的行政处罚，由县级以上人民政府海洋行政主管部门依据职权决定"等，凡是一定的海洋活动均由一个相应的管理机构进行管理，进而形成了我国特有的分散性管理体制，即单项、单要素的职能管理制度。

但我国单项、单要素的职能管理制度与海洋一体化之间是存在矛盾的。按照职能划分进行管理是现代政府的主要构建原则之一。现代政府构架下的职能管理最显著的特征就是"横向切块、纵向管理"，根据现实管理需要，将管理活动分为不同的要素和单元，并据此设置相应的职能管理部门。当职能管理部门在其职能范围内进行管理时，其通过向上级职能管理部门或上级政府反映的这种纵向沟通机制可以实现有效的沟通和协调；但一旦其管理活动超出其管理职能范畴，这种注重纵向控制与沟通的模式就会提高沟通成本，降低沟通效果。

海洋的一体化和流动性要求实行海洋综合管理，而注重单项、单要素的职能管理割裂了海洋的整体性，难以实现海洋生态的有效治理。海洋行业管理是职能管理在海洋管理中最明显的表现。许多国家的经验也表明，

综合管理思路是有效管理海洋的良好选择。各涉海职能部门基于自己的单项管理职能，在介入海洋环境保护时，只对程序负责，不对结果负责，即每个相关部门按照合法的程序完成自己相关的职能，而最终的海洋治理是否真正实现，并不是他们关注的重点。

2. 在管理上，多头管理势必造成各行业强调本部门的利益而出现职能重叠和职能真空现象

如海洋倾废由两个部门主管，成了一事二管，《海洋环境保护法》第57条"国家海洋行政主管部门按照科学、合理、经济、安全的原则选划海洋倾倒区，经国务院环境保护行政主管部门提出审核意见后，报国务院批准"。海洋倾废从法律层面即规定由国家海洋局和国家环保总局共同管理。面对捕捞和铺设海底电缆的管理则各自为政。涉及海洋环境问题的管辖，《海洋环境保护法》和《环境保护法》在适用领域和管理部门就发生了冲突，《环境保护法》（1989）第3条"本法适用于中华人民共和国领域和中华人民共和国管辖的其他海域"，第6条"国家海洋行政主管部门、港务监督、渔政渔港监督、军队环境保护部门和各级公安、交通、铁道、民航管理部门，依照有关法律的规定对环境污染防治实施监督管理"等直接形成海洋环境管理的管理主体上的混乱。无论是一事二管还是各自为政，由于主管部门之间认识上的差异，经常引发部门之间以及部门与行政相对人之间不必要的争议。在海洋执法管理上，原中国海监、中国海事、中国渔政、中国海警和中国海关五部门具有海上执法权力，其职能存在很大的交叉，造成各部门之间利益博弈，在2014年3月除中国海事外均合并为中国海警进行海上执法，有利于减少"五龙闹海"造成的权力冲突，这是一个很大的进步。

3. 部分海洋法律行政管理色彩浓厚，公法性较强，部门法之间为管理利益的需要存在权能冲突

在我国长期以来有关用益物权的立法中，仍然偏重行政管理方面——公法性的规定，私法性体现不足。以《海域使用管理法》为例，从名称"管理"二字就可以看出没有摆脱明显的行政色彩，从其立法宗旨方面来看，不论是该法条文本身的规定，还是立法者的说明，均将加强海域使用管理放在首要位置。这一带有倾向性的立法指导思想，决定了《海域使用管理法》在基本性质上必然带有浓厚的公法色彩。《海域使用管理法》共有54条，而其中2/3以上的条款都是涉及行政管理方面的内容。还有

《渔业法》较多注重对渔业资源管理的规定，一定程度上忽视对捕捞权和养殖权作为私权的基本尊重（具体请见全永波《海域使用中的权利冲突与制度完善》，《中国海洋大学学报（社会科学版）》2009年第1期）。海洋立法中的权能冲突现象比较明显，如《海域法》与《土地管理法》两法中，均未将滩涂区分为潮上带滩涂、潮间带滩涂和潮下带滩涂，但却都将三者纳入其调整范围，应归土地行政管理部门管理的滩涂和应归海洋行政管理部门管理的滩涂的区分没有明确界限，争权现象时有发生；《海域法》与《渔业法》的冲突，则突出表现在养殖证与海域使用权证的重叠发放上，这使得有些地方的渔业部门和从事海水养殖活动的单位和个人，以海域使用权证和养殖证重复为由，抵制海洋行政主管部门海域使用权证的发放。

海洋行政主管部门监管力度仍然不够。《海域法》虽然对海域使用监管检查的主体、使用权人在被监管时应遵守的义务、监督检查运转机制及与相关部门的协调等作了较为详细的规定，但从实施效果来看，由于海洋行政主管部门的监管技术落后，监管力度不足，实践中违法使用海域的现象仍较为普遍地存在。如有的海域使用者在申请使用海域时，在海域用途上往往申报收费较低的养殖项目，或仅申报某一种海域用途，但实际上却扩大养殖品种或将该部分海域作多种用途的使用。但海洋行政主管部门由于人力、物力、技术等各方面的原因，不可能对所有的海域使用者一一进行监督检查，而仍然按申报时的海域用途收取海域使用金，最终损害的是国家利益。

（三）海洋经济法律体系缺乏完整性和协调性

我国海洋法律体系虽然从总体上已经具备统一性和连贯性的特点，但这种统一性尚不完整，而且法律之间的冲突仍然在一定程度上影响海洋法律在操作上的协调性。

1. 我国海洋法体系缺乏充分的《宪法》根据

我国不仅是一个陆上大国，而且也是一个海洋大国。中国海岸线18000公里，岛屿线14000公里。根据我国1996年加入并已生效的《联合国海洋法公约》，中国对12海里以内的38万平方公里的海域具有完全的主权。再加上24海里的毗连区、200海里的专属经济区和最长的350海里的大陆架，中国对共有300多万平方公里的海域具有国家主权，这约占了我国陆地总面积960万平方公里余的1/3。尽管如此,作为我国母法——《宪法》这一根本大法居然没有一条专门涉及海洋这一辽阔的蓝色国土。我国现行《宪法》第9条规定:"矿藏、水流、森林、山岭、草原、荒地、滩涂等自然资源,都属国家所有……"只有这一条款与海洋有一定联系,因为可把此处的"矿藏"解释为包括了海底矿产资源,可把此处的"滩涂"解释为包括了"河岸滩涂和沿海滩涂"。《宪法》其他的内容都没有一条是涉及海洋的。一个海洋大国竟然在自己的根本大法——《宪法》中只对海洋作些附带性的规定,这不能不说是我国海洋法体系的严重缺陷。这也说明国家对海洋法体系没有给予足够的重视,使得我国海洋法体系在整个社会主义法律体系的重要地位未能充分体现出来。同时在立法实践中,这也造成我国海洋立法缺乏《宪法》根据。在其他部门法中,它们的基本法律一般都在第一条中直接规定了立法的《宪法》根据,如"根据宪法,制定本法"。而在海洋法的基本法律中很难找到这样的字眼,只是其他的字眼,如《中华人民共和国海洋环境保护法》这样规定:"为了保护和改善海洋环境,保护海洋资源,防治污染损害,维护生态平衡,保障人体健康,促进经济和社会的可持续发展,制定本法。"又如《中华人民共和国领海及毗连区法》也这样规定:"为行使中华人民共和国对领海的主权和对毗连区的管制权,维护国家安全和海洋权益,制定本法。"其实,海洋法中的其他基本法律基本上都是如此。当然,这并不是说不能这样用,而是从法律体系的完整性来说,这是缺乏《宪法》根据的。

2. 法律部门之间缺乏协调性

一般的法律部门,其法律体系从结构来看,一般由几个层次的法律法规组成:国家根本法(宪法)—基本法律—专门法规(全国性+地方性)—其他单行法规的有关条款等。这样的结构体系层次分明、效力高低有序、基本原则贯穿始终,这不仅使人们容易理解,而且也使人们在实践中容易贯彻执行。现在我们来看看海洋法体系的结构。正如前面所述,在海洋法体系中缺乏《宪法》根据。因此,国家根本法的层次几乎没有。再看第二层次,目前我国也没有《海洋法》这样的基本法律,因此,第二层次的基本法律也没有。我国现行的海洋法基本上是属于第三、第四层次的法律法规和规章。这样就使得我国海洋法体系的结构缺乏完整性和合理性。从整个海洋法体系来看,给人的感觉是"头轻脚重"。同时,从目前我国海洋法体系来看，也缺乏一些贯穿整个海洋法律制度始终的海洋法的基本原则；各种各样的海洋法律法规的立法主体在立法时缺乏沟通和协调。这些最终使得整个海洋法体系内部缺乏协调性。而这又导致海洋执法主体的混乱，形成难以理顺的"条条关系"和"块块关系"。比如我国《海洋环境保护法》规定，对海洋环境污染，有权进行管辖的部门有环境保护部门、海洋管理部门、港务监督部门、渔政渔港监督部门、军队环境保护部门等，但是有些地区性海洋法规规定，该区的海事主管部门也有权对海洋环境污染进行管辖。海洋行政执法方面，由于有的法律没有明确的执法主体，有的是多个执法主体，职责范围虽有分工，但管理的总体责任不清楚，造成关系不顺，部门之间、上下级之间行政执法难以协调。

3. 现有海洋立法重视海洋权益和海洋政治，忽视海洋资源或者海洋经济的立法

尽管我国在维护国家海洋权益、保护海洋资源、保护海洋环境和海上航行等方面制定和颁发了很多法律、法规和规章，形成了我国现行的海洋法体系，但是，这个体系未能凸显发展海洋经济这个时代主题。从海洋法体系所包含的目的和内容看，更多地为了海洋权益、海洋资源和海洋环境方面的保护，更多地强调了对海洋的管理和保护，只突出海洋法体系的行政性和政治性；而对于海洋的开发和利用只是少量的法律法规，如《中华人民共和国渔业法》、《中华人民共和国海上交通安全法》、《中华人民共和国海商法》，才涉及海洋法体系的经济性。对于现行海洋法体系这种突出海洋的行政性和政治性的特点本无可厚非，因为任何时候维护国家海洋权益、保护海洋资源、保护海洋环境都是非常重要的。这是长远之计。在当前新形势下，世界上大多数国家和地区尤其是海洋大国纷纷制定和完善自己的海洋法律体系，不仅突出自己海洋法体系的行政性和政治性，而且更强调自己海洋法体系的经济性。不仅要管理好和保护好海洋，而且要在合理开发和利用海洋方面有法律的依据。

三 舟山群岛新区海洋经济与社会管理的立法支撑分析

舟山群岛新区建设虽是我国第一个以海洋经济发展为主题的国家级新区，但在新区建设过程中，所涉及的领域则是一个综合性的体系，主要领域包括金融、产业、设施、管理、社会、生态等状况，这些状况如何跟进和支撑即将到来的产业集群、要素集群？建设投入、治理结构、行政体制、环境保护等方面的显在和潜在制约因素有哪些？所以舟山群岛新区的发展实际已经跳出了海洋经济的范畴，其立法也应是综合性的。但如果狭义地分析舟山海洋经济领域的法律支持，则可以通过舟山群岛新区规划中涉及的海洋经济领域的范畴来分析舟山新区的经济立法范畴。

（一）舟山新区发展的立法需求分析

1. 新区自身开发建设的法律依据需求

《浙江舟山群岛新区发展规划》中对舟山群岛新区的战略定位赋予了舟山进行海洋海岛开发并举的综合性的"先行先试"政策，先行先试必然要突破现行制度的局限实现制度创新，而这些制度创新的有效推行和巩固亟须法制保障。目前，我国已有的经济特区和各综合配套改革试验区在建设发展中都制定了"基本法"性质的法律或法规，如《天津滨海新区条例》、《深圳经济特区改革创新促进条例》和《海南国际旅游岛建设发展条例》等，因此，需要通过类似"基本法"形式为开发建设舟山群岛新区提供法律依据。尽快出台《浙江舟山群岛新区条例》已成为必然。

作为规范新区综合发展的立法，新区"基本法"可以有两种模式出现，即国家层面的专门性授权立法和地方层面的地方性法规，按照我国经济特区立法的模式为属于全国人大常委会授权地方的立法，其本质仍为国家立法，如1992年全国人大常委会授予深圳特区立法权。而其余的区域性规划多为地方立法权，如2007上海市人大常委会赋予浦东新区先行先试的地方立法权。因此，舟山新区的立法权到底是否可以获得，获得的模式是深圳式的全国人大常委会授权立法，还是如其他新区一样享有较大市的地方权，直接决定了《浙江舟山群岛新区条例》这一"基本法"的立法位阶。有利的一点在于，新区规划明确指出舟山新区享有省级经济社会管理权限，而其他新区多为副省级权限；不利点在于新区和特区毕竟有区别，深圳的立法权在1992年才被授予，但特区成立于1979年，且1980年8月全国人大常委会就颁布了《广东省经济特区条例》，舟山新区不具备这样的时间条件，因此从短期看舟山新区立法权也很难突破这种模式。事实上，浙江省人大常委会已经将其列入立法计划，预计于2014年发布。基本做法可以是：舟山新区的"基本法"先以浙江省人大常委会立法通过，再报全国人大常委会批准。同时，随着新区经济社会事业的推进，抓紧争取舟山新区的全国人大常委会授权的立法权。

除了出台新区基本法外，新区发展更需要在投融资机制、投资环境、社会管理和政府管理等方面形成相应的政策与立法。具体包括：第一，产业组织方面，要建立支持创业风险投资的政策体系和法律体系；改善外商投资的法律环境；加强知识产权保护法律制度建设。第二，社会管理方面，要简化审批管理程序；培育社会组织；建立合作机制等。第三，行政体制方面，改革现有体制，实施海洋综合管理体制机制为地方立法导向等。

2. 协调新区内部及与周边区域发展的法律保障需求

从国家对舟山群岛新区的定位来看，提出"努力将舟山群岛新区建设成为拉动长江三角洲地区乃至全国沿海地区经济发展的新引擎，为推进我国改革开放进程探索新路径，为优化东部沿海地区总体开发格局和促进国民经济又好又快发展注入新活力"。遵守"陆海统筹，联动发展"的发展原则，其中不可避免地同毗邻大型港口城市——宁波，及整个长三角区域内各城市存在港口物流竞争、腹地资源争夺等诸多矛盾与冲突。这就需要舟山新区及时制定相关法律规定，为协调与毗邻城市以及整个长三角区域的经济发展提供法律保障。新区地方政府各涉海部门如何协调内部及区域间各方利益，突出新区特色与优势，是当前完善舟山法制建设的重要内容。

3. 统筹新区海洋资源开发与海洋生态保护的法律规制需求

舟山群岛新区注重"生态优先，和谐发展"原则。在推进海洋资源开发、海洋产业发展的过程中，高度重视海洋生态环境保护和海洋生态文明建设，保护和利用好珍贵的自然与文化遗产，促进人海和谐、永续发展。在大力开发海洋的大背景下，舟山的海洋生态环境形势变得尤为严峻，这主要表现在：近海渔场的过度捕捞导致渔业资源的枯竭，陆源污染物的违规排放和不合理的海洋油气开发造成海洋环境的持续恶化，海岸工程建设和过度的围垦则导致近海岸地区的生态环境严重破坏等。这种以破坏生态环境为代价的发展模式必不可取。唯有在统筹新区海洋资源开发与海洋生态保护的基础上，尽快出台相应的法规加以规制，方能保证新区海洋经济的可持续发展。

4. 发展新区现代海洋产业和海岛保护开发利用的法律规范需求

新区发展的重要目标之一是建成重要的现代海洋产业基地。提出"加快汇集产业、资金和人才，建设海洋科技研发和成果转化基地，发展技术领先、产品高端、特色鲜明的海洋产业集群，将舟山群岛新区打造成为海洋产业集聚岛，进一步提高我国海洋产业的总体实力"。同时，舟山群岛新区发展海洋经济的立足点是海洋和海岛。而无居民海岛开发随意性较大，普遍存在管理无序、开发无度、使用无偿现象。因此，新区要进一步规范海洋产业发展的范围、路径、发展模式，确立加强对无居民海岛的资源保护，就必须要有相应的法律规范。

舟山产业发展立法主要涉及的立法是保税区—自由贸易园区—自由港区立法、海洋旅游立法、现代海洋能源立法、现代渔业立法、现代修造船业立法以及服务业立法。但最为关键与核心的是保税区—自由贸易园区—自由港区立法。《浙江舟山群岛新区发展规划》提出："加快建设舟山港综合保税区"、"探索建立舟山自由贸易园区"、"逐步研究建设舟山自由港区"。具体地方立法或规章包括：《浙江舟山群岛新区保税港区管理办法》、《浙江舟山群岛新区自由贸易园区管理条例》，条件成熟时制定《浙江舟山群岛新区自由港区管理条例》等。

（二）舟山新区发展的立法不足分析

舟山群岛新区的发展除了以上相关立法需要关注外，更应研究这些立法对新区发展存在的不足和障碍。笔者分析了舟山群岛新区设立的背景、《浙江舟山群岛新区发展规划》的基本框架，特别是现代海洋产业和海岛社会发展的立法支持，认为舟山新区发展存在以下立法支持的不足。

1. 地方无立法权限，无法制定符合自身特色的法律法规

我国宪法确认的国家结构形式是单一主权制，然自1981年11月至1996年3月，先后五次由全国人民代表大会及其常委会通过授权立法，授权深圳、珠海、汕头、厦门和海南五个经济特区在遵循宪法法律和行政法规的基本原则下，制定地方性法规。近年来，随着海洋经济的快速发展，舟山存在诸多口岸问题、海洋综合管理、海洋生态补偿、海岛城乡统筹等突出问题，迫切需要因地制宜的法规去规范和解决，而舟山新区囿于无地方立法权，无法制定符合自身特色的法律法规，而上位法所

确立的制度较为原则，且法律覆盖面不足，导致具体实践中操作性低。

2. 涉海管理体制缺乏综合协调沟通功能

一方面，舟山群岛新区内部各部门之间职责重叠，存在多重管理，且缺乏有效沟通与综合协调机制。如海洋管理涉及海洋权益管理、海洋资源管理、海洋环境管理等方面，而地方海洋渔业局级别和权限较低，不具有统筹和协调海洋开发职能，因此存在交叉管理、多头管理和无人管理并存。这些都直接影响到舟山群岛新区海洋经济的统筹发展。另一方面，长三角地区间利益格局多元化，并且各个区域的利益纠纷沟通机制还不完善，这些无疑在一定程度上影响了舟山乃至整个区域的发展。

3. 自由贸易园区、自由港的建设的立法空白

国内在这一领域只有上海的自由贸易试验区地方立法，而在探索的有天津、广东、舟山等。其实上海浦东对自由贸易园区的探索已经有十几年了，支撑其成立的外高桥保税区也是国内最大最成熟的保税区，2013年国务院批复其成立自由贸易园区也顺理成章。上海的自由贸易园区的批复从地理区位而言是给舟山群岛成立独立的自由贸易园区一个极大的挑战，但从法律层面来说舟山仍然有"探索建立自由贸易园区"的权利。2014年7月25日《中国（上海）自由贸易试验条例》通过，为舟山自由贸易园（港）区的政策探索提供了借鉴。众所周知，国外的自由贸易（园）区基本上都是先立法再设区，以完善的法律法规，保障自由贸易（园）区的发展。即使是我国设立的出口加工区，也是立法在先，设区在后。上海的这种先设区后立法模式舟山完全可以参考。

4. 现代海洋产业发展的立法缺陷

舟山新区的几个现代海洋产业从国家立法支持来看基本均具备了法律支持。如海洋物流业有《港口法》、《海商法》，海洋旅游业有《旅游法》（2013）支持，现代海洋渔业有《渔业法》，海洋可再生能源业有《可再生能源法》、《清洁生产促进法》等法律支撑。但是，舟山群岛新区的海洋产业发展可能往往不是某一产业的法律支撑的不足，而是某一类产业不能发展的法律规制的不足。新区规划和其他与舟山海洋经济发展的规划更多的是规定的舟山应该发展现代海洋产业的整体体系，无法规定舟山禁止发展的产业。而实际上这是舟山新区产业法律支撑的最大问题。

5. 海洋生态环境资源法律保护监管机制不健全

《中华人民共和国海洋环境保护法》、《防治海洋工程建设项目污染损害海洋环境管理条例》等法律的出台，说明舟山对海洋生态资源曾采取过一系列的监管、监测等措施。但市环保局、市生态监测站、水利围垦局等部门和县乡级的环境监管部门作为舟山市政府的下属职能部门，其环境执法就会受制于上级的行政干预，只能以服从和服务于舟山经济建设和发展为前提，导致环境监管职责无法落实。

另外，政府和有关部门出于投入成本大、工作难度大、短期不易取得实效等考虑，而缺乏对海洋生态环境进行必要的修缮措施。由此可见，目前处于海洋经济综合开发建设中的舟山环境监管体制和法律制度设计仍有待完善与加强。

6. 无居民海岛开发管理保护配套法律制度不完善

2011年4月，国家海洋局公布了我国首批可开发利用的共计176个无居民海岛名录，其中舟山就占10个之多。《海岛保护法》第二章详细将我国海岛保护规划制度分为三级三类：三级是指国家级规划、省级规划和市县级规划；三类是指海岛保护规划、海岛保护专项规划和可利用无居民海岛的保护和利用规划。第三章第三节"无居民海岛的保护"及其他章节相关规定初步建立我国无居民海岛保护与利用的基本法律制度。为推进重要海岛和无居民海岛的分类开发与保护，2011年《浙江省重要海岛开发利用与保护规划》和《浙江省无居民海岛保护与利用规划》相继出台，这属于省级层面的海岛专项规划。此后，《全国海岛保护规划》也于2012年2月29日经国务院批准实施，属于国家专项规划。然目前仍缺少舟山市级层面的法规和规划，使得新区不能为无居民海岛开发利用与保护提供充分的法律保障。

7. 缺乏海洋文化保护领域的具体政策和立法支持

海洋经济社会的发展离不开海洋文化为基础，海洋文化将是推动海洋经济发展的先进生产力。但现有的海洋立法缺乏保护继承和持续发展海洋文化的相关内容，现有的少量相关法律政策也未能引起人们的高度重视。即使有所注重，也满足不了现在和未来海洋文化的发展。

四 舟山群岛新区海洋经济与社会管理的立法完善路径

舟山新区的发展主要定位于浙江海洋经济发展的先导区、长江三角洲地区经济发展的重要增长极、海洋综合开发试验区，建设舟山新区需要一定的立法保障，梳理现有的法律和地方立法，结合舟山群岛新区发展规划，相关立法主要集中在如何推动经济和社会发展上。新区立法必须依托和体现的三个基本向度：第一，新区产业链条发展的立法需求；第二，新区海洋资源开发利用和生态保护的立法需求；第三，新区体制运行和统筹协调发展的立法需求。基于此，舟山新区发展立法需要明确一下三个问题：新区建设的法规体系、新区发展面临的法律空白、新区发展的法规规划。

根据《浙江舟山群岛新区发展规划》、《全国海洋经济发展"十二五"规划》、《全国海洋功能区划（2011—2020年）》等国家区域性规划，需要构建完整衔接的新区发展的海洋经济法规体系框架，以实现涉海法规修订和完善与海洋经济发展的政策对接。

（一）制定新区"基本法"：《浙江舟山群岛新区条例》

1. 必要性

改革开放30多年来的实践表明，任何重大的改革战略均有赖于国家立法保障和支持，从深圳等5个经济特区的立法到上海浦东等新区条例的制定，以及相应立法权的获得，均证明一项国家战略的实施需要有相应的立法为保障。舟山群岛新区的成立作为面向21世纪国家海洋战略的重大决策，更需要强有力的法治做保障。舟山群岛新区应有一部综合性规范、引导新区发展的立法，即新区"基本法"。

2. 基本内容

《浙江舟山群岛新区条例》应明确浙江舟山群岛新区的地域和法律地位、立法宗旨、发展目标、产业发展、社会建设、政府监管职能和权限、法律责任的追究等方面，在浙江舟山群岛新区行政区域内适用。其中相关内容应和新区规划以及上位法相吻合，但涉及产业发展和社会建设不能完全参照新区规划的内容。新区规划更多是引导性的政策体现，而立法需要进一步细化产业的定位，尤其对不适合的产业发展如何规制的问题可以在《条例》中明确，社会建设也是如此。

3. 立法主体

《浙江舟山群岛新区条例》的制定主体为浙江省人大常委会。

（二）制定新区产业发展法律法规

1. 必要性

新区海洋产业经济的发展是新区建设的重点，新区产业链条发展法规体系已经具备了国家专门立法、地方性法规立法和其他规范性文件和政策的支持。按照新区规划，舟山将建设成为我国重要的国际性海上开放门户、国内一流的现代化海洋产业基地、全国独特的群岛型港口宜居城市；要努力将试验区打造成全省乃至全国重要的海洋开发、海洋保护、海洋经济发展战略高地和示范基地。因此，舟山群岛建设，既有着作为经济转型升级的带动作用，又是探索海洋经济的先锋角色。如为推动海洋旅游业发展需要制定《浙江舟山群岛新区推进海洋旅游事业发展行动纲要》等。《舟山市2013年国民经济和社会发展统计公报》显示2013年海洋经济总产出2195亿元，按可比价计算，比2012年增长12.1%；海洋经济增加值644亿元，比2012年增长10.0%。海洋经济增加值占全市GDP的比重为69.1%，比2012年提高0.4个百分点。参照新区规划要求，到2020年海洋产业增速达到17%。为了实现这个目标，舟山新区有必要对海洋产业进行扶持，以保持经济总量快速增加。

2. 基本内容

（1）扶持海洋产业发展，改革行政审批手续，制定《浙江省现代海洋产业振兴办法》、《浙江舟山群岛新区推进海洋旅游业发展纲要》、《浙江舟山群岛新区推进国际物流岛建设若干意见》、《浙江舟山群岛新区国家级清洁能源示范区建设和管理条例》。

（2）推进新区投资环境，创建海洋发扶持基金，制定《关于推进舟山群岛新区投融资创新若干意见》、《浙江舟山群岛新区海洋发展基金管理办法》。

（3）搭建贸易自由平台，聚集海洋高端产业，制定《浙江舟山群岛新区保税港区管理办法》、《浙江舟山群岛新区自由贸易园（港）区管理办法》、《浙江舟山群岛新区自由港区管理条例》等。

3. 制定主体

制定条例为浙江省人大常委会、实施办法和实施意见制定主体为浙江省人民政府或舟山市人民政府。

(三) 新区海洋资源与海岛开发利用立法的制定与完善

1. 必要性

新区规划中把海洋资源综合开发利用确定为一个产业，但是产业建立也必须与海洋资源的开发利用和海洋环境的保护相结合。舟山市人大、政府应依据《全国海洋功能区划（2011—2020年）》、《海岛保护法》和省市级相关法规和规划，尽快组织对适宜于开发的无居民海岛尤其是近期公布的10个可开发岛屿开展普查工作，按自然属性、战略地位、功能定位等标准，制定出有利于推进舟山新区无居民海岛开发利用与管理的长期规划，严格规范海岛开发建设的各项工作。如按自然属性和社会属性规定为保护类岛屿、保留类岛屿和利用类岛屿，具体可划分为：自然保护区，旅游景点和休闲度假开发区，交通运输、仓储和公共服务用岛，军事保护区，领海基点保护区等，从法律上指导无居民海岛的科学规划，保障无居民海岛的有序开发。

此外，无居民海岛的保护规划应当注意土地利用规划和城乡规划相衔接，以海岛保护规划为基础，完善对涉岛用海项目的审批和管理的法律制度，组织开展对需要重点修复的海岛生态修复，推动无居民海岛及其周边海域生态系统的保护工作。

2. 主要内容

（1）结合舟山群岛新区具体实际，以确定无居民海岛的功能和科学保护海岛生态系统、合理开发为主要内容，保障舟山新区海岛经济的可持续发展，制定《舟山群岛新区无居民海岛保护与利用规划》、《浙江舟山群岛新区海域开发整治条例》。

（2）全省性的海岛和海岸带管理与保护需要，形成对新区周边区域海洋开发过程中的环境保护，制定《浙江省海岛开发利用保护管理条例》、《浙江省海岸带综合管理条例》，新区海洋资源开发利用的法规在新区立法权尚未批复前应由浙江省人大常委会来立法，并结合浙江海洋经济发展示范区立法，就全省的海洋资源和生态保护进行立法，适当兼顾舟山的特殊区域和已有的政策支持。

3. 制定主体

浙江省人大常委会、浙江省人民政府。

（四）制定海洋环境与生态保护区相关立法

1. 必要性

现有的海洋环境立法缺乏具体实施细则，以及对海洋形势的变化其相应的法律没有及时出台，以目前的产业价值及远景来看，保护和开发舟山的海洋资源特别是生物资源更具时效性和长远发展性。浙江省已经出台《浙江省渔山列岛海洋生态特别保护区管理条例》、《浙江省南麂列岛国家级海洋自然保护区管理条例》，那么同样作为国家级海洋生态特别保护区的中街山列岛的保护对于舟山新区建设意义重大，出台《浙江省中街山列岛/马鞍列岛海洋生态特别保护区管理条例》也理所当然。《条例》需要规定保护区设置、保护区内禁止活动与管理、保护措施与科研、法律责任；通过尽量设置重要水产种质资源、河口、海岸湿地保护区、生态海岛保护区、渔场保护区等，使近海海域海洋保护区达到一定比例。

2. 主要内容

（1）海洋生物资源保护，维护海洋生物资源的多样性，制定《浙江省海洋野生动物保护条例》、《浙江省渔业资源保护条例》、《浙江省海洋生物多样性保护条例》。

（2）海洋生态保护区设立需要一定的立法支持，制定《浙江省中街山列岛/马鞍列岛海洋生态特别保护区管理条例》。

（3）海洋污染物排放和海岸工程建设、海洋倾废管理都需要一定立法支持，制定《浙江省海洋河口与排污口管理条例》。

（4）应对浙江及舟山群岛台风等自然灾害的发生，制定《浙江省沿海地区防灾减灾条例》。

3. 制定主体

浙江省人大常委会、浙江省人民政府。

（五）制定新区发展制度支持和统筹协调发展的法律法规

1. 必要性

新区建设和海洋经济发展存在着不少的内部冲突和外部利益协调问题。如特定领域发展和管制问题、海洋权益维护和海洋经济发展问题、区域之间的资源管理和分享问题等，因此，在立法上就需要一些统筹协调发展的法规。舟山新区发展规划强调，新区发展要创新行政管理体制，赋予舟山群岛新区省级经济社会管理权限，依照《地方各级人民代表大会和地方各级人民政府组织法》、《立法法》等法律，省级经济社会管理权限到底有多大需要由人大通过一定程序给予明确，这一权限或者在《舟山群岛新区条例》中加以明确，或者提请全国人大至少省人大对这一问题进行批复。

另外，统筹新区上下的立法和政策一方面需要理顺区域与中央纵向管理职权的分配，另一方面协调以长三角区域为核心的周边地区的经济政策立法。舟山群岛海域与上海、宁波等区域相连，实施陆海污染需要同防同治，加强国内区域合作，[①] 提高产业对接和互补发展水平，探索海陆统筹发展新模式，这是新区建设的必然要求。

2. 主要内容

（1）新区发展需要一定的社会创新和管理制度实施，包括引进海洋高端人才，放开户籍管理制度，制定《舟山引进"高端人才"户籍管理办法（试行）》，简化审批程序，制定《浙江舟山群岛新区审批制度改革实施意见》。

（2）与周边行政区域统筹协调发展的相关制度，制定《浙江舟山群岛新区海陆统筹发展实施意见》。

3. 制定主体

浙江省人民政府主持、舟山群岛新区管理委员会、舟山市人民政府。

（六）出台海洋文化与教育政策与立法

1. **必要性**

舟山本身就蕴含着丰富多样的海洋文化，如渔业文化、港口文化、普陀山的宗教文化等。但也存在着保护和继承的弊端，渔业的萎缩，渔民的减少，随着交通的发展和陆地的交流越来越频繁，使这里特色的渔业文化渐渐消失，港口文化似乎也变得越来越平淡。唯一做得突出的就是普陀的宗教文化，但也只是让舟山成为一个热门的旅游地区而已。还有这里存在着"岛民文化"的一些弊端，安于现状，生活节奏缓慢，排外心

---

① 全永波：《区域公共治理的法律规制比较研究》，《经济社会体制比较》2011年第5期。

理，阻碍着新的海洋文化的发展。海洋教育作为海洋区域发展的软实力，舟山同样缺乏，比较青岛、厦门、大连等海洋城市，海洋教育十分发达，因此，新区发展必然加大力度培育和推进海洋教育的全面发展。

2. 主要内容

（1）发展海洋文化事业，推进海洋文化为舟山全民素质提升的重要载体，制定《浙江舟山群岛新区海洋文化事业发展纲要》。

（2）培育和推进舟山海洋高等教育事业发展，提升舟山新区软实力和建立后备人才基地，制定《浙江舟山群岛新区高等教育事业发展纲要》。

3. 制定主体

浙江省人民政府、舟山市人民政府。

（七）国家海洋立法的修改与完善

为舟山群岛新区建设专门制定的立法至今还是空白。在我国不论是中央的基础性立法、专门性立法与综合性立法，还是地方的自主性立法、补充性立法、实验性立法，对舟山群岛新区来说主要指后者。由于当前我国海洋法律体系尚不完善，涉海法律漏洞繁多，地方的自主性立法、实验性立法成为可能。舟山群岛新区的发展需要诸多立法的支持，国家海洋战略的实施才有可能，海洋经济才能迅速发展。但立法需要有步骤和计划，当前最需要的是新区"基本法"的出台，然后逐年安排新区立法计划开展立法，当然如果新区立法权尽早获得，则立法的进程和格局又当是一个新的局面。

1. 完善现有国家海洋立法体系

首先，要梳理和调整现行法律体系。其一，修改宪法将海洋主权及相关制度写入宪法，在当前我国海洋权利面临重大风险、海洋管理机制急需完善之际，宪法理应就海洋问题以专门条款加以规范。其二，进一步完善《专属经济区和大陆架法》，从本法的结构和内容看不禁使人有仓促起草、应付需要的感觉。虽然按照《公约》照抄、照搬，面面俱到，一点都不落，但是，规定内容含糊其辞，因此操作性差，适用度低，必须加以明确和规范。其三，进一步修订《海洋环境保护法》，《海洋环境保护法》的颁布对完善国家海洋法律体系具有积极作用，但确实也存在诸多不足和缺陷，需要在完善"海洋环境"的法律内涵、接轨《联合国海洋法公约》

关于海洋环境的保护和保全等内容上进行修改。其四，要提升海洋科学研究的法律位阶。其五，进一步完善《渔业法》，应确定年可捕量，制定完善科学的调查制度，设立捕捞观察员制度，使这些法律所确定的制度有更好的可操作性，《渔业投入法》、《海洋渔业振兴法》、《水产业出口振兴法》等应纳入立法者的视野。其六，完善海洋管理的程序性法律，建议制定统一的《海洋执法程序法》，以规范海洋执法程序，加强海洋管理。

其次，抓紧填补海洋法律空白。其一，制定《海洋基本法》。从日本已有经验看，《海洋基本法》虽然同属于法律一类，但不同于一般法律，用法律的形式制定了类似于国家海洋战略和海洋政策的政治纲领或宣言。其二，出台综合管理法律，为保护海洋环境和生态平衡，使海洋资源可持续利用，加强海岸带使用管理势在必行，尽早制定我国的《海岸带管理法》已经刻不容缓。其三，制定海洋防灾减灾法律。其四，制定军事活动领域法律。

再次，适时废除滞后法律。逐步出台《海岸带管理法》、《海洋资源管理法》、《公有水面管理法》等具体可操作性强的法律，则《海域使用管理法》当可废除。但按照目前我国立法的习惯和现状，则废除该法律难度很大，当前能做到的也许就是修改，这也符合大多数学者的观点。主要包括以下方面：建立海域价值评估制度、设计我国的海域使用权制度、构建海域使用权出让合同制度、允许以海域使用权设立抵押、完善海域的承包经营、租赁经营制度等。

以上这些国家层面的海洋立法制定和完善对舟山新区的海洋经济与海岛社会发展具有宏观的指引价值，因此，在直接研究舟山新区自我立法创设的同时，适时推进国家海洋立法的制定和完善也十分必要。

2. 明确国家海洋产业发展的立法规制

海洋旅游立法、现代海洋能源立法、现代渔业立法、现代修造船业立法均是具有普遍产业分布的全国普通海洋产业，国家通过对现有的《渔业法》、《旅游法》、《可再生能源法》等法律的修改，使其更具有现代海洋产业的现代性。当前海岛开发与保护过程中出台了《海岛保护法》外，《全国海岛保护规划》（2012）、《旅游法》以及《环境影响评价法》、《土地管理法》、《矿产资源法》等均与海岛开发与保护存在一定关联，同时处理好与《海洋环境保护法》、《海域使用管理法》、《领海及毗连区法》、《专属经济区和大陆架法》等与海洋环境资源保护及与主权资源有关的法律法规的关系也十分必要。一方面，在法律应用过程中按照同类位阶法律上后法优位于前法的要求执行，即当前的《海岛保护法》优位于其他法律适用。另一方面，制定《海岛保护法》实施细则，还要解决实施的可操作性问题，使该法能够产生良好的实施效果。

海岛的保护性开发并不需要以大量海洋产业的推进为代价，因此需要对海岛地区发展海航产业进行法律规制。当前现代海洋产业从国家立法支持来看均基本具备了一定法律支持。如海洋物流业有《港口法》、《海商法》，海洋旅游业有《旅游法》支持，现代海洋渔业有《渔业法》，海洋可再生能源业有《可再生能源法》、《清洁生产促进法》等法律支撑。但是，从海岛保护性开发的实际需求看，海洋产业发展可能往往不是某一产业的法律支撑的不足，而是某一类产业不能发展的法律规制的不足。当前海岛地区海洋经济发展的规划更多的是规定的应该发展现代海洋产业的整体体系，无法规定海岛地区禁止发展的产业。而实际上这是海岛海洋产业法律支撑的最大问题。

3. 构建完善的海岛保护救济机制

海岛保护的救济更多为公法领域的救济，在当前我国公益诉讼机制不完善的情况下，建立代表诉讼机制即授权特定的国家机关，对造成海岛和海岛周围生态环境破坏及资源破坏的行为提起诉讼是一种选择。《海岛保护法》明确无居民海岛的权属主体，《海岛保护法》第4条规定："无居民海岛属于国家所有，国务院代表国家行使无居民海岛所有权。"一旦发生生态破坏和资源破坏纠纷，应该由国务院作为赔偿主张的主体解决损害赔偿的问题。

国务院作为中央一级人民政府，直接行使海岛权属保护应当仁不让，但涉及开发过程中的生态环境救济，国务院作为直接主体则值得商榷，因此实行由地方政府或职能部门的代表诉讼制度实则为较好的折中之举。《海岛保护法》进一步明确"国务院海洋主管部门和国务院其他有关部门依照法律和国务院规定的职责分工，负责全国有居民海岛及其周边海域生态保护工作。沿海县级以上地方人民政府海洋主管部门和其他有关部门按照各自的职责，负责本行政区域内有居民海岛及其周边海域生态保护工作"。这些规定基本明确了海岛保护的救济主体，因此，实践中可以考虑借鉴《海洋环境保护法》的索赔规定经验，规定由海洋、国土或者环境保护部门代表国家行使索赔权。如果可能,《海岛保护法》在下一步的修改中,还应当规定诉讼管辖的内容。

参考文献

1. 全永波:《区域公共治理的法律规制比较研究》,《经济社会体制比较》2011年第 5 期。

2. 夏淇波、翁里:《试论海岛开发利用与法治保障——以浙江省依法开发舟山群岛为例》,《西南政法大学学报》2012 年第 1 期。

3. 范秀利:《我国无居民海岛环境保护法律问题研究》,硕士学位论文,中央民族大学,2010 年。

4. 郭院:《海岛法律制度比较研究》,中国海洋大学出版社 2006 年版。

5. 李建设:《进一步完善我国海洋行政执法体制》,《中国海洋报》2007 年 2 月 9 日。

6. 杨燕燕:《海洋保护区的国际实践及其立法要点》,《湖北经济学院学报(人文社会科学版)》2010 年第 3 期。

7. 全永波:《海洋法律体系构建思考》,《燕山大学学报(社会科学版)》2008 年第 4 期。

后　记

　　经过一年多的努力，《社会治理创新：基于浙江舟山群岛新区的研究》一书基本接近尾声。在这一年中，课题组走访了除嵊泗县以外的舟山市政府机关、社区、养老院、城市街道、企业以及普通群众家中，跟随做课题的2位研究生、5位本科生还走上街头发放和回收问卷，课题组成员还随市考察团赴上海、广东、四川等地调研，为本课题的深入开展积累了详细的资料。课题组在调研基础上又通过文献、案例、资料比较等研究方法分析了社会管理领域的创新方法，最后形成了7份研究报告，其中"舟山群岛新区养老服务社会化研究"由陈莉莉执笔，"舟山群岛新区社会救助社会化管理创新研究"由陈莉莉和市民政局社救福利处马惠祥合作执笔，"舟山群岛新区社会组织管理体制改革与创新研究"、"舟山群岛新区农村社区管理体制改革与创新研究"由姚会彦执笔完成，"舟山群岛新区农村社区治理中的利益衡量机制构建研究"由全永波、周鹏执笔，"舟山群岛新区创新有效预防和化解社会矛盾研究"由全永波、周志莹、倪邢哲、王坤辉执笔，"舟山群岛新区海洋经济与社会管理立法研究"由全永波执笔完成，最后全书由全永波组织统稿、定稿。

　　在课题研究过程中，中共舟山市委政法委、舟山市民政局等单位一起参与课题论证、帮助收集资料、提供研究需要的一手文献，最后在报告写作过程中又给予指导和帮助，浙江海洋学院党委书记周克非作为课题研究顾问也多次关心课题进展，并提供了宝贵的研究建议。在此一并表示感谢。研究中仍存在诸多问题和疏漏，诚乞读者不吝指正。